低碳经济下的中国工业结构调整

DITAN JINGJI XIA DE
ZHONGGUO GONGYE JIEGOU
TIAOZHENG

乔榛 ◎ 著

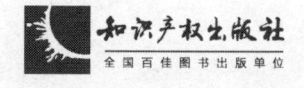

知识产权出版社
全国百佳图书出版单位

内容提要

低碳经济是继信息经济之后又一新的经济形态。这一新的经济形态是建立在人类社会生产活动与自然的一种新型关系基础上的。以气候变化为标志的人类生存环境的恶化，对人类改变其生产活动提出越来越迫切的需求。中国作为一个迅速发展起来的经济大国，其粗放的经济增长方式对资源环境造成越来越大的压力。面对自身环境的状况和世界性碳减排的要求，作为一个负责任的大国，中国当然要在应对气候变化，实现碳减排方面做出更多的努力。以此为背景，本书认为中国实现碳减排的重点在于进行工业结构调整，并具体分析了中国工业结构变迁、工业结构变迁的碳减排潜力、实现碳减排的途径，最终提出相应的政策和对策建议。

责任编辑：许 波　　　　　　　　　　　责任出版：刘译文

图书在版编目（CIP）数据

低碳经济下的中国工业结构调整/乔榛著. —北京：知识产权出版社，2013.11
ISBN 978-7-5130-2417-4

Ⅰ.①低… Ⅱ.①乔… Ⅲ.①工业结构调整—研究—中国 Ⅳ.①F421

中国版本图书馆 CIP 数据核字（2013）第 269089 号

低碳经济下的中国工业结构调整
乔 榛 著

出版发行：知识产权出版社

社　　址：	北京市海淀区马甸南村1号	邮　　编：	100088
网　　址：	http://www.ipph.cn	邮　　箱：	xubo@cnipr.com
发行电话：	010-82000860 转 8105	传　　真：	010-82005070/82000893
责编电话：	010-82000860 转 8380	责编邮箱：	xbsun@163.com
印　　刷：	北京中献拓方科技发展有限公司	经　　销：	新华书店及相关销售网点
开　　本：	720mm×960mm　1/16	印　　张：	13.5
版　　次：	2014年1月第1版	印　　次：	2014年1月第1次印刷
字　　数：	220千字	定　　价：	48.00元

ISBN 978-7-5130-2417-4

出版权专有　侵权必究

如有印装质量问题，本社负责调换。

序

　　本书是在我承担的教育部人文社科研究项目——"碳减排约束下的中国工业结构调整战略研究"的最终成果基础上形成的。通过对该课题的研究，使我对环境污染与碳排放相关的简单认识，最终上升为一种理性的思考。碳排放是人类社会进入工业革命之后实现了经济较快增长时的一种副产品。在很长一段时间里，碳排放并未成为人们关注的对象，虽然有对碳排放引起的污染感到不适，但在人们把主要诉求集中在提高生活水平的背景下，这种污染引起的不适并未受到人们的特别关注。然而，随着人类社会生产能力的不断提高，碳排放引起的后果在不断积累，最终造成越来越严重的二氧化碳温室气体效应。气温升高已经超出了气候变化的正常波动，以至于越来越频繁的灾害性气候消除了绝大多数人对温室效应的疑虑。因此，整个世界发出了一个一致的声音：进行碳减排，减少温室气体效应，实现地球生态自循环的新的平衡。

　　然而，在世界各国经济发展并不平衡的背景下，这种理性的声音并没有得到各国一致行动的支持。一个碳减排的世界博弈，在联合国推动制定的《气候变化框架公约》下展开，而要寻求一种博弈的均衡异常困难。尽管如此，各国还是清醒地认识到碳减排是不可逆转的趋势。但是，各国都不愿意通过回到过去，或通过所谓的零增长来扭转这种趋势，尤其对于新兴工业化国家，是绝不会放弃他们的发展权利的。因此，寻找碳减排前提下的经济增长的途径是各国所希冀的目标。中国作为发展中国家，经过改革开放后30多年的经济持续高速增长，现已成为一个世界重要的经济体，经济规模更是上升为世界第二的水平。但在这背后，中国也是一个碳排放迅速增长的国家。因此，实现碳减排对于中国是一个更大的考验。我们当然不能通过降低经济增长速度解决这一问题，但碳减排又不能推到未来去实现。因此，寻找一种新的经济增长或发展方式，是当前中国所面临的最大课题。发展绿色经济或低碳经济，这无疑是人类社会继续前进的新的方向，而在发展绿色经济的庞大系统中，中国最需要解决的是经济结构的调整，其中关键的又在于调整工业结构，因为这其中蕴藏着巨大的碳减排效应。

以上是我在课题研究结束后得到一个逻辑结论。这不仅使我对研究的意义有了更深刻的认识，而且也深感探索一条发展低碳经济的道路并非易事。我愿意在这一研究思路下继续努力，以奉献自己的一点力量。

通过这一研究，使我对人类社会发展也有了新的认识。人类自诞生起就开启了一个不平凡的发展历程。这一方面源于一种无止境的、对于更高生活水平的追求；另一方面也源于人类在不同阶段要面对不同的约束，而且这似乎也没有尽头。在人类漫长的进化和发展中，在面对自然环境对人类的强大压力下，人类不断地积累自己的生产能力，最终形成了一种生产力的质的变化。人类社会第一次可以摆脱供给的严格约束，达到了生产过剩的程度。这就是工业革命所带来的一个重要变化。发生于18世纪最后30年的人类第一次工业革命，形成了一种生产力发展的新的机制，其中孕育的巨大生产能力，在向人们提供广阔生活空间的同时，也遭遇了由于生产能力扩大而引发的物质产品过剩的困扰。于是，围绕生产和消费，或供给与需求的经济话题和发展实践，经济学家和社会管理人员都在努力探索这种经济运行的原理和寻求这种经济运行良好的途径。然而，就在人们还无法最终摆脱这种来自生产和消费，或供给与需求矛盾的时候，一种新的人类社会发展的困境又出现在人们的面前，这就是由人类社会生产力发展引发的资源和环境问题越来越突出的问题，并且促使人们在超越过去生产和消费，或供给和需求的角度去思考人类社会的未来。工业革命在不断积累生产力的同时，也不断地积累着碳排放的总量，而且这种工业革命的副产品也在挑战着工业革命以来不断形成的经济发展方式。因此，人类社会已经来到一个新的十字路口，在这里要求人们必须同时在两个难题下寻找出路，不仅要努力协调供给与需求这一在经济运行中表现出来的矛盾，而且还要面对经济持续发展带来的与资源、环境之间的矛盾。这种复杂的考验，无疑对世界各国都是一个难题，而且在世界经济发展不平衡的今天，这种考验也是一个世界性的难题。

人类社会发展到今天，不仅要面对这些日益复杂的经济社会运行困境，而且还要面对全球化不断加深而发展又不平衡的局面。人类社会要打破目前面临的供给、需求和环境叠加的约束，需要世界各国的合作和协调，然而，这种合作和协调在世界发展严重不平衡的形势下又在极度挑战人类的智慧，新的形势下能否实现世界经济发展方式的彻底转型？显然，这是一个系统工程，既需要世界合作并付出努力，也需要各国努力探索。

中国已经成为一个世界大国，而且在这个世界大国的称号中赋予了经济内涵。世界第二大经济体使中国在世界取得了新的地位，当然也被赋予了新的责任。在面对世界经济转型的新的历史时刻，中国必须要完成的任务很多，其中，在发展低碳经济或绿色经济的历史新选择中，中国可以开拓的空间很大，可以做出的贡献也很大。但是，要走出一条良好的发展之路，中国面对的困难也很大，因为我们在经济发展的程度、方式、结构等方面，以及我们必须要实现的自近代以来因衰落而激起的复兴民族梦想，都使得中国的转型之路更为艰难。发展低碳经济或绿色经济无疑是这种探索中的关键环节。

本书只是一个对中国发展低碳经济的初步探索，更宏观的背景和更具体的思路，都不是理论探索所能企及的。实践在发展、世界在变化，需要我们敏锐地抓住每一个变化的细节，以此作为理论研究的出发点。因此，本书对于我来说只属于一个研究的起点，随着实践的发展还需要更深入的探讨。

目 录

第一章 气候变化的挑战和中国的选择 …………………………… 1
  第一节 气候变化的挑战 ………………………………………… 1
    一、气候变化的预警及科学根据 ………………………………… 1
    二、气候极端变化的影响 ………………………………………… 3
  第二节 中国应对气候变化的选择 ………………………………… 4
    一、中国经济高速增长的一个后果 ……………………………… 4
    二、中国转变经济发展方式的选择 ……………………………… 6

第二章 低碳经济的理论演进与实践探索 …………………………… 8
  第一节 低碳经济与循环经济 ……………………………………… 8
    一、低碳经济 ……………………………………………………… 8
    二、循环经济 ……………………………………………………… 10
  第二节 低碳经济的理论演进 ……………………………………… 12
    一、资源稀缺性问题的研究 ……………………………………… 13
    二、外部性问题的研究 …………………………………………… 14
    三、可持续发展问题研究 ………………………………………… 18
  第三节 低碳经济的实践探索 ……………………………………… 24

第三章 工业结构的演进及碳排放效应 …………………………… 29
  第一节 第一次产业革命的工业结构及碳排放效应 …………… 29
    一、第一次产业革命的形成及工业结构的特点 ……………… 29

· 1 ·

二、第一次产业革命的碳排放问题 …………………………………… 34
第二节　第二次产业革命的工业结构及碳排放效应 …………………… 35
　　一、第二次产业革命的形成及工业结构的特点 ……………………… 35
　　二、第二次产业革命的碳排放问题 …………………………………… 37
第三节　第三次产业革命的工业结构及碳排放效应 …………………… 39
　　一、第三次产业革命的形成及工业结构的特点 ……………………… 39
　　二、第三次产业革命的碳排放问题 …………………………………… 42

第四章　中国的工业结构变迁 …………………………………………… 44
第一节　计划经济体制时期的工业结构变迁 …………………………… 44
　　一、1949~1966 年中国工业发展及内部结构变迁 ………………… 44
　　二、1968~1976 年的中国工业发展及内部结构变迁 ……………… 54
第二节　经济体制改革时期的工业结构变迁 …………………………… 60
　　一、1979~1991 年的中国工业发展及工业结构变迁 ……………… 60
　　二、1992 年以来中国工业发展及工业结构变迁 …………………… 64
　　三、战略性新兴产业发展及工业结构的根本性调整 ………………… 66

第五章　中国碳排放的现状及影响因素 ………………………………… 69
第一节　中国的碳排放现状 ………………………………………………… 69
　　一、中国碳排放的总量特征 …………………………………………… 69
　　二、中国碳排放的区域性特征 ………………………………………… 71
　　三、中国碳排放的能源结构特征 ……………………………………… 74
　　四、中国碳排放的产业结构特征 ……………………………………… 76
第二节　影响中国碳排放的因素 ………………………………………… 77
　　一、粗放式的经济高速增长是中国碳排放快速增长的主要原因 … 78
　　二、中国的城市化道路体现为一个高碳排放的过程 ……………… 82
　　三、中国的能源生产和消费结构使碳排放强度保持一个较高
　　　　水平 ……………………………………………………………… 86
　　四、中国的产业结构升级缓慢使生产性碳排放总量难以降低 …… 88
　　五、中国的外贸增长方式为发达国家碳排放转移提供了出路 …… 90

目 录

第六章 世界各国的碳减排行动及启示 ……………………… 93
第一节 世界各国发展低碳经济的战略选择 ……………………… 93
一、欧盟的低碳经济战略 ……………………………………… 93
二、英国的低碳经济战略 ……………………………………… 94
三、美国的低碳经济战略 ……………………………………… 95
四、日本的低碳经济战略 ……………………………………… 96
五、韩国的低碳经济战略 ……………………………………… 97
六、印度的低碳经济战略 ……………………………………… 97
七、拉美的低碳经济战略 ……………………………………… 98
八、非洲低碳经济发展的起步 ………………………………… 99
第二节 世界各国进行低碳技术创新的行动 …………………… 100
一、日本的低碳技术创新 ……………………………………… 100
二、欧盟的低碳技术创新 ……………………………………… 103
三、美国的低碳技术创新 ……………………………………… 106
第三节 世界各国进行低碳产业创新的行动 …………………… 109
一、低碳产业创新的动力机制 ………………………………… 109
二、低碳产业创新的主要方向 ………………………………… 112
第四节 世界各国碳减排行动对我们的启示 …………………… 116
一、制定适合本国国情的低碳经济战略 ……………………… 117
二、开发自己具有优势的低碳技术 …………………………… 118
三、形成有利于经济转型和低碳发展的产业结构 …………… 118

第七章 中国实现碳减排的工业结构调整战略 ……………… 120
第一节 中国发展低碳经济的战略 ……………………………… 120
一、中国发展低碳经济的目标 ………………………………… 120
二、中国发展低碳经济的重点 ………………………………… 121
三、中国发展低碳技术的保障 ………………………………… 124
第二节 中国工业结构调整的碳减排潜力 ……………………… 126
一、中国工业结构的特征及对碳排放的影响 ………………… 126
二、中国工业结构调整及碳减排潜力 ………………………… 129

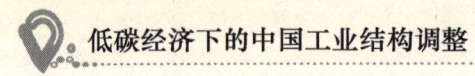

第三节 中国工业结构调整的战略 ……………………………… 132
一、中国工业结构调整的战略目标 ………………………… 132
二、中国工业结构调整的战略重点 ………………………… 135
三、中国工业结构调整的步骤和实施保障 ………………… 140

第八章 中国的碳减排行动及工业结构调整政策选择 …… 145
第一节 中国的碳减排行动 ………………………………… 145
一、碳减排的国家行动 ……………………………………… 145
二、碳减排的地方行动 ……………………………………… 149
第二节 中国发展低碳经济的政策建议 …………………… 153
一、发展低碳经济的能源政策 ……………………………… 153
二、发展低碳经济的财政政策 ……………………………… 155
三、发展低碳经济的金融政策 ……………………………… 160
第三节 中国实现工业结构调整的政策选择 ……………… 162
一、推动新型工业化的政策选择 …………………………… 163
二、扶持战略性新兴产业发展的政策选择 ………………… 165

结　　论 ……………………………………………………… 170

参考文献 ……………………………………………………… 173

附录1 基于环境效用的世界性碳减排博弈困境分析 ……… 175

附录2 工业技术进步的碳减排效应：基于2001~2008年中国工业行业数据的实证分析 ……………………………… 190

第一章 气候变化的挑战和中国的选择

第一节 气候变化的挑战

一、气候变化的预警及科学根据

在有气候变化记录以来,最近百年是气候变化最为极端的一个世纪。气温持续升高、极地冰川融化、干旱、洪水、飓风频发等,这些给人类生活带来巨大影响的气候变化,让人们不能不深度思考这种变化根源。

2004年由美国福斯公司拍摄的电影——《后天》把全球关注气候变化的注意力吸引到一个艺术化的场景。龙卷风袭击美国洛杉矶、狂雪掩覆印度新德里、冰雹重创日本东京,而纽约在短短一天之内从炎热急速降为酷寒。

在这个艺术化场景的背后,反映的是一个具有一定科学根据的全球气候变化的预警。2003年,美国国防部提交给白宫一份"秘密"报告——《气候突变的情景及其对美国国家安全的意义》。报告称,全球气候在未来20年内发生地突变,对人类构成的威胁要胜过恐怖主义。届时,由于气候突然变冷,人类赖以生存的土地和资源锐减,会因此引发大规模的骚乱、冲突甚至核战争,成千上万的人将在战争和自然灾害中死亡。

在气候变暖的趋势下,人们过去想到的更多是气温升高、海平面上升、天气干旱等极端气候,而《后天》告诉人们的是全球变暖导致气候极寒。这与全球变暖并不矛盾,或者说这实际上是全球变暖的一种结果。理解这一点需要涉及一些海洋物理的知识,即气候变暖将引起北大西洋热盐环流的崩溃或减缓,引发显著的气候突变。在20世纪50年代,美国物理海洋学家Henry Stomme 发现了海洋运动的一个不同于以往的认识规律。在北大西洋区域，它的表层水与深层水的运动路径是不同的，表层水由南向北流动，而深层水是由北向南流动的，如此就改变了过去物理海洋学关于海流的理论。在过去的物理海洋学家看来，大洋的表层和深层水流动的方向是一致的。到了1985年，美国哥伦比亚大学的物理海洋学家 Wallace Broecker 又提出，热盐环流其实有两种模式：运转和停止，且二者之间可以很容易地切换。在地球的气候变化历史中，一直重复着冰期与间冰期的转换，而引起这种转换的原因从根本上来说是太阳的辐射。因为地球气候的变化从根本上来说是由于太阳辐射引起的。地球是因为接受了太阳辐射的能量才孕育了万物，而太阳辐射到地球的能量有一部分被吸收，而更大的部分又被反射到太空，并且在这一反馈运动中保持一种基本的平衡。在地球的大部分的历史中，这种太阳到地球的能量反馈完全受制于自然因素的影响。太阳耀斑的周期性变化，地球上的火山喷发，这些因素会短暂地改变地球气候的变化。不过，在最近的100多年，人类的活动逐渐成为影响地球气候变化的一个重要因素。最为突出的就是工业革命后不断增长的能源消费，使得二氧化碳排放远远超出了大气平衡所要求的水平，因此导致地球的温室效应，即太阳辐射到地球的热量受到温室气体增长的影响过多地保留下来。这样的结果便是地球气温上升，北大西洋将不断受到由于冰川和格陵兰冰盖融化，以及可能最主要是由于降水和径流的增加所引起的淡水注入的影响。经过几十年的变暖，高纬降水的增加将导致更多的淡水注入北大西洋高盐高密度的海水中，而通常情况下该地区的海水主要受墨西哥暖流和高盐度海水的影响。因此，大规模的暖水洋流再也无法到达北大西洋，即出现热盐环流停止，这可能使北方的气温骤然下降，也就是《后天》中所展示的场景。

在这个故事及背后的科学研究中，我们看到一个关键性因素就是二氧化碳的非正常增长。美国哥伦比亚的另一位学者 Peter Demenocal 研究了有气温记录的130多年的全球气温变化。他发现自1880年到1980年，全球气温整体增长了1℃，而自1980年以来的30多年，全球气温整体增长了0.6℃。这意味着全球气温呈现加速上升的趋势。而考虑到影响气温上升的各种因素，他发现人为因素，主要是二氧化碳排放具有高度相关和非常明显的作用。

二氧化碳本来并没有蕴含任何灾难。它是一种在常温下无色无味的气体，在自然界，二氧化碳来源于动植物和微生物的呼吸作用，同时，二氧化碳又保证了绿色植物进行光合作用和海洋中浮游植物呼吸的需要，因此，二氧化碳使自然界处于一种动态平衡。但是，工业革命之后，二氧化碳源于化石燃料的比例不断上升，并出现了打破旧有二氧化碳动态平衡的趋势，因此，二氧化碳具有的温室气体效应才逐渐变成一种灾难。既然二氧化碳的灾难性演变与人类的经济活动有关，那么改变这一前途的方向自然就是调整人类的经济活动，其中最为关键的就是人类的工业化进程。

二、气候极端变化的影响

在最近几十年，世界各地的人们都不时地被一些极端气候所困扰。这种气候变化不仅严重地影响了人们的生活，而且还让人们对自己的未来感到担忧。一些地区出现持续时间较长的干旱和活动频繁的热带风暴的侵袭。在北美洲，西部山脉的积雪面积逐步减少，一些地区农作物依靠雨水灌溉的面积增大；热浪更加频繁地袭击大城市，造成难耐的高温天气的增多。在拉丁美洲，亚马逊河东部地区，热带森林逐渐减少，热带森林逐渐被大草原取代；一些热带地区，生物多样性因物种灭绝大幅降低；人们的生活、农业以及用于产生能源的用水形势正在发生恶化。在欧洲，内陆和沿海地区都受到频发的洪水侵袭；山脉地区冰川萎缩，积雪量减少；物种数量大幅减少，南部地区农作物产量降低。在非洲，严重的干旱将给人们带来更多的影响；一些地区依靠雨水灌溉农田的面积可能减少50%，包括粮食在内的农作物产量将大幅萎缩。在亚洲，预测到2050年，亚洲中部、南部、东部和东南部可获得的淡水数量将大幅减少；沿岸地区发生洪水灾害的风险升高；一些地区因洪水和干旱导致的疾病将造成人的死亡率大幅升高。

一位英国记者兼环保广播节目评论员马克·林纳斯在他出版的《六度的变化：一个越来越热星球的未来》书中，对气候变化的气温指数效应做了如此的预测。气温升高1度，北极圈全年有半年处于无冰的状态，而通常不知飓风为何物的南大西洋地区沿岸将饱受飓风侵袭，美国西部居民也将面临严重的长期干旱。气温升高2度，冰川逐渐融化，北极熊挣扎求生，格陵兰岛的冰川融化，珊瑚礁也逐渐绝迹，全球海平面上升7公尺。气温升高3度，亚马逊雨林逐渐消失，欧洲在夏天将不断遭受前所未有的热浪侵袭，成千上万的难民从亚热带迁徙到中纬度地区。气温升高4度，海平面上升并淹没沿海城市，冰川消失，造成许多地区严重缺水，部分南极洲崩溃，更加快了海平面上升的速度，伦敦夏天的气温将高达摄氏45度。气温升高5度，不适合居住的地区不断扩大，供应一些大城市用水的积雪和地下蓄水层出现干涸现象，数百万人沦为气候难民，人类文明可能因剧烈的气候变迁而开始瓦解，贫民将遭受最大的煎熬，两极均没有冰雪存在，海洋中大量的物种灭绝，大规模的海啸摧毁沿海地区。气温升高6度，高达95%的物种灭绝，残存的生物饱受频繁而致命的暴风雨和洪水所困，硫化氢与甲烷不时引起大火，就像随时会爆发的原子弹一般，除了细菌之外，没有任何生物能适合生存，"世界末日"的情节正式上演。

我们大可把这样的描述看作一种警示，甚至也会对人类具有更大的信心。但是，这种人类的悲剧正在上演，只要观察一下我们身边已经发生的现象，就应该正视我们将要面临的是一个怎样严峻的未来。

第二节 中国应对气候变化的选择

一、中国经济高速增长的一个后果

中国作为一个发展中国家，目前或今后很长一段时间仍然要以"发展"为第一要务。这不仅关乎中华民族的复兴大业，而且也是我们作为一个后发国家应该拥有的权力。但在全球气候变化的新形势下，我们的这一目标势必会受到这种气候变化的约束。因为，地球这个我们人类生活的家园现在已经开始出现承载能力的危机。哈佛大学考古学家史蒂文·勒布兰卡在他的一本著作——《承载能力》中提出地球的承载能力的概念。所谓承载能力，是指地球及其生态系统，包括社会、经济和文化系统对于地球上人口数量的支撑能力。目前这种承载能力正受到来自全世界范围的挑战。根据国际能源机构的资料，未来30年全球对石油的需求将增长66%，但至今还不清楚这些石油将从何而来。类似地，在世界的许多地区清洁水源的供应也日趋紧张。目前，世界上有超过8亿人的食物供应匮乏。这些事实意味着地球并没有足够的自然资源来维持我

第一章 气候变化的挑战和中国的选择

们的生活。许多人指出应该把技术创新作为补偿地球生态系统的手段。的确，通过技术的发展可以增强承载能力。在最近几个世纪，我们已经学到了如何更多地获取食物、能源和水。但这种技术进步真的具有可以应对一切自然危机的能力吗？撇开人类的自信，单就我们应该做的准备来说，现在必须是以足够的危机意识来规划我们发展的时候了。中国的发展必须重视地球的承载能力问题。我们当然不能像"罗马俱乐部"提出的那样要实现"零增长"，但转变经济增长的方式是无法回避的。

中国改革开放后的经济增长创造了一个"奇迹"——30多年间年均增长速度接近10%，这是一个可以跟任何一个国家或任何一个国家的任何一个发展阶段相比较的速度。改革开放之初的1978年，中国的经济规模在世界处于第十位；而到了2010年，中国经济规模达到了世界第二的水平。然而，由于我们的这一持续增长是建立在一种粗放的经济增长方式之上，因此，长期增长积累的问题也就越来越突出。我们越来越明显地感到资源、环境和生态带来的严重约束。

中国的国内资源已难以支撑传统工业文明的持续增长。我国水资源总量占世界水资源总量的7%，居第6位，而人均占有量仅为世界人均水资源占有量的27%，居世界第119位，属于世界13个贫水国之一。全国近700多个城市中有三分之二供水不足，其中110个严重缺水。人均耕地面积仅相当于世界人均耕地面积的40%。矿产资源中，我国累计发现矿床种类162种，这表明中国是世界上拥有矿种比较齐全、探明储量比较丰富的少数国家之一。但若按人均拥有量计算，我们却还是无法脱掉"贫矿"的帽子。国际上公认的工业化过程中不可缺少的45种矿产资源，人均拥有量不足世界平均水平的一半，石油、天然气人均剩余探明储量占世界储量的7.7%和7.1%，即使是储量相对丰富的煤炭资源人均占有量也只有世界人均水平的64%。根据世界银行估计，每年中国环境污染和生态破坏造成的损失与GDP的比例高达10%。由煤炭燃烧形成的酸雨造成的经济损失每年超过1100亿元人民币。自20世纪90年代中期以来，中国经济增长中有三分之二是在环境污染和生态破坏的基础上实现的。世界上污染最严重的20个城市我国占了16个。2006年全国流经城市的河流中，70%的江河水系受到污染，3亿农民无法喝到安全的饮用水，75%的湖泊出现了富营养化问题。酸雨的影响面积占到国土面积的三分之一。工业固体废物产生量是1995年的2倍,部分城市污染依然严重,五分之一的城市人口居住在污染严重的空气中。土地不断沙化,水土不断流失,台风、洪涝、沙尘暴、热浪等自然灾害变得越来越频繁。

因此,经济的可持续增长问题成为摆在我们面前的巨大挑战。加大碳减排力度、发展低碳经济已经不只是像我们这样一个发展中国家的愿景,更是一个非常的现实问题。然而,我们真的要实现这一目标还是有许多困难的。

二、中国转变经济发展方式的选择

面对中国经济长期高速增长带来的资源和环境问题,以及全球气候变化的严峻形势,我们无论是要追求经济可持续增长,还是要负起一个大国的国际责任,都必须完成一项艰巨的任务,即转变我们的经济发展方式。

早在1995年,中共十四届五中全会就根据当时经济增长带来的一些现实问题提出,实现经济增长方式从粗放型向集约型转变,从而标志着我们在经济发展方式上进入了一个新的阶段。在这次会上明确提出两个根本性转变:一是经济体制从传统计划经济体制向社会主义市场经济体制转变,二是经济增长方式从粗放型向集约型转变。这是在党的重要会议中首次使用经济增长方式改变并且提出实现其根本性转变的理念。把实现经济增长方式转变与经济体制转变结合起来,实现经济增长方式根本性转变的关键是构建相应的经济体制,即依靠经济体制转变形成有利于节约资源、降低消耗、增加效益的企业经营机制,有利于自主创新的技术进步机制,有利于市场公平竞争和资源有效配置的经济运行机制。同时,会议还明确提出,在现代化建设中,必须把实现可持续发展作为一个重大战略。这标志着可持续发展战略的正式形成。这一切表明,我们在转变经济增长方式上是有深刻认识和充分准备的。然而,在具体的实践过程中,转变经济增长方式并不像实现经济增长那样容易。尽管我们做出了不懈的努力,但转变增长方式还是任重而道远。

转变经济增长方式或发展低碳经济,不仅是一个系统工程,涉及的问题很多,牵涉的面很广,而且还孕育着未来全新的经济发展方式,因此其艰难程度确实超出人们的想象。不过,既然转变经济增长方式或发展低碳经济是一个系

第一章 气候变化的挑战和中国的选择

统工程，那么寻求系统转变的突破口就显得很重要。各个国家基于自身发展程度和发展条件的差异，这种突破口可能并不相同。就我国来说，调整工业结构并形成新的工业发展战略，对于转变经济增长方式和发展低碳经济来说应该是一个比较好的突破口。

第二章 低碳经济的理论演进与实践探索

第一节 低碳经济与循环经济

一、低碳经济

低碳（Low Carbon），意指较低的温室气体（二氧化碳为主）排放。低碳经济（Low‐Carbon Economy，LCE 或者 Low‐Fuel Economy，LFFE），意指最大限度地减少煤炭和石油等高碳能源消耗的经济，也就是以低能耗低污染为基础的经济。

在低碳和低碳经济这一简单的意义背后包含着一个革命性的变革。当气候变化超出了正常状态，表现出越来越多的极端气候时，人们开始思考这一自然状态与人类社会生存所具有的新的关系。人类社会生存和发展的核心是经济发展，而经济发展方式对气候变化的影响逐渐打破了气候的自然循环，因此，气候变化就成为人类社会生存和发展面临的巨大挑战。

英国最早提出"低碳"概念并以发展"低碳经济"应对气候变化。2003年，英国颁布了题为《我们能源的未来——创建低碳经济》的能源白皮书，第一次明确地归纳出"低碳经济"这个词汇。

2008年的金融危机催生了全球经济结构的调整，以发展低碳经济为目标的新技术革命被发达国家看作是推动经济复苏和实现未来经济增长的新动力。并且发展低碳经济在全球已经达成共识，与低碳经济相关的一系列新概念、新政策应运而生，其领域不断拓展，不但包括低碳能源和低碳技术，而且还涉及低碳产业、低碳生活方式、低碳城市、低碳社会等方面。低碳经济正在逐步引领世界开创一个新的大变革时代，应用新的技术和机制创新，通过低碳生产和

第二章 低碳经济的理论演进与实践探索

生活的新方式，促进经济社会和生态环境全面可持续发展。

在这样的一个大背景下，对低碳或低碳经济的理解自然会涉及更多的内容和更大的范围。尽管"低碳"的简单含义是较低的温室气体排放，但低碳并不是要回归混沌自然、原始自然，更不是把发展低碳理解为发展"无碳"或"零碳"。事实上，在科学发展框架下，"低碳"既不等于停滞、贫困，也不等于限制具有高碳属性产业的引进和发展。"低碳"是一种新的生产方式。首先，"低碳"是与"生态环境恶化"紧密相关联的范畴。低碳及其发展之所以成为全世界最为关注的问题，实际上是它成为被用来遏制生态环境恶化的法宝。这是因为人类生态环境的恶化，在很大程度上取决于人类经济活动的内容及其发展方式。许多研究都指向，人类以化石能源为支撑系统的工业化活动会对全人类赖以生存的地球生态环境系统产生不良影响。或者说，随着世界工业经济的发展、人口的剧增、人类欲望的无限上升和生产生活方式的无节制，温室气体排放量越来越大，地球臭氧层正遭受前所未有的危机，全球灾难性气候屡屡再现，即使人类曾引以为豪的高速经济增长也因为气候变化和环境污染而大打折扣。其次，"低碳"是与无节制的"高碳排放活动"相对应的概念。与低碳相对应的不是高碳产业，而是毫无节制的"高碳排放活动"，也就是那些既不采用高效能技术，也不考虑减少碳排放的生产方式、工作方式、交往方式、生活方式、行为方式及其所造成的更多的碳排放活动。这种高碳排放活动，一方面取决于特定的社会生产力水平；另一方面则取决于特定的经济增长和经济发展的动力机制及其与之相匹配的价值观和发展观。

"低碳经济"在更根本的意义上则是指一种具有包容性、兼容性的新经济发展方式。截至目前，人类社会已经经历了或者完成了三次重大的产业革命，即以蒸汽机为标志的第一次产业革命、以电气化为标志的第二次产业革命、以信息化为标志的第三次产业革命。目前正在酝酿并开始显现的第四次产业革命将会是以"低碳经济"为特征的绿色革命。因此，低碳经济作为一种经济形态，绝不能被简单地定义为一种低能耗、低排放、低污染为特征的低碳技术，相反，在市场经济框架下，它至少可以理解为以 GDP 为"资产"，以环境污染特别是以气候恶化为"负债"的投入产出关系，属于一种新的经济形态。这种低碳经济的"包容性"表现在：不仅包含低碳技术、低碳产业、低碳贸易、低碳金融，还包括一切能够节能、减排、清洁、环保的常规技术、传统产业和产品；不仅具有低能耗、低排放、低污染的技术特征，还具有低消耗（减量化）、低废弃（再利用和资源化）、低成本的价值特征。而"兼容性"表现在：不仅把减少碳源❶、缩小碳足迹❷、降低碳强度与提高碳汇❸、增加蓄积量、增强固碳能力对接起来，还把建立完善温室气体排放和节能减排统计监测制度与逐步建立碳排放交易市场和追求绿色GDP连接起来；不仅把低碳管理和低碳服务融为一体，还把加强适应气候变化、应对气候变化，特别是把应对极端气候事件能力建设与低碳城市建设和低碳生活方式的提倡融合起来。

二、循环经济

循环经济（Cyclic Economy）是指在人、自然资源和科学技术的大系统内，在资源投入、企业生产、产品消费及其废弃的全过程中，把传统的依赖资源消耗的线性增长的经济，转变为依靠生态型资源循环来发展的经济。循环经济是把清洁生产和废弃物的综合利用融为一体的经济，本质上是一种生态经济，它要求运用生态学规律来指导人类社会的经济活动。

循环经济一词来源于美国经济学家肯尼思·鲍尔丁。他认为，不断增长的经济系统对自然资源需求的无止境性与相对稳定的生态系统对资源供给的局限性之间，必然会产生一种矛盾，而解决这个矛盾的有效方法就是发展循环经济。也就是说，循环经济是一种新的生产方式，一种运用生态学规律和经济规律来指导人类社会的经济活动的生产方式。这种生产方式以资源的高效利用和循环利用为核心，以"减量化、再利用、再循环"为资源配置原则，以低消耗、低排放、高效率为基本特征。在技术层面上，循环经济是一个新的物质流动、能量流动、信息流动的模式。与传统的"资源开发—产品生产—废物排放"的开放型流动模式不同，循环经济的流动模式是"资源能源开发—产品生产—废物再生资源"的闭环型流动模式。在经济层面上，循环经济的实质

---

❶ 碳源（Carbon Source），是指自然界向大气释放碳的母体。
❷ 碳足迹（Carbon Footprint），是指一个人的能源意识和行为对自然界的影响，简单地讲就是指个人或企业"碳耗用量"。其中"碳"就是指石油、煤炭、木材等由碳元素构成的自然资源；碳耗用得多，导致全球变暖的元凶二氧化碳也制造得多，"碳足迹"就大；反之，"碳足迹"就小。
❸ 碳汇（Carbon Sink），一般是指从空气中清除二氧化碳的过程、活动、机制。它主要是指森林吸收并储存二氧化碳的多少，或者说是森林吸收并储存二氧化碳的能力，因此是与碳源相对的概念。

第二章 低碳经济的理论演进与实践探索

是以尽可能少的资源消耗和尽可能小的环境代价实现最大的经济效益和社会发展福利的生产方式,因此可以说是一种以人类共同福祉为目的,科学发展、可持续发展的经济模式。

循环经济作为一种科学的发展观,一种全新的经济发展模式,具有如下的一些基本特征:

第一,新的系统观。循环经济的系统是由人、自然资源和科学技术等要素构成的大系统。循环经济观要求人在考虑生产和消费时不再置身于这一大系统之外,而是将自己作为这个大系统的一部分来研究符合客观规律的经济原则。

第二,新的经济观。循环经济要求运用生态学规律,而不是仅仅沿用19世纪以来机械工程学的规律来指导经济活动。不仅要考虑工程承载能力,还要考虑生态承载能力。在生态系统中,经济活动超过资源承载能力的循环是恶性循环,会造成生态系统退化;只有在资源承载能力之内的良性循环,才能使生态系统平衡地发展。

第三,新的价值观。循环经济在考虑自然时,不再像传统工业经济那样将其作为"取料场"和"垃圾场",也不仅仅视其为可利用的资源,而是将其作为人类赖以生存的基础,是需要维持良性循环的生态系统;在运用科学技术时,不仅要考虑对自然的开发能力,而且要充分考虑它对生态系统的修复能力,使之成为有益于环境的技术;在关注人自身时,不仅要考虑人对自然的征服能力,而且要重视人与自然和谐相处的能力,促进人的全面发展。

第四,新的生产观。循环经济是要充分考虑自然生态系统的承载能力,尽可能地节约自然资源,不断提高自然资源的利用效率,循环使用资源,创造良性的社会财富。在生产过程中,循环经济观要求遵循"3R"原则:资源利用的减量化(Reduce)原则,即在生产的投入端尽可能少地输入自然资源;产品的再使用(Reuse)原则,即尽可能延长产品的使用周期,并在多种场合使用;废弃物的再循环(Recycle)原则,即最大限度地减少废弃物排放,力争做到排放的无害化,实现资源再循环。同时,在生产中还要求尽可能地利用可循环再生的资源替代不可再生资源,尽可能地利用高科技,尽可能地以知识投入来替代物质投入,以达到经济、社会与生态的和谐统一。

第五,新的消费观。循环经济要求走出传统工业经济"拼命生产、拼命消费"的误区,提倡物质的适度消费、层次消费,在消费的同时就考虑到废弃物的资源化，建立循环生产和消费的观念。同时，循环经济观要求通过税收和行政等手段，限制以不可再生资源为原料的一次性产品的生产与消费。

第二节 低碳经济的理论演进

在人类社会的发展历程中，绝大部分时间是在谋求生产的发展和生活的满足，因此，低碳、绿色、循环等概念对于人们来说还只是一种奢望，而且大自然相对人们的生产力水平是取之不尽、用之不竭的，根本不需要去考虑节约自然资源、减少对环境破坏这样一些问题。然而，工业革命以后，人类的生产力水平达到了一个之前人们无法想象的高度。正如马克思和恩格斯在《共产党宣言》中所讲的："资产阶级在它的不到一百年的阶级统治中所创造的生产力，比过去一切世代创造的全部生产力还要多，还要大。自然力的征服，机器的采用，化学在工业和农业中的应用，轮船的行驶，铁路的通行，电报的使用，整个大陆的开垦，河川的通航，仿佛用法术从地下呼唤出来的大量人口——过去哪一个世纪料想到在社会劳动里蕴藏有这样的生产力呢？"[1] 随着生产力的这种历史性突破，人类的社会经济活动的轨迹也发生了改变，以前从来都不会考虑的自然资源问题开始凸显，以前从不关心的环境问题开始影响到人们的生活。如此，理论研究中就多了一个主题，即如何处理人类的发展与资源和环境的关系问题。

应该说对上述的这一问题的研究是一个不断展开、其关切度不断提高的过程。人类对资源环境问题的关切经历了三个浪潮：第一波是20世纪四五十年代，关注的是有限资源问题，具体涉及不可再生资源的耗竭和粮食供应问题；第二波是20世纪六七十年代，关注的是生产和消费活动的副产品问题，具体涉及杀虫剂和化肥的使用、垃圾问题、噪声污染、空气和水体污染、放射性和化学污染；第三波是20世纪八九十年代，关注的是全球问题，具体涉及如气候变化和臭氧层破坏。对这些不同阶段关注的问题进行总结可以归纳出经济学所研究的资源环境问题，具体包括：经济发展中怎样做到可持续发展问题；怎

---

[1] 马克思，恩格斯. 马恩选集[M]. 第1卷. 北京：人民出版社，1972：256.

第二章 低碳经济的理论演进与实践探索

样克服负外部性、选择经济发展模式；采取什么样的手段控制污染保护环境；在经济决策中的环境评价问题；选择什么样的环境经济决策；环境核算问题；国际环境经济问题等。对这些问题的研究体现为低碳经济的理论演进。

一、资源稀缺性问题的研究

1931年，美国学者哈罗德·霍德林出版《可耗竭资源经济学》，提出资源保护和稀缺资源分配问题。这无疑是点破了西方主流经济学研究的一个核心命题。西方主流经济学研究市场经济，研究市场进行配置资源的机制。之所以要把研究资源配置作为经济学研究的命题，并引入市场机制这一被认为是最好的实现资源配置的手段进行研究，其潜在的一个核心命题就是资源是稀缺的，如果资源是无限的，是取之不尽、用之不竭的，那么选择任何一个用以配置资源的机制都是毫无意义的。

西方主流经济学的研究起点就是资源的稀缺性，或者说正是由于存在着稀缺性和人们追求效率的愿望，才使得经济学成为一门重要的学科。1932年，英国经济学家罗宾斯在一篇非常重要的论文——《论经济学科的性质和意义》中，对经济学下了一个经典的定义。他将经济学定义为一门研究由稀缺性所引起的各种选择问题的学问，即"将人类行为作为目的与具有竞争性用途的稀缺手段之间关系来研究的科学"。[1] 在这个定义中，罗宾斯把经济学看作是研究稀缺资源在各种可供选择的用途中间进行分配的科学。这一认识奠定了西方经济学作为一个学科发展的基本方向。

不过，西方经济学对稀缺的理解，是相对于人的需求而言的，人类可以使用的物品和资源，自然资源、人力资源和人工制造的生产设备等，都是稀缺的，而人的欲望却是无限的。稀缺资源不可能满足人的无限欲望，因此，人类必须在有限的资源条件下，将资源有效地运用于满足人类最重要的目标上。如果所有能够满足人类欲望的物品和劳务，其数量超过人们所需要的数量，如阳光、空气，那么人们就不必付出任何努力来获得这些物质生存资料了。资源的稀缺性决定了人们不可能无代价地获取满足生存需要的物质资料，现有的物品和劳务只能满足人们消费欲望的很小部分。由于人的欲望是无限的，对于任何

---

[1] L. Robbins: An Essay on the Nature and Significance of Economic Science, Macmillan, 193: 16.

经济活动而言，要做的最重要的事情就是有效地利用资源，或者人们要在资源稀缺的条件下对各种有待满足的目标进行选择，以便使稀缺资源得到有效的使用。

鉴于资源的稀缺性，如何有效地配置资源就成为经济学研究的一个重要命题。不过，在不同的经济学理论中，关于资源配置问题又有着不同的观点。西方主流经济学多强调资源的市场配置，并认为只有进行市场配置，资源才可能得到最有效的利用。而一些非主流的经济学对市场配置也提出质疑，市场失灵便是针对西方主流经济学的自由市场理论提出的一个重要挑战。

二、外部性问题的研究

外部性的概念是由马歇尔和庇古在20世纪初提出的。它是指一个经济主体（生产者或消费者）在自己的活动中对旁观者的福利产生了一种有利的影响（正外部性）或不利的影响（负外部性），这种有利影响带来的利益（或收益）或不利影响带来的损失（或成本）都不是生产者或消费者本人所获得或承担的，是一种经济力量对另一种经济力量的非市场性的附带影响。

对外部性理论做出重要贡献的主要有三位经济学家，他们是马歇尔、庇古和科斯。

马歇尔是英国"剑桥学派"的创始人，是新古典经济学派的代表。马歇尔并没有明确提出外部性这一概念，但外部性概念源于马歇尔1890年发表的《经济学原理》中提出的"外部经济"概念。在马歇尔看来，除了以往人们多次提出过的土地、劳动和资本这三种生产要素外，还有一种要素，那就是"工业组织"。工业组织的内容相当丰富，包括分工、机器的改良、有关产业的相对集中、大规模生产以及企业管理。马歇尔用"内部经济"和"外部经济"这一对概念，来说明第四类生产要素的变化如何能导致产量的增加。

马歇尔指出，我们可把因任何一种货物的生产规模之扩大而发生的经济分为两类：一类是内部经济；另一类是外部经济。所谓内部经济，是指由于企业内部的各种因素所导致的生产费用的节约，这些影响因素包括劳动者的工作热情、工作技能的提高、内部分工协作的完善、先进设备的采用、管理水平的提高和管理费用的减少等。所谓外部经济，是指由于企业外部的各种因素所导致的生产费用的减少，这些影响因素包括企业离原材料供应地和产品销售市场的

第二章　低碳经济的理论演进与实践探索

远近、市场容量的大小、运输通信的便利程度、其他相关企业的发展水平等。实际上，马歇尔把企业内分工而带来的效率提高称作是内部经济，这就是在微观经济学中所讲的规模经济，即随着产量的扩大长期平均成本的降低；而把企业间分工而导致的效率提高称作是外部经济。

马歇尔虽然并没有提出内部不经济和外部不经济概念，但从他对内部经济和外部经济的论述中可以从逻辑上推出内部不经济和外部不经济的概念及其含义。所谓内部不经济，是指由于企业内部的各种因素所导致的生产费用的增加。所谓外部不经济，是指由于企业外部的各种因素所导致的生产费用的增加。马歇尔以企业自身发展为问题研究的中心，从内部和外部两个方面考察影响企业成本变化的各种因素，这种分析方法给经济学后继者提供了无限的想象空间。首先，如上所述，有内部经济必然有内部不经济，有外部经济必然有外部不经济，从最简单的层面可以发展马歇尔的理论。其次，马歇尔考察的外部经济是外部因素对本企业的影响，由此自然会想到本企业的行为如何会影响其他的企业的成本与收益。这一问题正是由著名的经济学家庇古来解决的。最后，从企业内的内部分工和企业间的外部分工这种视角来考察企业成本变化，自然会让我们想到，科斯的《企业的性质》与《社会成本问题》这两篇重要文献是不是受到马歇尔思想的影响。

庇古是马歇尔的嫡传弟子，他首次用现代经济学的方法从福利经济学的角度系统地研究了外部性问题，在马歇尔提出的"外部经济"概念基础上扩充了"外部不经济"的概念和内容，将外部性问题的研究从外部因素对企业的影响效果转向企业或居民对其他企业或居民的影响效果。

庇古通过分析边际私人净产值与边际社会净产值的背离来阐释外部性。他指出，边际私人净产值是指个别企业在生产中追加一个单位生产要素所获得的产值，边际社会净产值是指从全社会来看在生产中追加一个单位生产要素所增加的产值。他认为，如果每一种生产要素在生产中的边际私人净产值与边际社会净产值相等，它在各生产用途的边际社会净产值都相等，而产品价格等于边际成本时，就意味着资源配置达到最佳状态。不过，边际私人净产值与边际社会净产值之间存在着下列关系：如果在边际私人净产值之外，其他人还得到利益，那么，边际社会净产值就大于边际私人净产值；反之，如果其他人受到损失，那么，边际社会净产值就小于边际私人净产值。庇古把生产者的某种生产活动带给社会的有利影响，叫作"边际社会收益"；把生产者的某种生产活动带给社会的不利影响，叫作"边际社会成本"。如此可以理解为，外部性实际上就是边际私人成本与边际社会成本、边际私人收益与边际社会收益的不一致。在没有外部效应时，边际私人成本就是生产或消费一件物品所引起的全部成本。当存在负外部效应时，由于某一厂商的环境污染，导致另一厂商为了维持原有产量，必须增加诸如安装治污设施等所需的成本支出，这就是外部成本。边际私人成本与边际外部成本之和就是边际社会成本。当存在正外部效应时，企业决策所产生的收益并不是由本企业完全占有的，还存在外部收益。边际私人收益与边际外部收益之和就是边际社会收益。通过经济模型可以说明，存在外部经济效应时纯粹个人主义机制不能实现社会资源的帕累托最优配置。

虽然庇古的"外部经济"和"外部不经济"概念是从马歇尔那里借用和引申来的，但是庇古赋予这两个概念的意义不同于马歇尔。马歇尔主要提到了"外部经济"这个概念，其含义是指企业在扩大生产规模时，因其外部的各种因素所导致的单位成本的降低。也就是说，马歇尔所指的是企业活动从外部受到影响，庇古所指的是企业活动对外部的影响。这两个问题看起来十分相似，其实所研究的却是两个不同的问题或者说是一个问题的两个方面。庇古由此将马歇尔的外部性理论大大向前推进了一步。

庇古除了对外部性做了新的解释之外，还提出了克服外部性的经济政策。他认为，在边际私人收益与边际社会收益、边际私人成本与边际社会成本相背离的情况下，依靠自由竞争是不可能达到社会福利最大化的。于是就应由政府采取适当的经济政策，消除这种背离。政府应采取的经济政策是：对边际私人成本小于边际社会成本的部门实施征税，即存在外部不经济效应时，向企业征税；对边际私人收益小于边际社会收益的部门实行奖励和津贴，即存在外部经济效应时，给企业以补贴。庇古认为，通过这种征税和补贴，就可以实现外部效应的内部化。这种政策建议后来被称为"庇古税"。

科斯是新制度经济学的奠基人，他因为在交易费用和财产权对经济的制度结构和运行意义方面的研究和发现，荣获了1991年度的诺贝尔经济学奖。科斯获奖的成果在于两篇论文，其中之一就是《社会成本问题》。而《社会成本问题》的理论背景是"庇古税"。长期以来，关于外部效应的内部化问题被庇古税理论所支配。在《社会成本问题》中，科斯多次提到庇古税问题。从某

第二章 低碳经济的理论演进与实践探索

种程度上讲，科斯理论是在批判庇古理论的过程中形成的。科斯对庇古税的批判主要集中在如下几个方面：第一，外部效应往往不是一方侵害另一方的单向问题，而具有相互性。例如化工厂与居民区之间的环境纠纷，在没有明确化工厂是否具有污染排放权的情况下，一旦化工厂排放废水就对它征收污染税，这是不严肃的事情。因为，也许建化工厂在前，建居民区在后。在这种情况下，也许化工厂拥有污染排放权。要限制化工厂排放废水，也许不是政府向化工厂征税，而是居民区向化工厂"赎买"。第二，在交易费用为零的情况下，根本没有必要征收庇古税。因为在这时，通过双方的自愿协商，就可以产生资源配置的最佳化结果。既然在产权明确界定的情况下，自愿协商同样可以达到最优污染水平，可以实现和庇古税一样的效果，那么政府又何必多管闲事呢？第三，在交易费用不为零的情况下，解决外部效应的内部化问题要通过各种政策手段的成本—收益的权衡比较才能确定。也就是说，庇古税可能是有效的制度安排，也可能是低效的制度安排。

上述内容就是所谓的科斯定理：如果交易费用为零，无论权利如何界定，都可以通过市场交易和自愿协商达到资源的最优配置；如果交易费用不为零，制度安排与选择是重要的。也就是说，解决外部性问题可能可以用市场交易形式即自愿协商替代庇古税手段。

科斯定理进一步巩固了经济自由主义的根基，进一步强化了"市场是美好的"这一经济理念，并且将庇古理论纳入自己的理论框架之中。交易费用为零的情况下，解决外部性问题不需要"庇古税"；在交易费用不为零的情况下，解决外部性问题的手段要根据成本—收益的总体比较，也许庇古方法有效，也许科斯方法有效。可见，科斯又实现了对庇古理论的一种扬弃。

随着20世纪70年代环境问题的日益加剧，市场经济国家开始积极探索实现外部性内部化的具体途径，科斯理论随之而被投入实际应用之中。在环境保护领域排污权交易制度就是科斯理论的一个具体运用。科斯理论的成功实践进一步表明，"市场失灵"并不是政府干预的充要条件，政府干预并不一定是解决"市场失灵"的唯一方法。不过，科斯理论也存在局限性：第一，在市场化程度不高的经济中，科斯理论不能发挥作用。特别是发展中国家，在市场化改革过程中，有的还留有明显的计划经济痕迹，有的还处于过渡经济状态，与真正的市场经济相比差距较大。第二，自愿协商方式需要考虑交易费用问题。

自愿协商是否可行，取决于交易费用的大小。如果交易费用高于社会净收益，那么，自愿协商就失去意义。在一个法制不健全、不讲信用的经济社会，交易费用必然十分庞大，这样，就大大限制了这种手段应用的可能，使得它不具备普遍的现实适用性。第三，自愿协商成为可能的前提是产权明晰。而事实上，像环境资源这样的公共物品产权往往难以界定或者界定成本很高，从而使得自愿协商失去前提。

在对外部性理论进行梳理的过程中，我们应该发现，外部性理论最适合探讨的便是资源、环境和生态问题。所有国家和地区都把发展经济作为头等大事，并且采用市场经济体制来实现经济发展，如此，便把追求利益最大化的不同市场主体引导到一种竞争异常激烈的氛围中。这种竞争在生产力不断提高的情况下，势必导致过多地使用资源、无限制地破坏环境。这无论是采用庇古税，还是科斯式市场交换，都无法从根本上解决这一问题。

三、可持续发展问题研究

可持续发展（Sustainable Development），或永续发展，是指在保护环境的条件下既满足当代人的需求，又不损害后代人的需求的发展模式。这是20世纪80年代提出的一个新概念。1987年世界环境与发展委员会在《我们共同的未来》报告中第一次阐述了可持续发展的概念，得到了国际社会的广泛共识。可持续发展是指满足现代人的需求以不损害后代人满足需求为前提的能力。换句话说，就是指经济、社会、资源和环境保护协调发展，它们是一个密不可分的系统，既要达到发展经济的目的，又要保护好人类赖以生存的大气、淡水、海洋、土地和森林等自然资源和环境，使子孙后代能够永续利用。

可持续发展与环境保护既相联系，又相区别。环境保护是可持续发展的重要内容，可持续发展的核心是发展，但这种发展是在严格控制人口、提高人口素质和保护环境、资源永续利用的前提下的发展。可持续发展涉及的核心问题包括：人口问题、资源问题、环境问题和发展问题；可持续发展具有的核心思想是：应该协调人口、资源、环境和发展之间的相互关系，在不损害他人和后代利益的前提下追求发展；可持续发展的目的是保证世界上所有国家、地区、个人拥有均等的发展机会，并保证我们的子孙后代同样拥有发展的条件和机会。

可持续发展是一个涉及内容非常广泛的命题，因此成为当代世界最重要的

第二章　低碳经济的理论演进与实践探索

主题。第一，可持续发展首先还在于发展，只有发展才能摆脱贫困，提高生活水平。特别是对于发展中国家，生态环境恶化的根源是贫困。只有发展才能为解决生态危机提供必要的物质基础，才能最终打破贫困加剧和环境破坏的恶性循环。因此，可持续发展需要充分地体现各国特别是发展中国家的发展权。第二，可持续发展需要处理好环境与发展的关系。环境和发展两者密不可分，相辅相成。环境保护需要经济发展所能够提供的资金和技术，环境保护的好坏也是衡量发展质量的指标之一；经济发展离不开环境和资源的支持，发展的可持续性取决于环境和资源的可持续性。第三，可持续发展体现出的是一种显示代际公平的伦理。人类历史是一个连续的过程，后代人拥有与当代人相同的生存权和发展权，当代人必须留给后代人生存和发展所需的必要资本，包括环境资本。虽然不能确切判定后代人需要什么，但后代人肯定还将生活在这个地球上。因此，保护和维持地球生态系统的生产力是当代人应尽的责任。第四，可持续发展需要一种国际合作和机会均等的良好环境。发达国家在发展过程中已经消耗了地球上大量的资源和能源，对全球环境变化的损害最大，但至今仍然居于国际经济秩序中的有利地位，继续大量占有来自发展中国家的资源，继续大量排放污染物，造成一系列的环境问题。因此，发达国家对应对全球环境问题承担主要责任，理应从技术和资金方面帮助发展中国家提高环境保护能力。

可持续发展在当代具有特殊意义，在理论上也有大量的相关研究，而且也是现代经济学研究的一个重要课题。

早在1972年，成立于1968年的罗马俱乐部发布了一份研究报告——《增长的极限》。这是在资本主义世界正处于增长的黄金时期发布的、对增长有着深刻反思的报告。20世纪60年代，西方发达国家正陶醉于高增长、高消费的"黄金时代"，但这种高增长已经表现出一些不可持续的迹象，而这些西方国家浑然不知。罗马俱乐部的专家则在这种高速增长的背后发现了人类自工业革命之后经济增长模式势必会积累的问题。工业革命以来的经济增长模式所倡导的是"人类征服自然"的理念，其后果是使人与自然处于尖锐的矛盾之中，但在这种矛盾关系中，人类绝不能无条件地处于绝对的主导地位，如果不顾及自然的承受力，那么一定会受到自然的报复。人类已经走过的传统工业化道路，导致了全球性的人口激增、资源短缺、环境污染和生态破坏，使人类社会面临严重困境，也使人类走上了一条不可持续的发展道路。

在《增长的极限》这个报告中,从不可持续的原因、性质和出路几个方面对其进行了全面的阐释。首先,增长的极限来自地球的有限性。地球是有限的,这不仅取决于地球的自然特征,而且也取决于人类的生产能力。他们发现,地球作为一个系统,有五个因子决定着这一系统的特征,而这五个因子是按照不同的方式发展的,人口、经济是按照指数方式发展的,至少到了近代社会以后是如此,属于无限制的系统,而土地、自然资源和环境是相对稳定,或者说是无法增长的,因此,人口爆炸、经济失控必然会引发和加剧粮食短缺、资源枯竭和环境污染,这些问题反过来又会进一步限制人口和经济发展。其次,封闭的反馈环路使全球性环境与发展问题成为一个复杂的整体。在《增长的极限》这一报告的研究者们看来,全球性的环境与发展问题之所以是一个整体,是由于全球系统的五个因子之间存在的反馈环路所决定的,而且这一反馈环路又使得环境与发展问题越来越严重。反馈环路是一个封闭的线路,人类的一种活动对周围状况产生的效果,反过来又作为一个因素影响下一步的活动。在这种环路中,一个因素的增长,将通过刺激和反馈连锁作用,使最初变化的因素增长加速。全球系统无节制的发展,最终将向其极限增长,并不可避免地陷入恶性循环之中。例如,人口的增长要求更多的工业产品,消耗更多的不可再生资源,造成全球环境污染也就越来越严重。工业的增长使环境的自然恢复能力遭受极大的压力并不堪重负,这会引起一个结果,就是自然再也不会在人类的无限开发中保持沉默了,它会以自己的方式向人类提出一个又一个警告,使人类明白地球本是一个整体,人类并不能超越这个整体而我行我素地追求自己的目标。最后,全球均衡状态是解决全球性环境与发展问题的最终出路。通过对人类增长带来的对资源和环境的影响,以及人类现有增长方式的"不归路"的分析,研究者最后得出如下的一些结论:第一,在世界人口、工业化、污染、粮食生产和资源消耗方面,如果按现在的趋势继续下去,人类所在的地球会在今后100年中达到增长极限。最可能的结果将是人口和工业生产力双方有相当突然的和不可控制的衰退。第二,在目前的趋势下,必须改变现有的这种增长方式并建立起稳定的生态和经济发展条件,以支撑未来的可持续发展。第三,现在应该是开始行动的时候了,而行动的方案只能是"使社会改变方向,向均衡的目标前进,而不是以往的增长"。也就是说,他们把全球均衡作为解决全球性环境与发展问题的综合对策。在实现全球均衡发展的进程

第二章 低碳经济的理论演进与实践探索

中，技术进步是最有意义的一种选择。而这里希望的技术进步应该是经过生态化调整的技术进步，如用收集废料的新方法，以减少污染，并使被抛弃的物品实现再利用；更有效的再循环技术，以降低资源消耗率；更好的产品设计，以延长产品寿命和便于修理，并降低资本的折旧率；更多地开发利用可再生能源；等等。

在可持续发展的研究中，除了具有开创意义的增长的极限理论外，进入20世纪90年代后，随着国际对环境、气候问题的关注，又形成了更加系统、更加综合的可持续发展理论。

可持续发展首先需要转变传统的经济增长方式。为此，对过去各国所努力追求的经济增长目标加以调整，首当其冲的便是对GDP的调整。当使用可持续发展概念时，人们马上会想到，传统的国内生产总值（GDP）作为宏观经济增长指标并不能保证环境呈现出良好的状况。在GDP的核算中，并未将由于经济增长而带来的对环境资源的消耗和破坏造成的影响及其对生态功能、环境状况的损害考虑在内。环境影响通常没有相应的市场表现形式，但这并不意味着它们没有经济价值。因此，实际上应该将所发生的任何环境损失都进行价值评估，并从GDP中扣除。经济学家尝试在计算国内生产总值时纳入一系列的自然资源和环境因素，即扣除环境成本后的净国内生产总值（EDP）。

为了更好地实现经济增长的这一新目标，或者实现可持续增长，还需要遵从一系列基本原则。这些原则包括：第一，公平性原则。可持续发展必须做到两方面的公平，一是代内公平，可持续发展必须满足全体人民的基本需求，并给全体人民追求美好生活的机会。当今世界的现实是一部分人比较富裕，而占世界五分之一的人口仍处于贫困状态。此外，占世界人口四分之一的发达国家消耗了全球80%的能源和资源。这种贫富悬殊、两极分化的世界是不可能实现可持续发展的。因此，只有为世界提供公平的发展机会并尽量缩小贫富差距，可持续发展才可能顺利推进。二是代际公平，可持续发展也就是要永续发展，因此绝不能是当代人把资源耗竭而不给后代人留下发展必需的资源条件。如果要实现可持续发展，那么就不能作为自己的发展和需求而损害人类世代赖以生存的自然资源和环境的行为，要给子孙后代以公平利用自然资源的权利。第二，持续性原则。持续性原则的核心思想是指人类的经济建设和社会建设不能超越自然资源与生态环境的承载能力。这意味着，可持续发展不仅要求人与人之间的公平，而且还要顾及人与自然之间的公平。资源和环境是人类生存和发展的最基础的条件，资源耗竭和环境破坏，则会危及人类的生存和发展。因此，人类发展对自然资源的耗竭速率应充分顾及资源的临界值，应以不损害支持地球生命的大气、水、土壤、生物等自然系统为前提。也就是说，人类需要根据持续性原则调整自己的生活和生产方式，确定自己的消耗标准，而不是过度生产和过度消费。发展一旦破坏了人类生存的物质基础，发展本身也就衰退了。第三，共同性原则。世界各国历史、文化和发展程度有着比较大的差异，这使得可持续发展的具体目标、政策和实施步骤不可能是一致的。但是，可持续发展作为全球发展的总目标，所体现的公平性原则和持续性原则，则是应该共同遵从的。要实现可持续发展的总目标，就必须采取全球共同的联合行动，并认识到各国具有的依赖性和不可分割性。如果各个国家甚至每个人都遵从共同性原则，那么人类内部及人与自然之间就能保持互惠共生的关系，从而实现可持续发展。

　　实现可持续发展必须提高可持续发展的能力。可持续发展的能力建设包括一个复杂而全面的支撑系统的构建，这个系统的内容有：管理、法制、政策、科技、教育、人力资源和公众参与等。一是可持续发展的管理体系的构建。实现可持续发展需要一个非常有效的管理体系。实践证明，环境和发展不协调的许多问题都与决策和管理不当有关，因此，提高资源和环境的决策和管理能力是构建可持续发展能力的重要内容。可持续发展管理体系构建需要培养高素质的决策人员和管理人员，综合运用规划、法制、行政、经济等手段，建立和完善可持续发展的组织构架，形成综合决策与协调管理的有效机制。二是可持续发展的法制体系的构建。可持续发展离不开法制化建设，反过来，完善的规范资源和环境使用的法律、法规是可持续发展能力的一个重要支撑。只有建立一个在资源和环境方面完善的法律体系，才可能实现对自然资源的合理利用，使生态破坏和环境污染得到控制，从而保障经济、社会、生态的可持续发展。三是可持续发展的科技系统的构建。科学技术是可持续发展的重要基础，也是人类在可持续发展方面发挥主观能动性的主要着眼点。科学技术对可持续发展的作用是多方面的，它可以有效地为可持续发展的决策提供依据与手段，促进可持续发展管理水平的提高，加深人类对人与自然关系的理解，扩大自然资源开发的深度和广度。同时，科学技术也是节约资源和改善环境的主要手段。四是

第二章　低碳经济的理论演进与实践探索

可持续发展的教育系统的构建。可持续发展要求人们有高度的知识水平，懂得人的活动对自然和社会的长远影响与后果；要求人们有较高的道德水平，认识到自己对子孙后代应当承担的责任，自觉地处理好人类社会的长远利益和眼前利益的关系。这需要在可持续发展的能力建设中大力发展符合可持续发展精神的教育事业。可持续发展需要的教育不仅是提高人们的科学知识水平，而且更为重要的是培育人们可持续发展要求的伦理道德。这种教育既包括学校教育，也包括广泛的具有潜移默化功能的社会教育。五是可持续发展的公众参与的增强，公众参与是实现可持续发展的必要保证。这是因为可持续发展的目标和行动，必须依靠社会公众和社会团体最大限度的认同、支持和参与。公众对可持续发展的参与的方式和程度，会决定可持续发展目标实现的进程。公众和社会团体不仅要参与有关环境与发展的决策，而且更需要参与对决策执行过程的监督。

　　建立在可持续发展能力的基础上，实现可持续发展要着眼于如下三个方面：第一，实现经济可持续发展。可持续发展鼓励经济增长而不是以保护环境为名取消经济增长，因为目前世界各国所面临的诸多问题还必须通过经济增长来加以解决。只是这种增长不能局限在数量上，而应更重视经济增长的质量。可持续发展要求转变传统的"高投入、高消耗、高污染"的生产模式，以及浪费性消费模式，实施清洁生产和文明消费。因此，可持续发展在经济上的表现就是集约型的经济增长。第二，实现生态可持续发展。可持续发展要求经济建设和社会建设与自然承载能力相适应。发展的同时要保护好生态环境，保证以可持续方式利用自然资源和善待生活环境。不过，可持续发展的生态可持续所强调的环境保护，不同于以往将环境保护与经济社会发展相对立的做法，而是要实现在保护环境的同时达到追求经济增长的目的。第三，实现社会可持续发展。可持续发展强调社会公平是环境保护得以实现的机制和目标。尽管世界各国的发展阶段不同，发展的具体目标不同，但是发展的本质是相同的，都是追求提高人们的生活质量，创造一个保障人们平等、自由、稳定的社会环境。这意味着，在人类可持续发展系统中，经济可持续是基础，生态可持续是条件，社会可持续才是目的。未来人类应该实现的是以人为本的自然—经济—社会系统的持续、稳定和健康发展。

第三节　低碳经济的实践探索

在学者们对低碳经济进行广泛而深入研究的同时，世界各国也开始认识到资源、环境和生态问题已经给人类带来了巨大的挑战，必须采取共同而协调的行动，才可能是人类摆脱来自资源、环境和生态问题的困境。

1972年6月5日~16日，联合国在瑞典首都斯德哥尔摩召开了有各国政府首脑及代表团、联合国机构和国际组织代表参加的旨在讨论当代环境问题的会议，即第一次联合国人类环境会议。这次会议的目的是促使各国政府和人民关注人类的活动正在破坏自然环境，并给人们的生存和发展造成了严重的威胁。会议最后通过了全球性保护环境的《联合国人类环境会议宣言》和《行动计划》。其中号召各国政府和人民为保护环境而努力奋斗，从而开创了人类社会环境保护事业的新纪元，这也是人类保护环境史上的一个里程碑。

《联合国人类环境会议宣言》表述了各国一致同意的诸多原则，如人类的环境权利和保护环境的义务，保护和合理利用各种自然资源，防治污染，促进经济和社会发展，使发展同保护和改善环境协调一致，实行适当的人口政策，筹集资金援助发展中国家，对发展和保护环境进行计划和规划，发展环境科学、技术和教育，销毁核武器和其他一切大规模毁灭手段，加强国家对环境的管理，加强国际合作等。这一宣言是世界各国和国际组织表示合作应对气候变化的第一份纲领性文件，对应对气候变化的世界性行动具有重要的指导意义。

之后，国际社会为推进这些原则的实施进行了不间断的努力。1979年2月，世界气象组织在日内瓦召开了第一届世界气候大会。会议指出，地球上人类活动的不断扩大可能影响到区域，甚至全球的气候变化，因此，迫切要求全球协作，探索未来全球气候可能的变化过程，并根据新的共识制订未来人类社会发展计划。1982年5月，联合国环境规划署在肯尼亚首都内罗毕召开特别会议，通过了《内罗毕宣言》，该宣言指出：大气变化，如臭氧层破坏、二氧化碳含量快速增长等，已严重地威胁着人类的环境。1988年6月，在加拿大的多伦多召开了以"变化中的大气：对全球安全的影响"为主题的世界大会。会议的声明指出，地球的气候正在发生前所未有的迅速变化，这主要是由人类

第二章 低碳经济的理论演进与实践探索

不断增长的能源消费造成的,并威胁到全球安全、世界经济及自然环境。全球应当采取共同行动应对气候变化,到2050年全球应减少50%的二氧化碳排放量。各国政府应紧急行动起来,制定一项国际框架公约,制订具体的行动计划保护大气。建立世界气候基金,基金的资金主要通过对发达国家征收石油燃料使用税的方式筹集。1988年11月,联合国环境规划署和世界气象组织成立了政府间气候变化专门委员会。该委员会在1990年发布了第一份评估报告。经过许多科学家和专家的讨论和评议,确定了气候变化的科学根据,这份评估报告对促使联合国大会做出制定《联合国气候变化框架公约》的决定起到了重要的推动作用。1990年10月,第二届世界气候大会在日内瓦召开。会议呼吁立即开始关于气候变化公约谈判,并通过了一项《部长宣言》。宣言指出,控制二氧化碳等气体排放量,保护全球气候是各国的共同责任,在"共同但有区别的责任原则"、可持续发展原则等问题上达成共识。宣言的通过为起草《联合国气候变化框架公约》奠定了比较坚实的基础。

1992年6月3日~14日,联合国环境与发展大会在巴西首都里约热内卢举行。180多个国家派代表团参加会议,103位国家元首或政府首脑亲自出席会议,此外,还有联合国及其下属机构等70多个国际组织的代表也到会。会议讨论并通过了《里约环境与发展宣言》(又称《地球宪章》,规定了国际环境与发展的27项基本原则)、《21世纪议程》(确定了21世纪39项战略计划),还签署了联合国《气候变化框架公约》和《生物多样化公约》这两个著名的公约。

《联合国气候变化框架公约》(以下简称《公约》)是世界上第一个关于全面控制二氧化碳等温室气体排放,应对全球气候变暖给人类经济和社会带来不利影响的国家条约,也是国际社会在应对全球气候变化问题上进行国际合作的一个基本框架。《公约》现有190多个国家成为缔约方,各缔约方就解决气候变化问题做出了一系列的承诺。《公约》于1994年3月正式生效,这是奠定应对气候变化国际合作的重要法律基础,是具有权威性、普遍性和全面性的国际框架。《公约》对发达国家和发展中国家规定的义务以及履行义务的程序有所区别。《公约》要求发达国家作为温室气体的排放大户,采取具体措施限制温室气体的排放,并向发展中国家提供资金以支付他们履行公约义务所需的费用。发展中国家则不承担具有法律约束力的减排义务。《公约》规定每年举行一次缔约方大会。1997年12月在日本京都举行的第3次缔约方大会通过的《京都议定书》，对2012年前主要发达国家减排温室气体的种类、减排时间表和额度等做出了具体安排。议定书规定到2010年，所有发达国家二氧化碳等6种温室气体的排放量，要比1990年减少5.2%，各发达国家的减排任务分别是，欧盟削减8%、美国削减7%、日本削减6%、加拿大削减6%、东欧各国削减5%~8%，新西兰、俄罗斯和乌克兰可将排放量稳定在1990年的水平，爱尔兰、澳大利亚和挪威的排放量比1990年分别增加10%、8%和1%。《京都议定书》需要占1990年全球温室气体排放量55%以上的至少55个国家和地区批准之后，才能成为具有法律约束力的国际公约。中国于1998年5月签署并于2002年8月核准了该议定书，欧盟及其成员国于2002年5月31日正式批准了《京都议定书》。目前已有170多个国家批准并加入了该议定书。2007年12月，澳大利亚签署《京都议定书》，至此世界主要工业发达国家中只有美国没有签署《京都议定书》。2001年，美国总统布什刚开始第一任期就宣布退出《京都议定书》，理由是议定书对美国经济的发展造成了过重负担。

2005年2月16日，《京都议定书》正式生效。这是人类历史上首次以法规的形式限制温室气体排放。为了促进各国完成温室气体减排目标，议定书允许采取以下四种减排方式：两个发达国家之间可以进行排放额度买卖的"排放权交易"，即难以完成削减任务的国家，可以花钱从超额完成任务的国家买进超出的额度；以"净排放量"计算温室气体排放量，即从本国实际排放量中扣除森林所吸收的二氧化碳的数量；可以采用绿色开发机制，促使发达国家和发展中国家共同减排温室气体；可以采用"集团方式"，即欧盟内部的许多国家可视为一个整体，采取有的国家削减、有的国家增加的方法，在总体上完成减排任务。

随着2012年的临近，2007年12月，《公约》第13次缔约方大会在印度尼西亚巴厘岛举行，会议着重讨论"后京都"问题，即《京都议定书》第一承诺期在2012年到期后如何进一步降低温室气体的排放。15日，联合国气候变化大会通过了"巴厘岛路线图"，启动了加强《公约》和《京都议定书》全面实施的谈判进程，致力于在2009年年底的哥本哈根大会上完成《京都议定书》第一承诺期2012年到期后全球应对气候变化新安排的谈判，并签署有关协议。

第二章　低碳经济的理论演进与实践探索

"巴厘岛路线图"的主要内容包括：大幅度减少全球温室气体排放量，未来的谈判应考虑为所有发达国家（包括美国）设定具体的温室气体减排目标；发展中国家应努力控制温室气体排放增长，但不设定具体目标；为了更有效地应对全球变暖，发达国家有义务在技术开发和转让、资金支持等方面，向发展中国家提供帮助；在2009年年底之前，达成接替《京都议定书》旨在减缓全球变暖的新协议。

"巴厘岛路线图"还强调必须重视适应气候变化、技术开发和转让、资金三大问题，这三个问题在以往的全球气候变化谈判中一直未能得到足够的重视。而对于大多数发展中国家而言，这些问题都是它们有效应对全球变暖和减排的关键所在。尤其在被视为发展中国家"软肋"的技术转让和资金问题上，没有获得发达国家的帮助，发展中国家在很大程度上只能被动地承受全球变暖所带来的干旱、洪涝、海平面上升等灾难性后果。

2009年12月7日~18日在丹麦首都哥本哈根召开了《联合国气候变化框架公约》缔约方第15次会议。会议旨在达成接替《京都议定书》的新协议，并形成一个减缓全球变暖的一个行动框架。会议最终通过了《哥本哈根协议》，该协议维护了《联合国气候变化框架公约》及《京都议定书》确立的"共同但有区别的责任"原则，就发达国家实行强制减排和发展中国家采取自主减缓行动做出了安排，并就全球长期目标、资金和技术支持、透明度等焦点问题达成广泛共识。但参加大会的各方代表并没有就2012年后的全球减排行动、资金技术支持等方面达成具体共识，因此不具有决议同等的执行效力。这表明目前发达国家和发展中国家在减排的责任和义务上依然分歧明显。许多发达国家在减排问题上推卸责任，而发展中国家认为发达国家理应承担主要责任，各国都应遵循"共同但有区别的责任"原则。减排的责任和义务已成为气候变化谈判的焦点问题。这也意味着围绕碳减排的国际谈判还将是一项艰巨的任务。

2010年11月29日至12月10日《联合国气候变化框架公约》第16次缔约方大会和第6次《京都议定书》成员国大会在墨西哥坎昆召开。坎昆会议涉及四个主要议题：一是《哥本哈根协议》法律化；二是各国减排目标的确立；三是发达国家转让新技术问题；四是如何保障发达国家的资金援助及时到位。此外，会议在未来国际气候制度构建方面，提出设立每年进行全球气候变化问题公投，倡议设立国际法庭，监督《联合国气候变化框架公约》的执行问题。会议取得了两个重要成果，第一是坚持了一种多边谈判的框架机制；第二是坚持了双轨制，即坚持了"共同但有区别的责任"。不过，会议更多的是恢复了各国的谈判信息，离解决问题还是有很大的差距。因此，人们又把期待留给后面的会议。

2011年11月28日，联合国气候变化大会又在南非的德班举行。会议经过艰苦的谈判通过了4份决议，体现了发展中国家的两个根本性诉求：发达国家在《京都议定书》第二承诺期进一步减排；启动绿色气候基金。具体规定从2013年起执行第二承诺期，并在2012年5月1日前提交各自的量化减排承诺。关于绿色气候基金，发达国家承诺到2020年每年向发展中国家提供至少1 000亿美元的基金援助，帮助后者适应气候变化。

由联合国推动的这一系列谈判，尽管离最终解决问题的目标还有很长的距离，但是，世界各国不离不弃地坚持谈判表明，各国在进行碳减排必要性的认识上达成了统一，其中的诸多曲折都是源于各国在博弈中的更多的利益诉求。中国作为一个负责任的大国，而且又处在工业化的中后期，因此，碳减排对于中国来说确实是一个极大的考验。面对目前及未来的国际和国内形势，中国将无法改变一个基本的发展环境，即碳减排。而中国又该从怎样的切入点来实现碳减排的目标？

根据统计资料计算，2009年中国的工业能耗占到经济社会能耗总量的71.3%。这意味着中国实现碳减排的重点必须锁定在工业领域。因此，进行产业结构升级或者工业结构的战略调整，必将成为中国碳减排努力的方向。本课题就是要在碳减排的约束下研究中国的工业结构调整战略问题。

第三章 工业结构的演进及碳排放效应

自工业革命之后,工业结构演进具有非常鲜明的阶段性特征。按照产业革命的性质,可以把工业结构演进的阶段分为第一次产业革命的工业结构、第二次产业革命的工业结构、第三次产业革命的工业结构,以及正在酝酿的第四次产业革命的工业结构。工业结构的这种变迁不仅体现为自身结构的不断升级,而且也表现为碳排放的不断积累。因此,人类社会的未来期待一种可以彻底改变这种局面的新的工业革命,即新兴产业革命。

第一节 第一次产业革命的工业结构及碳排放效应

一、第一次产业革命的形成及工业结构的特点

资本主义生产方式以协作为历史起点,正如马克思所指出的:"较多的工人在同一时间、同一空间(或同一劳动场所),为了生产同种商品,在同一资本家的指挥下工作,这在历史上和逻辑上都是资本主义生产的起点。"❶ 而随着协作逐步建立在分工的基础上,资本主义生产方式进一步演进到工场手工业阶段,这个时期大约从 16 世纪中叶到 18 世纪末叶。❷ 无论是协作,还是工场手工业,它们在本质上都是以人为器官的生产机构。当工场手工业时期的分工发展推动生产工具的变革,进一步生产出机器这一特殊的工具体系后,资本主义生产方式又进入一个新的阶段,即机器与大工业阶段。这在历史上被称为第

---

❶ 马克思. 资本论 [M]. 第 1 卷. 北京:人民出版社,1975:358.
❷ 马克思. 资本论 [M]. 第 1 卷. 北京:人民出版社,1975:373.

一次产业革命，或工业革命。

第一次产业革命也称工业革命，系指以手工技术为基础的资本主义工场手工业过渡到采用机器的资本主义工厂制度的过程。17世纪到18世纪，英、法等国资产阶级革命的胜利，为生产力的发展扫清了道路，资本主义工场手工业的发展和科学技术的发明、创造，为向机器大工业过渡准备了条件。随着市场的扩大，以手工技术为基础的工场手工业逐渐不能满足需要，资产阶级为追求更多的利润，广泛采用了新技术。产业革命最早发生在英国。18世纪60年代首先从纺织业开始，80年代由于蒸汽机的发明和采用，促使产业革命进一步深入，遍及化学、采掘、冶金、机器制造等部门。继英国之后，法、德、美等国也于18世纪相继完成了产业革命。机器大工业的建立，为资本主义制度奠定了物质基础，使之最后战胜封建制度而居统治地位。产业革命促进了资本主义生产力的迅速发展，提高了生产社会化的程度。特别是在工业结构方面，不仅形成了许多的工业行业，而且使工业渐成一个完整的体系。

当然，就第一次产业革命来说，当时形成的工业结构远没有现在复杂。第一次产业革命发生在18世纪60年代到19世纪中期。第一次产业革命发生可以从技术、制度和市场等各个方面加以解释，其中包含了一个工业结构发展的演进历程。

工业革命首先是一个技术进步的结果。而这一技术进步不仅是一个积累的过程，而且也是一个技术突变的过程。作为工业革命之前的资本主义生产方式的发展无疑是一个技术不断积累的过程。资本主义协作时期开始的大规模协作生产，为分工的形成奠定了基础，而资本主义分工和工场手工业开始分工的发展，为资本主义生产的技术进步提供了重要的条件。工场手工业在工场内部把社会上曾经存在的各种手工业的自然分立再生产出来，并系统地把它发展到极致，从而在实际上生产出局部工人的技艺。另一方面，工场手工业把局部劳动变成一个人的终生职业，这进一步加强了工人的技艺。如此的变化极大地提高了劳动生产率。劳动生产率的提高不仅取决于劳动者的技艺，而且取决于他的工具的完善程度。工场手工业最完善的产物之一，是生产劳动工具本身特别是生产采用了复杂机械装置的工场。在这样的技术积累的基础上，机器的产生以及因此发展起来的工业结构成为工业革命的重要成果。

第三章　工业结构的演进及碳排放效应

工业革命还是一种制度进步的产物。资本主义生产方式的产生，意味着一种新的生产关系的确立。这种新的生产关系就是建立在劳动者与生产资料分离基础上的资本雇佣劳动的制度。资本属于一个典型的历史现象，表现为资本的货币和商品开始并不是资本。它们转化为资本是在一定情况下发生的。这些情况归结起来就是：两种极不相同的商品所有者必须互相对立和发生接触，一方面是货币、生产资料所有者，他们要购买别人的劳动力来增加自己所占有的价值总额；另一方面是自由劳动者，自己劳动力的出卖者，也就是劳动的出卖者。如何形成这两种商品所有者，这就是资本原始积累所要完成的任务。因此，资本原始积累作为创造资本关系的过程，其实质是劳动者和他的劳动条件的所有权分离的过程，这个过程一方面使社会的生活资料和生产资料转化为资本；另一方面使直接生产者转化为雇佣工人。[1] 资本主义生产关系的形成，不仅是资本主义制度建立的重要起点，而且也是资本主义生产方式或生产力发展的重要前提。因为，资本主义生产关系或资本的产生，使得对剩余价值的追求成为一个绝对的规律，由此推动了资本主义生产方式的快速演化，工业革命就是这种生产方式演化过程中的一个质的变化。

工业革命还是世界市场开拓并扩展的结果。人们在追溯近代资本主义的发端时，一定会想到新航路的开辟。它们之间具有的关系，正如亚当·斯密所讲的："分工起因于交换能力，分工的程度，因此总要受交换能力大小的限制，换言之，要受市场广狭的限制。市场要是过小，那就不能鼓励人们终生专务一业。因为在这种状态下，他们不能用自己消费不了的自己劳动生产物的剩余部分，随意换得自己需要的别人劳动生产物的剩余部分。"新航路的开辟，首先是扩大了交换的市场，而且也使得市场范围开始由国内市场扩展到国际市场。这不仅在推动资本原始积累方面发挥了重要的作用，而且在推动资本主义生产方式发展方面也发挥了巨大的作用。事实上，英国的资本原始积累就是因为市场的变化引起羊毛价格上涨，进而推动毛纺织业发展，因此出现了以发明毛纺织机械为起点的第一次产业革命。

第一次产业革命的形成推动了工业结构的演进并形成一个与过去工场手工业不同的新的工业结构。工业结构或工业内部结构是一个随工业化或工业内部

---

[1] 马克思. 资本论 [M]. 第1卷. 北京：人民出版社，1975：783.

分工的发展而逐步复杂化的过程。对工业结构的划分，是分析工业结构的重要前提，而围绕工业结构的划分，在经济学理论中可以找到不同的论述。

工业结构首先可以划分为轻重工业。对此，作为经济学理论的一个论题，我们可以在马克思的经济学中找到一些属于早期的论述。马克思在论述社会资本再生产流通时，将社会总产品从实物形态上分为生产资料和消费资料两大类，进一步将社会生产分为两大部类，即制造生产资料的部门，又称为第一部类；制造消费资料的部门，又称为第二部类。社会资本再生产的流通，其实质就是社会总产品的实现问题，因此，生产的两大部门内部和相互之间就要通过交换使社会总产品得以实现。在分析社会总产品的部类内部和部类之间的交换时，马克思进一步地将两大部类进行划分：第一部类中包括为第一部类内部提供生产资料的部门和为第二部类提供生产资料的部门，如果把这一划分加以现代的解读，这实际上包含了重工业和轻工业的划分；第二部类中包括属于必需品的生活资料和属于奢侈品的生活资料生产，这实际包含了农业和轻工业这两种产业。因此，在马克思的经济学中已经包含了工业结构的轻重工业的划分。

不过，明确地区分轻重工业并对它们之间的比例加以分析的是霍夫曼。他在1931年出版的《工业化的阶段和类型》一书中，使用了近20个国家的工业结构方面的时间序列资料，重点分析了制造业中消费资料工业和资本资料工业的比例关系，这被称为"霍夫曼系数"。该系数所表明的一种关系是，霍夫曼系数等于消费资料工业的增加值与资本资料工业的增加值的比率。"霍夫曼系数"构成了"霍夫曼定理"的核心内容，它的基本观点是，在工业化进程中，霍夫曼比率呈下降趋势，在工业化第一阶段，消费资料工业的生产在制造业中占有主导地位，资本资料工业生产不发达；第二阶段，资本资料工业的发展速度比消费资料工业快，但在规模上仍比消费资料工业小得多；第三阶段，消费资料工业和资本资料工业的规模大体相当；第四阶段，资本资料工业的规模超过了消费资料工业的规模。

在工业结构的变迁中，工业结构所包含的行业也相应地变化，呈现出一个不断扩展并复杂化的过程。对如此复杂的工业结构进行一定标准的划分，是研究工业结构必不可少的前提。国际上有一种基于经济活动统计的 ISIC 分类，消费资料工业以轻工业行业为主，主要包括食品、啤酒饮料、烟草、纺织、衣着、皮革、鞋帽、木制品、家具、造纸、印刷、日用化学品、塑料制品、玻璃

第三章 工业结构的演进及碳排放效应

制品、陶瓷、橡胶制品等行业;资本资料工业以重工业行业为主,包括钢铁、有色金属、金属制品、机械制造、化工产品、石油精炼、交通设备制造、电气制造、科学仪器等行业。❶

当然,就第一次产业革命来说,其发展起来的工业结构远没有这样复杂,这里对工业结构的全景式描述,是为了给后面的分析提供一个参照。

第一次产业革命在工业发展的成就方面,呈现了一个渐次推进的过程。英国工业革命时期棉纺织工业的第一个重大技术发明是1765年工人哈格里夫斯发明的手摇纺纱机。而后经改造的手摇纺纱机因为哈格里夫斯女儿的贡献被命名为"珍妮纺纱机"。这一发明是当时棉纺织业中第一项具有深远影响的发明,标志着工业革命的开始。1796年,理查德·阿克莱特发明了水力纺纱机,不仅较珍妮纺纱机有了新的动力,而且也大大地提高了效率。纺纱效率的提高,对织布的效率提出了新的要求,因为新的纺织机械的发明和使用,造成了纺纱的数量超过了织布能力的局面,因此,发明更有效率的织布机就成为一种迫切的需求。1785年,埃德蒙·卡特赖特取得了一个最初由马驱动、1789年以后由蒸汽机驱动的动力织布的专利权。后经过20多年的改进,到19世纪20年代实现了动力织布在棉纺织业工业取代手工织布的转换。正如纺纱方面的发明导致织布方面相应的发明一样,某一工业中的发明促进了其他工业中的相应发明。新的棉纺织机械的发明引起对动力的需要,而且要求这种动力较传统的水车和马所能提供的动力更充裕、更可靠。1702年前后,最早的一台蒸汽机由托马斯·纽可门制成,并被广泛地用于从煤矿里抽水,但是,这种蒸汽机比起它所提供的动力来,消耗的燃料太多,仅适用于煤田使用。1763年格拉斯哥大学的技师詹姆斯·瓦特开始改进纽可门的蒸汽机。在制造商马修·博尔顿的支持下,于1782年最终完成了对传统蒸汽机的改造,制造出世界上第一台利用锅炉发出的高压蒸汽进入汽缸中膨胀,推动活塞往复运动对外做功的复式蒸汽机。到1800年即瓦特的蒸汽机的基本专利权期满时,已经有500台左右的蒸汽机广泛地运用到抽水、纺织、炼铁、面粉加工和其他工业中,这意味着蒸汽机的发明推动了许多工业的大发展。因此,蒸汽机被当作第一次产业革命的标志。蒸汽机不仅作为动力推动了许多工业的发展,而且还拉动了为蒸汽机

---

❶ 王金照,等. 典型国家工业化历程比较与启示[M]. 北京:中国发展出版社,2010:53.

的制造和运用提供原料的其他工业的发展，如蒸汽机的制造和使用引起对铁、钢和煤的需求，从而拉动了这些工业的发展。随着纺织工业、采矿工业和冶金工业的发展又引起对改进运输工具的需要。这种运输工具在更广泛的意义上推动了水路运输中的造船业的发展、陆路运输中的铁路的发展和通信联系的电报等工业的发展。

二、第一次产业革命的碳排放问题

第一次产业革命开启了人类社会由农业社会向工业社会过渡的历史。而在工业社会与农业社会的许多差别中，工业社会对资源和环境的影响较农业社会发生了本质性的变化。人类开始摆脱匍匐于自然之下的境况而进入了可以改变自然的阶段。

首先，劳动生产率与自然条件的关系发生了改变。自然条件最终可以归结为人本身的自然和人的周围的自然（外界的自然条件）。外界的自然条件在经济上可以分为两大类：生活资料的自然条件，如土壤的肥力、渔产丰富的水等；劳动资料的自然条件，如奔腾的瀑布、可以航行的河流、森林、金属、煤炭等。在农业社会中，第一类自然条件具有决定性的意义；在工业社会中，第二类自然条件具有决定性的意义。由于属于生活资料的自然条件大多具有持续的生产能力，如富饶的土地可以周期性地生产出粮食，河流和湖泊也可以不断地再生出鱼类，因此，人类与这种生活资料的自然条件之间是可以保持平衡的，即使出现人口的过度增长，这种自然条件也会重新恢复它们之间的平衡。然而，属于生产资料的自然条件则大多是不可再生的，这使得资源枯竭成为人类将要面临的一个潜在的问题。与此同时，工业社会在使用这些生产资料的自然条件时，还会给人类的生活环境带来影响，这集中表现在由生产引起的各种排放问题。

其次，劳动生产力提高引起对自然资源消耗的快速增长。工业革命引起了人类的社会生产力的巨大变化，社会生产力的水平大幅度提高。正如马克思所讲的，在工业革命不到一百年的时间里，人类所创造的财富超过了之前历代所创造的财富的总和。我们在高兴取得这种生产力的巨大进步的同时，也很容易忽视这种巨大生产力背后所包含的一个问题，即对自然界不可再生的资源的大量消耗，以及由此引起的环境问题。当然，这一问题在第一次产业革命时期还

第三章　工业结构的演进及碳排放效应

只能说是潜在的。这不仅是因为生产力发展水平的巨大不平衡，只有那些发生了工业革命的国家才具有了较高的生产力，而绝大多数国家的生产力水平还相当低，甚至有许多地方还处于未开发的状态，而且还因为自然资源的开发刚刚开始，环境对人类的生产排放也保有较大的空间。所以，总的来说，尽管劳动生产力进入了一个快速增长轨道，但是，无论是对自然资源的利用，还是对环境的影响，都没有达到破坏性的程度。不过，资源和环境还是作为局部性的问题表现出来，如那些较早完成工业化的国家，不同程度地出现了资源和环境的问题。

最后，劳动生产力的不平衡导致对资源和环境的掠夺性开发。在第一次产业革命时期，那些发生了工业革命的国家和没有发生工业革命的国家之间的生产力有着巨大的差距。最先发生工业革命的国家借助自己的经济实力、军事实力，不断地开发国际市场，从而把世界的资源和环境作为自己发展生产的条件。这又成为较早发生工业革命国家的先发优势。事实上，在第一次产业革命时期，还很少有资源和环境问题困扰生产的记录。人们更为关心的是如何提高劳动生产率，至于资源环境问题很少受到人们的关注。对此，我们谴责这些早期工业化国家的行为没有太多的意义，这是人类发展的一种必然趋势。

第一次工业革命使人类开始进入工业文明阶段，经济发展也开启了一种新的模式。不过，人类对环境的影响或者破坏，无论在范围上还是在强度上，都远远超过农业社会。工业社会是建立在大量消耗能源，尤其是化石燃料基础上的。在工业革命初期，工业能源主要是煤，随着煤炭消耗量的急剧增加，一系列环境问题由此产生。英国在19世纪30年代完成了产业革命，建立了包括钢铁、化工、冶金、纺织等在内的工业体系，煤的生产量、消耗量大增，从500万~600万吨上升到3 000万吨，由此带来的污染问题也随之凸显。

第二节　第二次产业革命的工业结构及碳排放效应

一、第二次产业革命的形成及工业结构的特点

第二次产业革命发生在19世纪70年代到20世纪初这个时期。之所以在

这个时期又一次发生工业革命,这既是经济发展的结果,也是技术进步的产物。

19世纪70年代,欧洲的主要资本主义国家都已完成了第一次产业革命,借此各资本主义国家在生产力方面都得到了长足的发展。不过,与这种生产力不断发展相伴而生的一种现象却成为资本主义发展始终挥之不去的阴影。自1825年发生于英国的最早的一次经济危机开始,危机每隔十年就爆发一次。1837年和1847年,英国又发生了两次经济危机,而1857年、1866年和1873年,经济危机不仅成为英国国内的一种经济现象,而且相继波及其他资本主义国家,特别是1873年的经济危机更是成为19世纪最严重的一次经济危机。按照马克思的经济学理论,这种经济危机的爆发主要是由于资本主义基本矛盾激发并无法解决而引起的。生产资料的资本主义私人占有与不断发展的生产社会化之间会周期性地爆发矛盾,其内在的机理,一方面是个别资本主义生产的有计划和整个社会生产的无计划之间的矛盾,这会导致社会资本再生产难以顺利实现;另一方面是不断扩大的生产能力与劳动人民有支付能力的消费之间的矛盾,这会使社会产品的一部分价值无法实现,同样也使得社会资本再生产无法顺利实现。结果生产相对过剩这一资本主义经济危机的主要特征就会显现出来。

如何摆脱经济危机?这对于资本主义国家来说是一个很大的难题。因为按照马克思所指出的,通过消灭资本主义私有制来从根本上解决经济危机,这是无法为资本主义国家所接受,而要通过调整资本主义经济的自由市场运行方式来缓解经济危机,在19世纪还没有找到理论上的依据。因此,要想为当时的资本主义国家提供解决经济危机的途径,只能依靠技术创新或技术革命。

第二次工业革命起源于19世纪70年代。主要标志为电力的广泛应用(电气时代)。1870年以后,科学技术的发展突飞猛进,各种新技术、新发明层出不穷,并被迅速应用于工业生产,大大促进了经济的发展。当时,科学技术的突出发展主要表现在四个方面,即电力的广泛应用、内燃机和新交通工具的创制、新通信手段的发明和化学工业的建立。控制论创始人维纳提出的概念是第二次产业革命的典型特征为自动化。

第二次产业革命形成的新技术和新工业推动了整个资本主义世界的工业结构的发展。电力工业和电器制造业迅速发展起来,这推动人类进入电气时代。

第三章 工业结构的演进及碳排放效应

世界由"蒸汽时代"进入"电气时代",这推动工业实现了长足的发展,进而使一些发达资本主义国家的工业总产值超过了农业总产值,并且使得工业结构也发生了质的飞跃,工业重心由轻工业转为重工业,一系列的重工业,如电气、化学、石油等新兴工业部门迅速崛起。由于19世纪70年代以后发电机、电动机相继发明,以及远距离输电技术的出现,使电气工业迅速发展起来,电力在生产和生活中得到了广泛应用。内燃机的出现以及19世纪90年代的广泛使用,为汽车和飞机工业的发展提供了可能,也推动了石油工业的发展。化学工业是这个时期新出现的部门,从19世纪80年代起,人们开始从煤炭中提炼氨、苯、人造燃料等化学产品,塑料、绝缘物质、人造纤维、无烟火药也相继发明并投入了生产和使用。原有的工业部门如冶金、造船、机器制造以及交通运输、电信等部门的技术革新加速进行。

第二次产业革命的工业结构的最大变化是实现了工业重心由轻工业向重工业的转变。而以电力、石油、化学和机器制造等工业部门为主的这种工业结构,带来能源消费的量和质的变化,由此也改变了碳排放的格局。

二、第二次产业革命的碳排放问题

随着化石燃料在工业生产中使用规模和范围的扩大,二氧化碳的排放量相应地迅速增长。第一次产业革命虽然已出现碳排放的问题,但是由于第一次产业革命有着较强的地域性,即工业革命集中于西欧的范围内,这大大地限制了碳排放强度的增加。而第二次产业革命较第一次产业革命有了本质性变化。不仅工业革命的范围向北美、澳洲以及亚洲扩大,而且工业革命的碳排放强度有了较大的增长。实际上,目前在按照国别计算化石燃料使用时产生的碳排放的起始年是1850年。根据世界资源研究所(WRI)对碳排放的历史统计,主要发达国家是碳排放的主体,在其统计的1850年到2005年的155年间碳排放总量中,发达国家的排放量要占到全世界排放量的85%。尽管这个数据超越了第二次产业革命的期限,但是,第二次产业革命的性质决定了它对碳排放的贡献是最大的。

第二次产业革命推动了工业的重化。这种工业结构的调整是由大规模的新能源使用所引起的,包括电力和石油等新能源的大规模使用,改变了第一次产业革命的工业动力。电力作为第二次产业革命的标志,意味着人类获得一种新的、更加方便廉价的动力。石油的开发和使用，为内燃机的发明提供了能源，而内燃机的发明又推动了汽车、远洋轮船、飞机的迅速发展。这固然为全世界的交流提供了便利的条件，但也大大地增加了碳排放的强度。此外，以煤炭和石油为原料的化学工业发展，在向人类提供更多消费品的同时，也引起了对环境的更为复杂的破坏。

第二次产业革命的碳排放效应，不仅体现在重化工业发展必然导致的碳排放的增加，而且也取决于当时对碳排放的态度。在人类最初掌握了一种可以大大提高劳动生产率的技术后，他们的第一选择主要是利用这一生产力创造更多的物质财富，至于这种生产活动可能带来的副产品——碳排放以及由此导致的对环境的破坏并没有引起他们的注意，更不会成为他们的一种约束，因此，碳排放成为一种生产力发展的指标，而不是一种对人类有害的指标。所以，在第二次产业革命期间，现行的工业化国家肆无忌惮地进行着碳排放。从欧洲到美洲再到澳洲，再到亚洲，整个世界在迎接工业化的同时，也在积累着碳排放，即使在今天也受着当时工业化带来的碳排放的影响。

在工业革命初期，工业能源主要是煤，到19世纪70年代后，石油作为能源开始进入工业生产体系，使工业能源结构发生了变化。随后，新的能源如水能、核能等不断得到开发利用。但工业社会能源依然以不可再生能源为主，特别是煤和石油。随着工业的发展，能源消耗量急剧增加，由此带来的环境问题也开始凸显。在19世纪末，英国伦敦就发生了3次由于燃煤造成的毒雾事件，死亡人数共计1 800多人。工业产品的原料构成主要是自然资源，特别是矿产资源。工业规模的扩大引起采矿量的直线上升，如日本足尾铜矿采掘量在1877年只有不足39吨，10年后猛增到2 515吨，翻了60多倍。大规模的开发与生产，引发了一系列环境问题。19世纪末期，日本足尾引入欧美冶炼纯铜方法，这种冶炼以黄铜矿为原料，黄铜矿含硫，且含有剧毒的砷化物和有色金属粉尘，造成附近整片山林和庄稼被毁坏，矿山周围24平方千米的地区变成不毛之地，受害中心的一些村庄被迫全部转移。铜矿排出的废水废屑中也含有毒性物质，排入渡良濑川，1890年洪水泛滥，污染的河水使附近4个县数万公顷土地受害，造成田园荒芜，鱼虾死亡，沿岸数十万人流离失所。环境污染还与工业社会的生活方式，尤其是消费方式有直接关系。工业社会里人们不再满足于生理上的基本温饱需要，而是需要更高层次的享受。汽车等高档消费品进入了社会和家庭，由此引起的环境污染问题日益显著，如洛杉矶光化学事件等。

第二次产业革命引起的环境问题有许多的典型事例。英国伦敦属于第一次和第二次产业革命的中心，而这座城市在充分体现产业革命成就的同时，也获得了另外一个称号——"雾都"。尽管现在人们在伦敦已经看不到雾都的模样，但是一说到伦敦，人们还是不由自主地想到伦敦雾。产生伦敦雾的原因有两个：一是自然原因，每到秋冬季节，北大西洋较暖的水流与大不列颠群岛区域较冷的水流汇合，同时从海上吹来的大量暖空气与上空较冷的气团相遇，形成浓重的海雾和陆雾；二是人为原因，伦敦作为产业革命的主要发源地之一，工厂众多，烟囱林立，加上城市人口密集，家家户户又都使用传统燃煤壁炉。因此，烟和雾聚集在一起，便形成了著名的伦敦雾。而分析其最重要的原因，伦敦雾其实就是一种严重的大气污染的表现。1956年，英国政府首次颁布《清洁空气法》，1972年又颁布并实施了《控制公害法》，为此，政府成立环境部负责协调和整治环境污染问题。采取了包括大量迁移工厂企业到新发展区，严禁任何建筑物的烟囱排放黑色烟尘，兴建许多卫星城以疏散伦敦居民，加大城市绿化力度，限制私家车在市区的使用等措施。通过综合治理，到20世纪70年代中期，伦敦基本摘掉了"雾都"的帽子。

第三节 第三次产业革命的工业结构及碳排放效应

一、第三次产业革命的形成及工业结构的特点

第三次产业革命大约发生在20世纪50年代~80年代。这次工业革命从美国开始，然后扩展到欧洲和日本，在20世纪50年代中期到70年代初期达到高潮，而到80年代则以更大势头发展。

第三次产业革命的发生，既是科学技术自身积累的结果，也是20世纪上半叶和中叶经济社会发展的结果。第三次产业革命的形成具有科学、经济、社会和政治等方面的基础。第一，自然科学的新的进步为第三次产业革命提供了理论基础。19世纪末以来的自然科学获得飞速发展，特别是物理学革命，为第三次技术革命或产业革命提供了坚实的理论基础，包括相对论和量子力学的

建立，不仅使人们对物质世界的认识扩展到了高速和微观领域，而且有力地促进了其他基础科学的发展；在核物理研究基础上实现的核爆炸，使原子能开发和利用成为现实；对分子、原子和电子运动规律的探索，推动了微电子技术的广泛应用；吸收数理逻辑和电子研究的成果，诞生了电子计算机；空间技术则集中和物化了现代科学技术的大部分重要成就。第二，技术和经济发展为第三次产业革命创造了物质条件。19世纪末20世纪初的第二次技术革命和工业革命，一方面为科学技术研究提供了重要手段；另一方面也为新的科技革命创造了雄厚的物质基础，如美国研制原子弹的"曼哈顿工程"花费20亿美元，研制和生产混合集成电路IBM–360电子计算机花费15亿美元，而著名的"阿波罗"登月计划更是花费300亿美元。第三，社会经济发展需要是科技革命的根本原因。生产的发展不仅对新的更合理更有效的能源提出新的要求，同时对特殊材料也提出了新要求。生活的提高对新的更方便、更经济的产品提出要求，这又为生产提出更高的要求，并促使生产的发展。第四，战争和军备竞赛成为科技革命的刺激因素。第二次世界大战期间，各国为了赢得战争，不惜代价地发展科学技术，积累了一大批科技成果。战后，这些技术又迅速地转为民用。这无疑是第三次产业革命的一个重要因素。

在以上科技、经济、社会和政治等因素变化的基础上，主要的资本主义国家陆续发生了第三次产业革命。而这次产业革命又推动了一系列新技术的出现，从而形成了一系列新的产业。

第一，核技术及核工业。核技术通常包括核能技术、核动力技术、同位素技术、辐射技术、核燃料技术、核辐射防护技术等。核技术是一项先进技术，在经济生活中有着广泛的应用。核技术最重要的应用便是为人类开辟了一种新能源。核能发电占世界总发电量的比例不断上升，有些国家如法国，其核能发电量已占总发电量的70%以上。通过选用新堆型，提高安全性和降低建设造价，核能发电的贡献将不断增大，这对缓解能源危机无疑是一个巨大的贡献。此外，威力很大的核爆炸将为工程建设、改造环境和开发资源服务。核动力将在交通运输及星际航行等方面发挥更大的作用。核技术在其他领域中的应用也将进一步扩大。如核技术在医学领域的应用在不断扩大，农业技术进步也有核技术的贡献，资源勘探开发、环境保护的核技术前景也比较广阔。

第二，信息技术及信息工业。信息技术就是"获取、存储、传递、处理

第三章 工业结构的演进及碳排放效应

分析以及使信息标准化的技术"。按表现形态的不同,信息技术可分为硬技术(物化技术)与软技术(非物化技术)。前者指各种信息设备及其功能,如显微镜、电话机、通信卫星、多媒体计算机。后者指有关信息获取与处理的各种知识、方法与技能,如语言文字技术、数据统计分析技术、规划决策技术、计算机软件技术等。信息技术的应用包括计算机硬件和软件、网络和通信技术、应用软件开发工具等。自计算机和互联网普及以来,人们日益普遍使用计算机来生产、处理、交换和传播各种形式的信息(如书籍、商业文件、报刊、唱片、电影、电视节目、语音、图形、影像等)。信息技术推广应用的显著成效,促使世界各国致力于信息化,而信息化的巨大需求又驱使信息技术高速发展。当前信息技术发展的总趋势是以互联网技术的发展和应用为中心,从典型的技术驱动发展模式向技术驱动与应用驱动相结合的模式转变。信息技术代表着未来先进生产力的发展方向,信息技术的广泛应用使信息的重要生产要素和战略资源的作用得以发挥,使人们能更高效地进行资源优化配置,从而推动传统产业不断升级,提高社会劳动生产率和社会运行效率。就传统的工业企业而言,信息技术在以下几个层面推动着企业升级:(1)将信息技术嵌入传统的机械、仪表产品中,促进产品"智能化"、"网络化",是实现产品升级换代的重要方向;(2)计算机辅助设计技术、网络设计技术可显著提高企业的技术创新能力;(3)利用计算机辅助制造技术或工业过程控制技术实现对产品制造过程的自动控制,可明显提高生产效率、产品质量和成品率;(4)利用信息系统实现企业经营管理的科学化,统一整合调配企业人力、物力和资金等资源,实现整体优化;(5)利用互联网开展电子商务,进行供销链和客户关系管理,促使企业经营思想和经营方式升级,可提高企业的市场竞争力和经济效益。以互联网为代表的信息技术还是促进农业现代化和第三产业发展的有力武器。

第三,航空航天技术及航空航天工业。航空航天技术使人类文明进入三维时代。航空是大气层内的飞行活动,航天是穿越大气层的飞行活动。航空技术属于综合高新技术,在理论和设计的基础上,材料技术是关键,电子技术是灵魂。航天技术是探索、开发和利用宇宙空间的技术。它是一门高度综合性的科学技术,涉及各类航天飞行器的设计、制造、发射和应用。载人航天是航天技术的最前沿。航空航天技术的开发和运用也已经形成了一个庞大的工业体系,它不仅是军事工业的重要领域，而且民用航空航天领域的发展展现出来的前景更为广阔。

第四，电子技术及电力电子工业。虽然电力电子技术是第二次产业革命的成果，但是在第三次产业革命中它所得到的发展和运用更为宽广和普及。现代电力电子技术的发展方向，实现了从以低频技术处理问题为主的传统电力电子学，向以高频技术处理问题为主的现代电力电子学方向的转变。电子技术的应用及其推动电子工业的发展已经成为现代工业的重要标志。由于生产技术的提高和加工工艺的改进，集成电路差不多每三年就更新一代；大规模集成电路和计算机的大量生产和使用，光纤通信、数字化通信、卫星通信技术的兴起，使电子工业成为一个迅速崛起的高新技术产业。电子工业在20世纪90年代得到了迅速的飞跃发展，已逐步形成了以经济信息化为核心的电子信息产业，以微电子为基础的计算机、集成电路、半导体芯片、光纤通信、移动通信、卫星通信等产品为发展主体的产品生产格局。同时，微波、电磁波、遥感、激光、家电和"金卡"工程等的迅速发展也拓宽了电子工业发展的空间。

第三次产业革命孕育的新技术以及由此推动的新产业，确实把人类社会发展推到了一个新的高度。而本次产业革命成就的工业结构不仅在技术进步方面取得了许多重要突破，而且在这些技术基础上发展起来的工业都具有低碳的特征。如此引出的一个问题是，为什么在这种具有低碳特征的工业结构下，我们生存着的地球的气候问题会越来越突出？这是因为这个阶段的世界工业碳排放具有梯度性结构的特征，即世界工业结构存在着严重的不平衡，发达国家正在完成第三次产业革命，而众多的发展中国家还需要借助第二次产业形成的工业来发展自己的经济，甚至有些国家还停留在第一次产业革命的工业阶段。

二、第三次产业革命的碳排放问题

第三次产业革命使人类社会迈入了信息化时代，由此推动了产业结构的新的升级，第三产业成为产业结构的主导产业，一些发达国家的第三产业产值占国内生产总值的70%以上。如此，一方面是低碳技术的开发和推广；另一方面是低碳产业的发展与扩大，这应该产生比较大的碳减排效应。然而，在最近的几十年，气候变化更加突出，并且成为一个最为严重的世界性问题。这种不一致的情况反映了第三次产业革命后的碳排放具有新的特点。

第三章　工业结构的演进及碳排放效应

第三次产业革命后的世界经济格局发生了较大的变化，一些发达国家率先完成了第三次产业革命，实现了产业结构新的升级。然而，完成甚至开始第三次产业革命的只是少数的发达资本主义国家，而世界上的绝大多数国家都属于发展中国家，也就是说正在从农业社会向工业社会转型。而发达国家完成产业结构升级后，其劳动力工资大幅度提高，这加大了制造业的成本，因而发达国家都在把这些产业向低劳动成本的发展中国家转移。这在一定程度上加快了发展中国家的工业化进程。20世纪50年代之后，许多新独立的发展中国家都选择了发展经济的工业化道路，都在积极承接发达国家的工业转移，如此形成了一个发达国家的生产低碳化和发展中国家的生产高碳化并存的局面。与此同时，发达国家虽然生产开始低碳化，但他们也都进入了消费社会，人们高消费，甚至奢侈性消费成为一个潮流，这是需要大量工业产业来支撑的，于是，发达国家开始大量进口发展中国家的工业消费品，这实际上是实现了发达国家向发展中国家转移碳排放的目的。也就是发达国家表面上减少了高碳排放工业生产，但并没有减少他们对高碳排放产业的需求，只是这些产品转由发展中国家生产并向他们供应。

因此，第三次产业革命后，世界的碳排放出现了一种新的机制，发达国家虽然引领了低碳技术和低碳产业的发展，但是它们又推动了整个世界的传统工业化进程，从而形成了一个大规模的碳排放工业源。与此同时，发达国家又引领了一个消费社会的形成，这拉动了整个世界的高碳排放工业的发展。因此，在第三次产业革命中应该获得的碳减排机会变成了碳排放的动力，由此导致的全球气候问题更加突出。

第四章 中国的工业结构变迁

20世纪初,著名的德国社会学家马克斯·韦伯针对中国的近代发展提出了一个疑问,即为什么在技术和经济一直处于遥遥领先地位的中国,没有最早发生工业革命,没有最早进入资本主义社会。这意味着在工业化的进程中,中国落后于世界的步伐。自鸦片战争后,中国才在失败中认识到近代工业对于一个国家的重要意义。因此,在19世纪60年代,中国掀起了一场"洋务运动",这也成为中国近代工业的开始。然而,在旧中国内外交困的背景下,实现工业化将是一项十分艰巨的任务。一直到新中国成立后,工业化才在中国取得了前所未有的重视和发展,中国的工业结构也开始有了自己特征的变迁。

第一节 计划经济体制时期的工业结构变迁

1949年10月1日,中华人民共和国成立,中国人民从此站起来了。对于饱经内忧外患煎熬的中国人民来说,这无疑为过去100多年的痛苦经历画上了一个句号。但是,这并不意味着新中国的经济也从此彻底改观。相反,经过100多年不断的战争破坏和干扰,新中国成立时的经济非常薄弱。工业化这一近代以来被各国认为是实现经济发展的重要指标,在新中国成立时期表现得非常低。1949年,新中国的工农业总产值中,农业占70%,轻工业占22.1%,重工业占7.9%。由此可以看出,新中国在成立时,还是一个典型的农业国。因此,工业化便成为当时中国面对的最大的经济发展任务。

一、1949~1966年中国工业发展及内部结构变迁

(一)国民经济恢复时期的中国工业状况

新中国的工业发展是在一个比较脆弱的基础上启动的。1949年,新中国

第四章 中国的工业结构变迁

刚刚成立时的主要工业都掌握在官僚买办资本家手中，因此，新中国发展工业的首要举措就是通过没收官僚资本主义企业，创办国有工业企业。没收官僚资本主义企业，主要是指没收由国民党各级政府经营的企业以及由国民党大官僚经营的企业。而没收官僚资本主义企业的工作是伴随着人民解放战争在全国范围内的逐步胜利的，是依靠人民政权的力量，作为接管城市的重要任务，逐步向新解放的城市推进的。1946年解放哈尔滨时，就开始了没收官僚资本主义企业的工作。从1947年7月人民解放战争由战略防御转入战略反攻，到1948年年底和1949年年初，辽沈、淮海、平津三大战役胜利以后，就基本上没收了长江以北的官僚资本主义企业。从1949年4月渡江战役开始至1949年年底全国解放，除中国台湾地区以外的所有内地的官僚资本主义企业均被没收了。据统计，到1949年，被人民政府没收的官僚资本：（1）工矿企业。包括控制全国资源和重工业生产的国民党政府资源委员会所管的企业，垄断全国纺织工业的中国纺织建设公司，国民党兵工厂、军事后勤系统所属企业，国民党政府交通、粮食等部门所属企业，蒋、宋、孔、陈和其他大官僚买办的企业，"C.C"系统的"党营企业"，以及各省地方官僚资本系统所属的企业。共计有工业企业2 858个，职工129万人，其中发电厂138个，采煤、采油企业120个，铁锰矿15个，有色金属矿83个，炼钢厂19个，金属加工厂505个，化学加工厂107个，造纸厂15个，纺织厂241个，食品企业844个。（2）交通运输企业。包括国民党交通部、招商局等所属的全部交通运输企业，有铁路车辆和船舶修造工厂约30个，还有政记轮船公司、大陆航运公司和三北公司中官僚资本的股份。（3）商业企业。包括国民党政府经营的复兴、富华、中国茶叶、中国石油、中国盐业、中国蚕丝、中国植物油料等公司，大官僚经营的浮中、中国进出口、金山、利泰、扬子建业、长江实业公司等十几家垄断性的贸易公司。（4）金融企业。包括国民党政府的国有银行系统"四行两局一库"（即中央银行、中国银行、交通银行、中国农业银行、中央信托局、邮政储蓄金汇业局及合作金库）和省、地方银行系统共2 400多家银行；官商合办的中国通商、中国实业、四明、新华等银行则派员监理，继续营业，其中的官股产权归国家所有。

通过没收官僚资本主义企业，使得社会主义国营经济掌握了经济命脉，成为国民经济的领导力量，从而为国民经济的恢复奠定了最重要的基础。到

1949年年底，通过没收官僚资本主义企业，社会主义国营工业产值占全国工业总产值的26.2%，占全国大工业产值的41.3%；国营工业拥有全国电力产量的58%，原煤产量的68%，生铁产量的92%，钢产量的97%，水泥产量的68%，棉纱产量的53%。在金融、铁路、港口、航空等产业，国营经济更是占有绝对优势。此外，许多地方国营企业，也主要是通过没收官僚资本和反动分子的财产建立的。到1952年，全国共有地方国营工业企业7 000多个，其中80%~90%是当地解放以后接管的中小型企业，而3年内新建的企业不到10%。因此，新中国成立后的最初阶段，也就是国民经济恢复时期，主要的工业基本上是接受解放前的国民党政府和官僚买办的工业企业建立的，这意味着新中国的工业还比较脆弱。这个时期的工业呈现如下的一些特点：(1) 现代工业比较弱小，且以轻工业为主。1952年，在国民收入的构成中，农业占57.7%，工业占23.1%，服务业占19.2%。而在工业结构中，主要是以纺织业为主的轻工业，重化工业占的比重很小。轻工业占全部工业产值的68.1%，重工业只占31.9%，而且重工业中有50.5%是原料工业。一些主要的重化工业产品产量很低，如钢铁只有135万吨，金属切割机床1.37万台，发电设备只有0.6万千瓦，交流电动机为64万千瓦，化肥3.9万吨。(2) 工业的区域分布极不平衡，且技术素质非常低。1952年，中国的工业布局调整基本没有进展，基于原有工业基础差距的区域分布平衡问题非常突出。绝大部分工业集中于东部沿海地区，广大内地的现代工业很少，土地面积占国土面积60%的西南、西北地区，工业产值只占全国工业总产值的10%左右。这样的工业布局，一方面使得加工工业的产区与原料、燃料产地和消费地区相距甚远，形成了过高的运输成本；另一方面由于内地经济缺乏工业的带动作用，劳动力、资金等生产要素不能得到充分利用。而从工业来看，代表当时先进技术水平的汽车制造业、飞机制造业、石油化学工业、精密机床工业等产业在我国几乎是空白，这表明在我国不平衡的工业布局下，显现出的技术水平非常低。

(二) "一五"时期的工业发展和调整

经过新中国成立后的三年经济恢复工作，国民经济趋于稳定，这为全面开展工业化建设奠定了很好的基础。从1953年开始，中国开始模仿苏联实行按照五年期规划国民经济发展的模式，并且在这一时期就把工业化作为经济发展的主要目标。早在1952年，毛泽东、周恩来、刘少奇就多次讲到过渡时期的

第四章 中国的工业结构变迁

总路线问题,到 1953 年 6 月召开的中央政治局会议对这条总路线做出了完整的概括,即党在过渡时期的总路线和总任务,是要在 10～15 年或更多一些时间内,基本上完成国家工业化和对农业、手工业、资本主义工商业的社会主义改造。在这次会议之后,毛泽东在中共中央宣传部起草的关于总路线的宣传提纲上,把党在过渡时期的总路线进一步完整准确地表述为,从新中国成立,到社会主义改造基本完成,这是一个过渡时期。共产党在过渡时期的总路线和总任务,是要在一个相当长的时期内,逐步实现国家的社会主义工业化,并逐步实现国家对农业、对手工业和对资本主义工商业的社会主义改造。在这样一条基本路线的指引下,不仅开始了"三大改造",以向社会主义过渡,而且也开启了工业化的新的进程。这一进程集中主要力量推进以苏联援建的 156 项工程为中心的我国社会主义工业化建设。具体任务包括,建设和扩展电力工业、煤炭工业和石油工业,建立和扩建现代化钢铁工业、有色金属工业和基本化学工业,建立制造大型金属切削机床、发电设备、冶金设备、采矿设备和汽车、拖拉机、飞机制造业等。

从"一五"时期的工业化建设来看,国家把工业建设的重点放在重工业方面。"一五"计划规定了基本建设投资总额为 427.4 亿元,其中,工业部门为 248.5 亿元,占总投资额的 58.2%,在工业基本建设投资总额中,制造生产资料的工业投资占 88.8%,制造消费资料的工业投资只占 11.2%。在苏联援建的 156 个建设项目中(实际进行施工的为 150 项),由能源工业、原材料工业和机器制造工业组成的重工业占了 147 项,而轻工业只有 3 项。因此,重工业成为"一五"时期工业建设的重点,这不仅是为了补课,而且在当时的理论中,受生产资料生产优先发展理论的影响比较深。发展重工业被看成是中国工业化的捷径。如此引起的一个结果是,致使轻工业发展相对不足。"一五"期间,重工业产值增长了 210.7%,轻工业产值增长了 83.3%,就二者的增长速度来看,前者的年平均增长速度为 25.4%,后者为 12.9%。不过,国民经济恢复时期的工业布局的严重不平衡局面,在"一五"时期的工业建设中有所改变。这主要得益于国家对工业建设的强有力干预。这表现在制订"一五"计划时就对工业的地区分布作了比较合理的部署。一方面合理地利用东北、上海和其他城市的工业基础,发挥它们的作用,重点对以鞍山钢铁联合企业为中心的东北工业基地进行改建,以期迅速地扩大生产规模,供应国民经济需要,支援新工业地区的建设；另一方面则积极地推进华北、西北、华中等地的新工业基地建设，并在西南开始部分的工业建设。由此，"一五"期间开始建设的限额以上的694个工业建设单位，分布在内地的有472个，分布在沿海各地的有222个。前者占总数的68%，后者占32%。而苏联援建的150个项目中，有106个民用工业企业，布置在东北地区50个，中部地区32个；44个国防工业企业，布置在中部和西部地区35个，其中21个安排在四川、陕西两省。这种部署对于改变我国工业布局的不平衡起了比较大的作用。

"一五"时期的工业化使得我国工业结构的完整性有了较大的提高。而且，当时实行重工业优先发展的方针也是符合当时我国基本国情的。以156项工程为中心的工业建设，构成了工业的骨干力量，填补了重工业的许多空白，新的产业在此期间纷纷建立，如原来属于空白的汽车制造业、飞机制造业、大型电机设备制造业、重型和精密机器制造业、冶金和矿山设备制造业等。这些新的工业部门的建立，使我国工业结构的完整性大大地提高了，为我国建立自己相对独立和完整的工业体系打下了良好的基础。

尽管"一五"时期把重工业发展作为重点，但是该时期的整体工业结构变迁还是正常的。因为无论从我国重工业发展的现状，还是就积累工业化的动力来看，坚持重工业优先发展在当时是一种正确选择，也是必需的选择。不过，"一五"时期的工业结构布局还是较为合理的。我们在强调重点发展重工业的同时，也注重其他各部门的均衡发展。随着重工业的建设，相应地建设纺织工业和其他轻工业，建设为农业服务的、新的中小型工业企业，以适应城乡人民对日用品和农业生产资料日益增长的需要；随着国民经济的发展，相应地发展运输业和邮电业，主要是铁路建设，同时也发展内河和海上运输，扩大公路、民用航空和邮电事业的建设。不过，"一五"时期也出现了因为重点建设重工业而使其他工业发展乏力的状况。这在一定程度上为后来的重工业优先发展而造成工业结构不平衡埋下了隐患。

（三）"大跃进"时期重工业优先发展和工业结构失衡

第一个五年计划顺利实现，这不仅为自1957年开始的社会主义经济建设奠定了比较好的基础，也极大地激发了我们民族实现复兴的信心。在1957年，中央提出："要使我国工业在15年或更短的时间内，在钢铁和其他主要工业产品产量方面赶上或超过英国。"1958年正式提出了"以钢为纲"的工业建设指

第四章　中国的工业结构变迁

导方针，确定1958年钢产量为1 070万吨，比1957年翻一番。当时之所以提出这样一个方针，是因为当时认为工业建设的中心问题是钢铁生产和机械生产，而机械生产的发展又取决于钢铁工业的发展，因此只要抓住钢铁生产，就可以把机械、电力、煤炭、交通、运输等带动起来，农业机械化也就可以实现。就是在这样的思想指导下，自1958年开始，在全国掀起了一场轰轰烈烈的大炼钢铁运动，因而这个时期的我国工业建设打上非常明显的"以钢为纲"的痕迹。

1. "以钢为纲"的工业"大跃进"

钢铁工业"大跃进"在1958年开始的工业"大跃进"中起了带头作用，并且最具典型性。其出现的背景具有很强的政治因素。

1957年12月2日，刘少奇依据毛泽东11月18日在莫斯科举行的64国共产党会议上的讲话精神，代表中共中央向中国工会第八次全国代表大会致辞时宣布："在15年后，苏联的工农业在最重要的产品的产量方面可能赶上或超过美国，我们应当争取在同一时间，在钢铁和其他重要的产品的产量方面赶上或超过英国。"从此，在钢铁和其他重要工业产品产量方面赶上或超过英国就成为发动"大跃进"，特别是工业"大跃进"的一个重要口号。到1958年6月正式形成了工业发展"以钢为纲"的方针。为此，钢产量的指标被制订并不断进行调整。1958年年初有关经济部门提出这一年的钢产量目标是624万吨，到了这一年的年中，毛泽东在与部分中央、部门和地区领导同志的谈话中提出1958年的钢产量在1957年的基础上要翻一番，定为1 070万吨。而对于这样一个指标，包括苏联领导人和苏联专家都认为不可能实现，事实上，这一年的1月~7月，累计生产钢380万吨，与中央制定的目标相差甚远。这在毛泽东看来，能否实现钢铁的"大跃进"目标，是一个政治问题。因此，在1958年8月16日的北戴河中央政治局扩大会议的预备会议上，毛泽东提出大搞群众运动，实行书记挂帅，全党全民办钢铁。为此，中央决定采取中央企业和地方企业并举、大型企业和小型企业并举、土法冶炼和现代冶炼并举的方针，将"大洋群"（大中型钢铁企业）与"小土群"（小型土法土炉炼钢）相结合，以"小土群"为主要特征，发动和抽调数千万人上山找矿、炼铁和炼钢。1958年11月和12月，又抽调农业劳动力9 000多万人，建造100万个小高炉，进行遍地开花的炼钢。

经过几个月的突击炼钢，加上相当程度的虚报浮夸，钢铁产量有了迅速增加，最终宣布的钢产量达到1 108万吨，生铁产量达到1 369万吨，可谓超额完成了1958年的钢产量翻番的任务。然而，在这一任务完成的背后，所付出的是巨大的成本浪费。大量的人力、物力、财力被白白浪费，土钢土铁生产亏损到十几亿元；而且，为了生产这些土钢土铁，还过量开采矿石，大量砍伐树木，严重地破坏了矿产和森林资源。

在推进钢铁"大跃进"的同时，为了配合钢铁"大跃进"，机械、煤炭和电力工业也掀起了"大跃进"。其中，机械工业的"大跃进"主要表现在3个方面：（1）大搞生产建设的群众运动。"大跃进"中，中央、省、地、县、社都大办机械厂，其他产业部门、施工部门，以及学校实习工厂也都大量制造机械设备，形成"遍地开花"。（2）突击式的、群众性的普及和发展机械技术。为了实现目标机械工业的高速发展，当时强调要"解放思想，破除迷信，敢想敢干"，提倡土洋结合，土法上马、大搞土简设备。（3）为了适应高指标的要求，机械工业进行了大规模的基本建设。1958～1960年的3年"大跃进"中，施工项目迅速增加到2 000多个，其中大、中型项目200多个。煤炭工业作为保证"大炼钢铁"的重要一环，在"大跃进"中也受到高指标的影响。为了配合当时全民大炼钢铁，煤炭工业部提出了"全民大办煤矿"。1958年建井总规模达2.5亿吨，当年开工1.7亿吨。这个数字比1957年增加了198%。结果只得简易投产，降低了工程质量和移交标准，从而给煤炭工业的发展埋下了极大隐患。电力工业在这个时期掀起了高指标建设的高潮。1958年的发电量达到275.3亿千瓦时，比1957年实际增加了近82亿千瓦时，增长了42.3%。1958年以后的3年时间里不仅建成了一批"一五"计划期间开工建设的重要水、火电站项目，同时，在1958年1月提出的"水主火从"建设方针指导下，还开工兴建了不少大型水电项目。

"以钢为纲"的工业"大跃进"，极大地推动了重工业发展，这一方面弥补了我国重工业发展非常落后的不足；另一方面也带来了工业结构的失衡。

2."大跃进"时期的工业结构失衡

首先是轻重工业的不平衡发展，引起轻重工业结构失衡。重工业过快的发展，使得资源优先配置到重工业，使得轻工业发展所需要的燃料、动力、钢铁、木材及运输能力被严重挤占，因此造成重工业和轻工业的比例失调。根据统计数据，1960年轻工业总产值比1957年增长了约41.3%，而同期重工业总产值增长了约224%。这种严重不平衡的发展速度，造成轻重工业产值比例发生了很大变化。按照1957年的价格计算，1957年轻工业的产值为374亿元，重工业为330亿元。二者的比例为53∶47。而到了1960年，轻工业的产值为550亿元，重工业则达到1 100亿元，二者比例变为33∶67，重工业是轻工业的2倍。

其次是重工业内部发展不平衡，造成重工业内部结构失衡。重工业内部结构失衡主要表现在两个方面：一是钢铁冶炼工业空前发展，采掘工业滞后，冶炼加工能力和采掘能力比例失衡。1958~1960年，炼钢能力增长3.46倍，炼铁能力增长2.95倍，而煤炭的采掘能力只增长1.13倍。到1960年，铁矿开采能力只能满足炼钢能力的70%，铜、铝等有色金属综合生产能力只能适应炼钢能力的35.3%，煤炭开采能力只能满足炼钢能力的70%。二是机械加工能力与原材料生产的矛盾。全国工业企业机床拥有量在"大跃进"的3年里增长了1倍，电站设备、汽车、轴承、电动机等产品的综合生产能力增长了3~9倍。机械工业的迅速发展，加剧了对原材料的需求，1957年机械制造用钢材占整个钢材生产消费量的比重为34.8%，1960年则达到了50%。重工业内部产值中，采掘工业、原材料工业与制造工业之间的比例由1957年1∶2.9∶3.3变为1960年的1∶2.8∶4.5。

再次是加工工业内部各环节的不平衡发展，形成加工工业内部各环节比例关系失调。"大跃进"时期，加工工业在生产安排上表现为"重主机、轻配套"，许多配套厂转产生产主机，使新增生产能力因此不配套，不能发挥作用。比如，1960年全国电力系统新增装机容量中，有三分之一以上的机组因缺乏配套设备而不能充分发挥作用。在冶金系统的大中型项目中，轧机不配套的占30%，高炉不配套的占50%以上，平炉不配套的占80%以上。

最后是工业和交通运输业发展不平衡，导致工业生产能力与运输能力不相适应。在"大跃进"的3年中，生铁产量增加了3.6倍，铁矿石产量增加了4.8倍，煤产量增加了2.03倍，而同期的货运量仅增加了1.8倍。在占用了其他货运资源的情况下，仍有30%的铁矿石和大量煤炭积压在矿区运不出来。由于运输能力不足，一些交通工具超负荷运载，造成交通工具的损坏，反过来影响了运输能力的增加，从而使工业与交通运输之间的比例更加失调。

（四）国民经济调整阶段的工业结构恢复

3年的"大跃进"使中国工业获得了一个过度发展的机会，而借这一机会发展起来的中国工业却表现为严重的发展不平衡。因此，当轰轰烈烈的"大跃进"结束时，摆在我国面前的是一个必须进行调整的工业结构。1960年9月中共中央提出了对国民经济实行"调整、巩固、充实、提高"的八字方针。从1961年开始，我国进入了国民经济的调整时期。

进行国民经济调整，其核心在于把工业生产和工业基本建设的指标降下来。中共中央于1961年8月23日至9月16日在庐山召开了工业会议。会议提出，一定要从实际出发，从全局出发，在必须后退的地方，坚决后退，而且必须退够；在必须前进和可能前进的地方，必须积极前进。只有这样，才有利于工业的调整，才能够在比较宽松的情况下，掌握主动，加强必须加强的方面，把工业内部的比例关系调整好，把工业生产的秩序安排好，把工业企业的管理工作整顿好，扭转工业生产和工业基本建设的被动局面，逐步发挥在过去3年大发展中增加的工业生产能力。

进入1962年，经济调整工作全面铺开，其中针对工业结构的调整主要包括：

1. 降低工业生产计划指标

把包括工业在内的生产高指标降下来，既是经济调整的首要环节，也是经济调整能否顺利进行的关键。1962年4月，中央财经小组起草了《关于讨论1962年调整加护的报告》（草稿）。这个报告全面地分析了当时国民经济的基本形势，对国民经济面临的困难作了充分的估计，也提出了一些克服困难的措施。同时，中央财经小组对1962年的国民经济计划作了进一步调整。调整计划把原定的工农业总产值由1 400亿元降到1 300亿元，农业总产值由450亿元降到420亿元，工业总产值由950亿元降到880亿元，原煤、钢、粮食分别由2.51亿吨、750万吨、1 493亿~1 507亿千克降到2.39亿吨、600万吨、1 445亿千克，基本建设也由60.7亿元减为46亿元。

2. 压缩工业基本建设规模

调整国民经济的最重要任务就是把与工农业生产不相适应的投资规模压下来。但这是一项比较困难的工作，因为过去的投资过热具有很强的惯性，其内

第四章 中国的工业结构变迁

在的投资驱动力非常强。对投资规模的控制从1960年就开始实施,但是,工业投资的规模却一时难以减少。经过1961年8月和1962年1月~5月的一系列中央工作会议,才有效地把各部门、各地区盲目增加投资、上项目的做法控制住,把基本建设规模大幅度地降低。1962年年初安排的基本建设投资为67亿元,退到只能维持简单再生产的程度。年末实际完成的基本建设投资额为71.26亿元,比1961年减少了56.16亿元。大规模地压缩基本建设投资规模,与大量削减建设项目、缩短建设战线同时进行。以工业建设为主的全国施工基本建设项目,1960年达82 000多个,1961年减为35 000多个,1962年又进一步削减为25 000多个。其中大型建设项目也由1 815个减为1 003个。

3. 加强支农工业建设

加强农业是国民经济调整时期所坚持的一个重要方针。1961年1月党的八届九中全会决定,国民经济各部门都应毫无例外地加强对农业的支援,重工业部门尤其应当加强对农业的支援。1962年10月党的八届十中全会再次提出,工业部门的工作要坚决地转移到以农业为基础的轨道上来,把支援农业放在第一位,要有计划地提高直接为农业服务的工业的投资比例,要适应农业技术改革的要求,帮助农业有步骤地进行技术改造,为加速实现我国农业现代化而奋斗。如化肥、农药工业在这个时期得到快速发展,1961~1964年,化肥和农药投资占化学工业投资的比重由"大跃进"时期的平均38.8%上升为46.0%,保证了许多大中型化肥厂的建设,并陆续建成了一批下行化肥厂,化肥产量因此大大提高。1965年全国化肥产量达到172.6万吨,是1960年40.5万吨的4.26倍。

4. 加快轻工业发展速度

"大跃进"期间,在"以钢为纲"的方针下,轻工业被迫为大炼钢铁以及重工业发展让路,发展处于停滞的状态。因此,"大跃进"之后,轻重工业比例严重失调,轻工产品供应十分紧张。为了改变这种局面,首先着重解决轻工业和手工业生产面临的主要问题,即原料、燃料和电力供应不足的问题。如通过促进经济作物生产来为轻工业提供更加充足的原料。

5. 加强采掘、采伐工业的建设

采掘和采伐工业与加工工业的发展不平衡是"大跃进"引起的又一结构失衡问题。党的八届九中全会提出"先采掘、后加工"的方针,对工业部门的基本建设投资做了相应的调整。据统计,在重工业投资中,采掘工业所占比重由"大跃进"时期的年均21.5%提高到1961年的38.7%和1962年的45.3%。森林工业投资在基本建设投资中的比重由"大跃进"时期的年均1.3%提高到调整时期的年均3.22%。增加的投资优先满足采掘和采伐工业的资金需要,主要用于采掘、采伐工业的开拓、延伸工程,补偿报废的生产能力,维修损坏的机器设备。

经过国民经济调整时期,我国的产业结构不合理的局面有所缓解,工业结构不合理的状况也得到一定的改善。但仍有一些问题没有根本解决,例如能源和交通运输发展滞后,能源生产总量1966年比1961年减少了1.84%,特别是能源消费86%以上的煤炭产量,1966年比1961年减少了7.6%。运输能力增长速度赶不上工农业及货运量的增长速度。1966年与1961年相比,工农业总产值增长了63.5%,货运量增加了18.9%,而运输线路长度只增加了5.8%。

纵观这个时期我国工业的发展及结构变迁,可以看出一种赶超战略深深地影响了工业发展的速度和工业结构调整的方向。新中国成立之初,虽然我们取得了政权,但是生产力水平还相当落后,这表现在工业化的发展上。这种经济与政治不平衡的局面,对于一个已经取得了政治自信的国家来说,发展经济的雄心会更大。这很容易形成一种片面追求工业化的发展思路。而且,当时标志工业化发展水平的重工业更是我们追求的主要目标,因此,重工业优先发展势必会造成工业内部结构的不平衡。这种工业发展思路在我们没有实现赶超目标之前是很难改变的。

二、1968~1976年的中国工业发展及内部结构变迁

(一)"文化大革命"时期的工业发展

经过20世纪60年代初的国民经济调整,我国逐步克服了"大跃进"引起的一些产业结构比例失调和各种消极影响,工业发展和工业结构也在一定程度上得以恢复。从1963年开始,各项经济指标普遍回升,到1965年,国民经济呈现稳定增长的态势。但是,1966年开始的"文化大革命"打乱了经济发展的正常进程。这一时期的工业发展体现了以备战为基点的战略思路,同时也恢复了过去一些冒进的产业政策。

第四章 中国的工业结构变迁

1. "文化大革命"时期工业生产的特点

(1) 以"三线"建设为重点掀起新的重工业发展高潮

1965年,根据党中央和毛泽东关于加快"三线"建设的战略决策,拉开了"三线"建设的大会战。"三线"建设是把经济建设立足于战争而安排的一个重点,其实施分为两个时期。第一个时期也即第三个五年计划,主要是以西南为重点开展的一系列建设安排。铁路运输修筑连接西南的川黔、成昆、贵昆、襄渝、湘黔等几条重要干线;钢铁工业重点建设攀枝花、酒泉、武钢、包钢、太钢五大钢铁基地;煤炭工业重点建设贵州省的六枝、水城和盘县等12个矿区;电力工业重点建设四川省映秀湾、龚咀、甘肃的刘家峡等水电站和四川省夹江、湖北省的青山等火电站;石油工业重点开发四川省的天然气;机械工业重点建设四川德阳重机厂、东风电机厂、贵州轴承厂等;化学工业主要建设国防服务的项目。这5年内地累计建设投资611.15亿元,占全国基本建设投资的66.8%,其中"三线"地区的11个省、自治区的投资为482.43亿元,占基本建设投资总额的52.7%。第二个时期也即第四个五年计划,"三线"建设的重点转向豫西、鄂西、湘西地区,同时继续进行大西南建设。这个时期,根据经济发展需要和备战要求,将全国划为西南、西北、中原、华南、华东、华北、东北、山东、闽赣和新疆10个经济协作区,并要求每个协作区内逐步建立不同水平和特点,可以各自为战的工业体系或经济体系,特别是要有计划、有步骤地发展冶金、国防、机械、燃料和化学等工业部门。这5年里,内地投资有所下降,累计实现的投资额为898.67亿元,占全国基本建设投资的比重为53.5%。

由于在"三线"地区进行的建设主要集中于重工业,这个时期全国产业结构的重型化程度有所增加。"三线"建设是我国工业生产力向内地的一次大转移,这在一定程度上改变了我国工业的空间布局,对西南、西北等内陆地区的经济发展起了促进作用,从长远看有利于缓解基础工业与加工工业的矛盾。但由于以国防为中心,并在一种浓厚的备战的气氛下安排工业发展,因此也带来一系列的消极影响。从全局看,"三线"建设是以牺牲沿海地区老工业基地的技术改造和正常发展为代价,进而也是以牺牲内涵增长为代价来实现外延扩张。而工业的重型化又严重地影响了轻工业及第三产业的正常发展。

(2) 钢铁工业的核心地位在"文化大革命"时期又得以恢复

"以钢为纲"在"大跃进"期间左右了中国的工业化方向，但这种片面的工业化路线给我国的经济正常发展带来了不利的影响。国民经济调整时期，我们基本纠正了这种"以钢为纲"的工业化路线。但在"文化大革命"开始后，这种"以钢为纲"的路线又得以恢复。这与这个时期备战的任务有关，正是为了备战所必须发展的军事工业，钢铁的地位被再一次凸显出来。这个时期的"以钢为纲"反映在以下几个方面：一是片面追求钢产量，把完成钢铁生产计划作为首要任务，各行各业都要为之开绿灯；二是以钢产量为中心编制工业生产计划，煤炭、电力、运输、机械等生产指标都要以满足钢产量的计划指标来平衡；三是强调钢的地区自给。由此，各地再次掀起大办钢铁的运动。实行"以钢为纲"的结果是又一次加剧了轻重工业的不平衡，进而也影响了国民经济比例的平衡。

(3)"五小"工业在"文化大革命"时期遍地开花

"五小"工业特指小化肥、小煤窑、小水泥、小机械和小钢铁这五种行业，之后又进一步成为地方创办的小型工业企业的统称。"五小"工业是伴随着经济调整后期权力下放而发展起来的。到1966年，国家决定把小企业的全部产品划拨到地方进行分配，这大大地推动了地方政府对"五小"工业的投资。"文化大革命"期间国家又进一步增加了对"五小"工业的扶持力度，加上各地追求自成体系，因此"五小"工业发展异常迅速。据统计，到1973年，小型企业产值已占整个工业产值的48.2%，其中小化肥、小水泥分别占全国产量的66.4%和52.6%。不过，这种"五小"工业的规模效益比较差，而"五小"工业的盲目发展，导致大量资源的低效配置和浪费。

(4) 石油工业在"文化大革命"期间成为发展较快的部门

自大庆油田发现并不断增加产量后，极大地推动了石油工业的发展，同时也带动了化学工业的发展。到1975年，我国累计建成的石油生产能力达7 812万吨，为1965年的5倍。原油加工能力达6 764万吨，为1965年的4.8倍。石油工业的发展，为我国现代石油化工发展奠定了基础。"文化大革命"的10年间，我国现代石油化工从无到有，从小到大，逐步发展，并促使我国化肥工业和化学纤维工业迅速成长。1966~1975年，石油工业提供利税总额为577.15亿元，扣除同期国家用于发展石油工业的投资，上缴的净利税为

449.26亿元，占同期工业基本建设投资的29.6%。

2."文化大革命"的工业结构变迁

"文化大革命"时期的又一轮重工业发展高潮，一方面对中国的工业发展起到了较大的推动作用，尽管这种发展工业的方式成本巨大，但是，这无论是对于发展工业化，还是对于工业体系建设，都起到了一定的作用；另一方面也造成了工业结构的一系列问题。

（1）重工业超前程度提高。在工业净产值中，轻工业所占比重由1966年的47.2%下降到1976年的40.4%，重工业所占比重则由52.8%上升到59.6%。

（2）加工工业与基础工业再次出现比例失调。在重工业内部，原料工业所占的比重由1966年的38.3%下降到1976年的34.9%，而制造业的比重由50.5%上升到52.8%。

如此可以明显地看出，"文化大革命"时期的工业结构又趋于失衡。而且这种失衡中还带来一系列较为严重的问题。

第一，工业结构失衡影响了沿海地区工业的发展。第三个五年计划期间，沿海地区的投资降到了新中国成立以来各个时期的最低点，在全国基本建设投资总额中仅占30.9%，比"一五"时期下降了10.9%。第四个五年计划时期，沿海地区的投资虽然有所上升，但比"一五"时期还是低2.2%。这会极大地影响到老企业和老工业基地的技术改造，使得沿海地区的相对较好的工业基础不能发挥出其应有的作用，因此，限制了我国工业化发展的速度。

第二，重工业发展再掀高潮影响了轻工业的发展。第三个五年计划时期，轻工业投资在全国基本建设投资总额中占4.4%；第四个五年计划时期，也只占5.8%，都低于"一五"时期的6.4%的水平。而这个时期轻工业投资下降的一个主要原因就是大量的资金投向了"三线"建设，这种轻重工业的发展不平衡，导致商品供应中的轻工业消费品极度短缺，严重地影响了人们的生活。

第三，工业结构失衡还影响到了许多部门的发展。在国民经济基本建设投资中，低于"一五"时期投资比重的部门还有建筑业、地质勘探、商业饮食服务业、物质供销、科研文教卫生、社会福利以及城市公用事业等。

（二）计划经济体制时期工业结构变迁的背景及影响因素

计划经济体制时期我国工业结构演进的背景主要有两个方面，一个是我国的经济及工业发展基本处于封闭状态；另一个是非常强烈的赶超思想对经济发展的影响。

新中国成立后，我们选择了"一边倒"的国际关系战略，即加入了以苏联为首的社会主义阵营。当然，这种选择也是我们当时无法改变的选择。我们加入社会主义阵营，意味着与美国为首的西方发达国家断绝了关系，特别是断绝了经济关系，而当时世界经济的主流是由发达国家主导的。我们与西方发达国家断绝了经济关系，事实就造成了我们经济发展处于一种封闭的状态。好在新中国成立之初，也就是在国民经济恢复时期，"一五"时期，苏联对我国工业发展进行援助，对于我国非常薄弱的工业发展起到了极大的推动作用，因此也才有"一五"期间快速的工业化发展，而且对于构建我国的工业体系奠定了比较好的基础。但是，这样的局面并没有维持很长时间，1960年7月16日，苏联政府单方面决定从中国撤走1 390名在华专家。这意味着中国与苏联的经济关系也从此基本画上一个句号，这也意味着中国被迫进入了一种封闭状态，而这种状态自然会影响到我们安排经济发展战略以及工业发展的战略。

在一种封闭的状态下发展经济，而且还感到有着较强的外部威胁，这不仅要自力更生，而且还要尽可能依靠自己的力量来保障自己的安全，为此，在发展经济的选择上，一定会采取一种非均衡的发展路径，即尽量动员一切资源来发展可以在短时间内提高自己国力的经济领域。就这一点来看，当时我们可以选择只有加快工业化的这一条道路，而且我们的工业化还不能是按部就班地逐步工业化，即先发展轻工业，待积累到一定程度后再发展重工业，最终实现工业化，而是全面展开工业化，并且要以发展重工业为重点，实行一种逆向的工业化发展思路。所以，新中国在成立后，面对国外不断封闭的发展环境，最终形成了一个重工业优先发展的战略，而且这一战略贯穿于整个计划经济体制时期。这成为中国工业化以及工业结构变迁的一个主要背景和影响因素。

不仅新中国成立后的这种国际背景影响了我国的工业化进程和工业结构演进，而且最终形成的重工业优先发展的工业化进程，还与我国长期落后并不断被外国列强欺凌而压抑和累积的赶超愿望有很大的关系。

中国有过辉煌的文明，也有过作为一个经济强国的历史，一位著名经济史

第四章 中国的工业结构变迁

学家安格斯·麦迪森的研究表明，到19世纪20年代，中国还是世界上规模最大的经济体。然而，进入近代以后，中国开始了全面的经济衰退，不断的战争和不断的失败，不仅耗费和损失大量的国力，而且也失去了许多的发展机会，因此，使得这个过去在世界上具有广泛影响力的大国变成了一个受人凌辱的经济弱国，这带来中华民族非常深切的痛楚，也使每一个中华儿女不断回忆起我们曾经有过的辉煌，这最终累积成为一种强烈的愿望，就是追求中华民族的繁荣和复兴。然而，自鸦片战争以来，呈现出的是一个经济不断衰退的趋势，同时，逐步形成的半殖民地地位和国家内部纷乱，一直无法满足我们追求民族复兴的条件。直到中华人民共和国成立，这种局面才得以根本改观，一个在政治上真正独立的中华人民共和国，为百年来一直追求民族复兴目标的努力提供了最重要的条件。因此，新中国成立后发展经济不仅仅是一种常规的经济增长，更是要实现赶超，这又成为中国发展工业化以及工业结构演进的背景和影响因素。

我国是一个工业后发国家，在实施经济发展的战略中，不可避免地存在着一般工业后发国家都普遍存在的赶超偏好，而中国进入近代以后的历史，以及与古代中国的反差，又使得这种赶超还有着强烈的复兴愿望。为了实现赶超，一是要超越轻工业的发展阶段而迅速启动重工业化进程，其表现是在原材料工业等基础工业还不十分过关的条件下，利用高积累率强行发展加工工业；二是要片面追求高速度，表现为无视实际条件，提出过高的生产发展指标，而为了实现这些高指标，就要大上基本建设。为了支撑大规模的基本建设，势必进行高积累，从而忽视了经济发展速度对现有经济条件的依赖关系，特别是速度与经济效益的关系，把速度作为经济发展计划的出发点和归宿。

如此的赶超路径势必影响到我国工业结构的安排和变迁，以至于到改革开放之前，中国的工业结构出现严重的失衡，重工业的比重过大，轻工业发展不足，一方面因为资源的低效配置造成极大的浪费；另一方面因为轻工业这一具有比较优势的产业得不到应有的发展而出现工业消费品严重短缺的现象。特别是，这样的一种工业化发展路径很难持续，而且，这样的工业结构既不能带来中国经济的发展，也严重地影响了人民生活水平的提高。因此，改变这种工业化路径，调整这样的工业结构，是中国不可规避的新选择。

第二节　经济体制改革时期的工业结构变迁

计划经济体制时期的中国工业化道路，尽管有些超越并没有按照比较优势来布局工业化的方向，但是这个时期的工业化却奠定了中国发展的重要工业基础。在短短的20多年时间里，构建起了一个较为完备的工业体系。

一、1979~1991年的中国工业发展及工业结构变迁

（一）1979~1981年的工业初步调整

"文化大革命"结束到十一届三中全会，虽然在政治上结束了"文化大革命"的政治极"左"路线，但是在经济工作中的"左"的影响并没有马上消除，急于求成的错误思想对经济工作的影响依然很深，以至于在这两年里，出现了一系列的宏观决策失误，致使产业结构更加畸形和不协调，如农业、轻工业、重工业关系失调加剧；原材料、能源工业与加工工业的矛盾激化等。因此，从1979年开始，中央决定对国民经济进行全面调整，其中对工业经济的调整主要是降低工业发展速度，削减了一部分基本建设项目，调整了轻重工业之间的比例关系以及重工业内部的比例关系。

1. 降低了工业生产的发展速度，遏制了投资增长的势头。1979年4月的中央工作会议以后，在国务院主持下，国家计委对原定的1979年计划作了重大修改。工业总产值的增长速度从原计划增长10%~12%调整为8%。实际上，1979年工业总产值达到4 681亿元，比上一年增长了8.8%；1980年为5 154亿元，比1979年增长了9.3%。1979年，停建、缓建大中型项目295个；1980年又减少大中型项目283个。

2. 加快发展轻工业，调整了轻工业和重工业之间的比例关系。从1979年开始，国家有计划地放慢了重工业发展速度，采取了一系列积极发展轻工业的政策措施。首先在投资分配上，提高了对轻工业的投资比重。用于轻工业的投资占工业总投资的比例1978年为9.3%，1979年为10.8%，1980年上升到14.9%。1980年国务院决定对轻纺工业实行6个优先原则，包括原材料、燃料、电力供应优先；挖潜、革新、改造的措施优先；基本建设优先；银行贷款

第四章 中国的工业结构变迁

优先；外汇和引进技术优先；交通运输优先。这标志着我国工业化战略的根本转向，从重工业优先战略转向比较优势战略。因此，1979年轻工业总产值比1978年增长了10.0%，超过了重工业增长8.0%的速度；1980年轻工业又比1979年增长了18.9%，大大超过了重工业1.9%的增长速度。经过这两年的调整，在工业总产值中，轻工业和重工业之间的比例发生了较大的变化，轻工业产值在工业总产值中的比重由1978年的43.1%上升到1980年的47.2%。

3. 调整了重工业的服务方向及其内部结构。1979年和1980年，重工业的增长速度不仅比过去低了许多，而且重工业的服务方向和结构也有了重大调整。在这两年内，对长线产品的生产进行了控制，增加了一些适销对路的产品，关停并转了一批消耗高、质量差、货不对路、长期亏损的企业。包括冶金工业、化学工业、机械工业、建材工业，这些重工业都从过去主要为重工业自身提供服务，转向为人民生活提供必需品的服务。这为重工业发展提供了新的发展动力，从而使重工业的发展开始走上了一个良性的轨道。

1979~1980年的调整是比较有效的，其重要的成果是使工业发展走上了一个正确的轨道。不过，这一调整还只是一个开始，而且对于最初所确定的调整目标，即压缩基本建设规模并没有真正地实现。因此，工业结构调整任务依然是这之后工业发展的重点。

（二）1981~1985年（"六五"时期）的工业结构变迁

1981~1985年，是我国实施第六个五年计划时期，也是我国经济发展战略转变与经济体制改革的重要时期。在这个时期，工业结构调整取得了突破性成就。

1. 调整工业结构的措施

第一，进一步调低工业增长速度。这主要是为了给工业结构调整创造较为宽松的环境。自1981年开始，在1979年和1980年两年调低工业增长速度的基础上，继续降低工业增长速度，1981年的工业增长速度由1980年的8.8%下降到4.3%。而1982年12月通过的"六五"计划规定，从1981~1985年，工业总产值年平均增长4%，在执行中争取达到5%。工业增长速度定为"保四争五"，主要是考虑当时的工业调整任务很艰巨，在短期内能源产量不可能有较大增加，交通运输的紧张状况也不可能有根本的改变，主要农作物产量也不可能大幅度增长，因此，把增长指标调得低一些，可能为发展留有余地。

第二，切实压缩基本建设投资规模。为了严格地控制投资规模，1983年3月，国家计委、国家建委、财政部联合发出《关于制止盲目建设、重复建设的几项规定》，提出了十个"不准"，对一些高消耗、低效率的项目，严格限制对其投资。由于采取了加强集中统一管理等一系列措施，使压缩和控制基本建设规模的决策初见成效。1981年，国营单位固定资产投资、基本建设投资、工业基本建设投资分别比上年减少了10.5%、20.8%、21.6%。1983年7月，国务院又发出《关于严格控制基本建设规模、清理在建项目的紧急通知》，要求各地区、各部门迅速把超过国家下达的基本建设计划的部分压缩下来，特别是用自筹资金和银行贷款安排的建设规模，不仅压缩到计划指标以内，而且超过的部分，银行要停止拨款。由于采取了上述措施，到1983年9月底，全国共停建、缓建基本建设项目5 360个，其中计划外工程3 086个，计划内项目2 274个。这些基本建设项目被压缩，有利于以能源、交通为中心的建设步伐的加快。

第三，加快轻工业的增长速度。1981年年初，国务院提出要大力发展消费品生产，各行业都要围绕发展消费品生产来进行安排，并继续对轻工业实行多项优惠政策。首先，1981年进一步调整了轻重工业的投资比例，使用于轻工业的基本建设投资占总投资比重由1980年的8.1%上升到11.4%；其次，各行业要大力支援轻工业生产。重工业部门采取重转轻、军转民、长转短等形式，调整了产品结构，扩大了服务领域。农业、冶金、化工部门积极扩大轻工业所需原材料的生产。所有这些措施，都有力地支持了轻工业发展。到1981年，轻工业总产值为2 781亿元，比1980年增长14.3%，占全部工业总产值的比重从1980年的47.2%上升到51.5%，超过了重工业。在之后的3年里，轻工业总产值继续高速增长，3年的增长速度分别比上一年增长5.8%、9.3%和16.1%。此外，在轻工业增长加速、比重上升的同时，轻工业内部的比例关系也发生了较大的变化。在轻纺产品的原料结构方面，以工业品为原料的产品在轻工业总产值的比重继续上升，尤其是合成纤维产量的增长远超过了棉布的产量。轻工业的产品结构也发生了变化，按吃、穿、用划分的三类消费品中，用的比重上升。在耐用消费品中，高档消费品的比重上升较快，特别是电视机、录音机、电冰箱、照相机等产品的产量大幅度增长。轻工业的持续发展，促进了全国城乡市场的繁荣。过去消费品匮乏的状况有了很大的改变。

第四章 中国的工业结构变迁

2. 调整重工业的增长速度和服务方向

从1979年和1980年开始的重工业服务方向的调整，在这个时期又进一步扩展。大力生产社会需求量大的产品，并改变了长期以来一直呈现的重工业主要是自我服务的现象，开始直接为农业、轻工业和人民生活需要提供越来越多的产品。钢铁工业以提高经济效益为中心，工业重点转到提高质量、增加品种、节能降耗、治理环境上。机械工业以提高质量、增加品种、提高水平和经济效益为中心，进一步调整了产品结构。能源开发和交通运输设备普遍增长较快，并且做到保质、保量、按时和成套供应，保证了国家重点建设工程的需要。经过这样的调整，重工业摆脱了过去主观推动的模式而变成一种需求拉动的发展。

3. 工业结构调整的成效和问题

经过"六五"时期的发展，我国的产业结构和工业结构的状况有所改善，不仅农业、轻工业、重工业的比例趋于协调，而且工业结构也渐趋合理。

第一，农、轻、重之间的比例关系基本协调。农业得到较快的发展，在这五年时间里，由家庭联产承包责任制的实行引起的农业快速增长，改变了农村经济长期低迷的状态，农业生产上了一个大台阶，解决了长期困扰我们的吃饭问题。由此，农业产值在工农业总产值中的比重提高，而轻工业和重工业产值在工农业总产值中所占的比重有所下降。1980年农业在工农业总产值中所占比重为30.8%，到1985年上升为34%；而轻工业的比重由1980年的32.6%下降为30.85%；重工业的比重也相应地由1980年的36.6%降至35.2%。

第二，工业内部结构渐趋合理。经过这5年的发展和调整，工业内部的结构得到较大程度的改善。轻工业成为增长最快的产业，而且其发展也找到了最重要的基础，即以满足和提高人们的生活水平为目标，这意味着发展轻工业有了非常广阔的需求。重工业也改变了过去的发展模式，也找到了发展的重要基础，其产业结构和服务方向也转到了为农业、轻工业和人民生活需要的轨道上。

第三，产业布局朝着合理分工、相互联系、共同发展的区域结构转化。地区布局是产业结构在空间的实现，"六五"时期彻底地纠正了过去片面搞"二、三线"建设，忽视东部地区的发展思路，一方面通过挖潜改造和适当投资，充分发挥东部沿海地区的潜力；另一方面通过在东部沿海地区兴建经济特区、开放城市和开放地带,加快对外辐射和对内辐射两个扇面的形成。"六五"时期,东部地带在发展经济、向全国输送技术和人才方面起了较大的作用。与此同时,中部地区开始进行能源的大规模开发和三线企业调整,西部一些地区开始摆脱贫困面貌,西部的工农业总产值增长速度大体上达到全国平均水平。

在取得以上一些成效的同时,工业结构调整中也存在一些问题,表现在,工业企业技术改造资金不足;企业在使用技术改造资金时,存在着片面追求扩大老产品生产能力、忽视提高质量和增加品种的倾向;技术引进的宏观管理方面还缺乏有效、完善的措施,出现了多头对外、重复引进过多的问题。

(三) 1986~1990年("七五"时期)的工业结构变迁

在圆满完成"六五"计划的基础上,1986年启动了第七个五年计划。在《国民经济和社会发展第七个五年计划》中,第一次明确地提出和规定了产业政策,重点是调整产业结构。这一时期调整产业结构的方向和原则:一是在继续保持农业全面增长、促进轻工业和重工业稳定发展的前提下,着重调整和改善各产业内部结构;二是加强能源、原材料工业的发展,同时适当控制一般加工工业生产的发展,使二者的比例关系逐步趋于协调;三是把交通运输和通信的发展放到优先地位;四是大力发展建筑业;五是加快为生产和生活服务的第三产业的发展;六是积极运用新技术改造传统产业,重点开发知识密集和技术密集的产品,有计划地促进若干新兴产业的形成和发展。

根据"七五"计划,到1990年,中国产业结构的目标是,在工农业总产值中,农业所占的比重由1985年的23.9%下降到21%,轻工业所占的比重由38%上升到39.4%,重工业所占的比重由38.1%上升到39.6%。为此,需继续大力发展消费品工业;发展能源生产,节约能源;振兴机械电子工业;继续加强交通运输和邮电通信。

二、1992年以来中国工业发展及工业结构变迁

1992年以后,伴随着产业结构升级,中国的工业发展步伐进一步加快。从1990年到2001年,第二产业和工业的增速最高,分别为11.1%和11.5%。造成这种局面的根本原因是需求结构变动和技术进步的共同作用。而工业投资规模不断扩大、乡镇工业的崛起、对外贸易的发展以及工业体制创新和技术进

第四章 中国的工业结构变迁

步、改善已有企业产出效率等因素是工业比重不断提高的直接原因。

1992年之后，我们选择重要的工业产业作为发展重点，并制定了产业发展政策。首先是制造业发展及制造业产业政策。我国在经济全球化背景下，制造业将面临着机会和挑战并存的发展环境。在新的环境下，要加快发展中国家制造业，顺利实现制造业未来的发展目标，需要以技术密集型的装备制造业为重点，并以促进制造业和整个国民经济的技术创新和技术进步为核心。现代经济增长的一个主要特征是科学技术的创新速度加快并不断地被运用到生产和服务领域中。技术创新和新技术运用的重点在于技术装备。因此，装备制造业是国民经济持续稳定增长的重要技术基础。而装备制造业也是一个战略性产业。从工业化国家的情况看，尽管各国的产业结构有所差异，但是都会把拥有强大的装备制造业作为制造业发展及产业结构调整的重点。其次是汽车产业发展及汽车产业政策。为了适应我国汽车产业出现的新情况、新问题，尤其是为了应对加入WTO后给我国汽车产业带来的新挑战，由国家发展与改革委员会牵头制定了新的汽车产业发展政策。该政策遵循的主要原则是，把企业自主决策与国家宏观调控结合起来，发挥市场配置资源的基础性作用，改革汽车投资项目审批管理办法，扩大现有汽车生产企业的自主决策权；把对外开放和自主发展结合起来；以结构调整为主线，发展大型汽车企业集团；发展汽车制造业，把我国建设成为世界汽车生产基地；改善汽车的消费条件和环境，促进汽车产业的发展；坚持走可持续发展的道路，鼓励生产和使用节能环保型汽车。该政策的主要应对措施是，针对降低关税和取消配额以及国内市场开放程度提高的情况，要求国内外汽车生产企业按照品牌专卖原则，建立起独立的自产汽车品牌销售服务体系；针对取消国产化限制、整车和零部件关税倒挂的情况，采用进口零部件生产汽车、构成整车特征的，按整车征税的办法；采取新建乘用车、重型载货车生产企业投资项目应包括整车配套的发动机的办法等。最后是高科技产业发展及高科技产业政策。加入世界贸易组织对我国高技术产业的影响是比较复杂的。信息技术产品协议主要针对的是信息产业；与贸易有关的知识产权保护协议主要针对的是生物技术、制药以及计算机软件产业；与贸易有关的投资协议主要涉及外商投资企业；补贴与反补贴协议和国有贸易企业规则要求政府的宏观调控方式必须改变。基于以上几个方面的考虑，我国发展高技术产业所受到的影响还是挑战大于机遇。为此，我们应该采取的政策是，由直接支持产业化向支持研究开发和科技创新阶段转变；调整税收政策和出口补贴、进口替代补贴政策；调整和完善高新技术企业税收优惠政策；修改和调整对高新技术企业，尤其是对软件和集成电路企业的进口关税、所得税、增值税及税收抵扣等优惠政策；调整政府投资结构，提高资金使用效益；全方位、多层次地建立与国外科技园区的联系；注重人才政策的调整，建立以人为本的人才激励机制。

以上工业发展的重点和政策决定了这一时期工业结构变动的特征。20世纪90年代以来我国的工业结构又呈现明显的重工业化趋势，高加工度化波动较大。20世纪90年代初，我国在解决了轻重工业比重失调的矛盾后，出现了加工工业发展过快而基础工业和基础设施建设严重滞后的问题，煤电油运的紧张成为周期性制约经济发展的重要问题。因此在20世纪80年代后期逐步开始加大了基础工业和基础设施的投资力度，也制定了一系列的优惠政策促进这些产业发展。到20世纪90年代中期，包括原材料工业和采掘业在内的基础工业快速增长，以基础工业为主的重工业所占比重逐年提高，1995年比1991年提高了6.9%；2001年比1998年又提高了2.7%。20世纪90年代以来，我国工业结构高加工度化是波动演进的，而造成这种工业高加工度化波动的原因，一方面是由于我国重工业过程中还没有完成以原材料制造业为中心的工业化阶段；另一方面则是由于我国加工工业存在比较大的技术约束，以及受国外高技术加工业产品进口的冲击。

三、战略性新兴产业发展及工业结构的根本性调整

战略性新兴产业是指建立在重大前沿科技突破基础上，代表未来科技和产业发展方向，体现当今世界知识经济、循环经济、低碳经济发展潮流，对经济社会具有全局性带动和引领作用的产业。

2008年国际金融危机爆发后，发达国家都在积极寻求一种可以最终克服危机的有效途径。在这一背景下，发展战略性新兴产业成为发达国家应对危机的战略构想。我国也是在这一背景开始规划我们的战略性新兴产业发展的。2009年9月21日、22日，温家宝总理主持召开了三次战略性新兴产业发展座谈会，听取经济、科技专家的意见和建议。温总理在会上强调，发展战略性新兴产业，是中国立足当前渡难关、着眼长远上水平的重大战略选择。要以国际

第四章 中国的工业结构变迁

视野和战略思维来选择和发展战略性新兴产业。也就是在这几次战略性产业发展座谈会上,与会的中科院和工程院院士,大学和科研院所的教授、专家,企业和行业协会的负责人就发展新能源、节能环保、电动汽车、新材料、新医药、生物育种和信息等产业的发展建言献策。2009年11月3日,温家宝总理在向首都科技界发表的题为《让科技引领中国可持续发展》的讲话中强调,科学选择战略性新兴产业非常重要,选对了就能跨越发展,选错了将会贻误时机。我国发展战略性新兴产业已具备一定的比较优势和广阔的发展空间,完全跨越大有作为,如在新能源产业发展、信息产业开发、新材料研发、生命科学探索、航天航空等领域都有着广阔的发展前景。2010年9月8日,温家宝总理主持国务院常务会议,审议并原则通过了《国务院关于加快培育和发展战略性新兴产业的决定》。其中确定了战略性新兴产业的发展重点和方向,选择了节能环保、新一代信息技术、生物、高端装备制造、新能源、新材料和新能源汽车七个产业作为战略性新兴产业的重点。同时强调,加快培育和发展战略性新兴产业是我国新时期经济社会发展的重大战略任务。要加强组织领导和统筹协调,编制国家战略性新兴产业发展规划,制订产业发展指导目录,优化区域布局,形成各具特色、优势互补、结构合理的战略性新兴产业协调发展格局。

发展战略性新兴产业是我国产业结构或者工业结构调整的新机会,也是我国实现产业升级契合世界潮流的重要机会,更是我国发展低碳经济的重要产业取向。我国自新中国成立后就在积极推动工业化进程,但是,这种工业化始终都是跟在发达国家后面进行追赶。然而,在传统工业化的路径下,我们在进行追赶的过程中又长期处于发达国家产业转移的低端,因此呈现的是一种低效的工业化。而目前世界都在发展的战略性新兴产业为所有国家的新型工业化提供了一个新的起点,尽管发展中国家与发达国家在发展战略性新兴产业方面有着发展基础和条件的差距,但这毕竟是一场新的产业革命带给所有国家的新的机遇,当然不是所有国家都可以把握这一机会,不过,对于我国这样一个有着雄厚工业基础和科技积累的国家来说,是可以很好地利用这一机遇的。

节能环保将承担着根本改变目前世界面临的资源、环境和生态问题的任务,其潜在的发展空间非常巨大。我国面临的资源、环境和生态压力也很大,

低碳经济下的中国工业结构调整

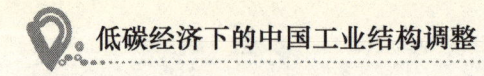

因此,发展节能环保产业不仅可以应对我国的资源、环境和生态问题,而且也是我国经济得以持续的新的增长点。新一代信息技术正孕育着产业化的新的空间,包括新一代移动通信、下一代互联网核心设备和智能终端的研发和产业化,三网融合、物联网、云计算的研发和示范应用,集成电路、新型显示、高端软件、高端服务器等核心基础产业的发展。生物医药技术的大力发展也将开拓一个新的产业空间,新药物研发和先进医疗设备制造,基因工程及应用的产业推展,将推动一个深刻的产业革命。新材料技术是改变人类生产力结构的一个新的起点,这意味着生产活动涉及的劳动对象将发生新的革命,不仅生产效率会发生质的变化,而且也会降低人类对自然资源的直接依赖。新能源技术和产业的发展将会改变目前人类的生产活动对传统能源的严重依赖,包括核能技术及核能产业、太阳能技术和太阳能产业、风能技术及风能产业等。高端装备制造业和新能源汽车产业,这是两个我国工业发展相对滞后但十分重要的领域,我国的新兴产业规划把这两个产业也作为新兴产业发展,是一种符合我国实际的具有战略意义的选择,因此也将是我国未来产业极具前途的产业。

通过以上对我国自新中国成立以来的工业结构调整和变迁所做的描述和分析,既可以看到一个旨在加快经济增长的工业化进程,也可以看到工业化低碳发展的机会。这个较为复杂的过程多是基于一定的背景和特殊的环境所做选择的结果。目前,在经历了长期的工业化发展和积累后,一方面我国实现了经济持续高速增长和经济规模不断扩大的目标;另一方面由于这种传统工业化发展带给资源和环境的巨大压力而对经济持续发展提出严峻的挑战。所以,我们只能走以调整工业结构为目标的新型工业化之路。

第五章 中国碳排放的现状及影响因素

我国自新中国成立以来一直走的是一条传统的工业化道路。这种工业化导致的一个结果就是对资源的过度使用和对环境的严重破坏，同时导致碳排放的过快增长。这无论从我国拥有的资源和环境状况来考虑，还是从世界严重的气候变化现实来选择，都表明传统工业化道路不可持续。因此，现在已经到了我们必须进行碳减排行动的时候，而这也是世界各国努力协调想采取的行动。

第一节 中国的碳排放现状

一、中国碳排放的总量特征

中国目前是世界碳排放量最大的国家，据《国际统计年鉴》（2010）提供的数据，2000年，中国的二氧化碳排放总量为34.02亿吨，美国的二氧化碳排放总量为57.37亿吨，美国是世界第一大二氧化碳排放国，中国排第二位。而到了2007年，中国的二氧化碳排放总量增加到65.33亿吨，几近增加了1倍，美国的二氧化碳排放总量为58.32亿吨，中国一跃成为世界最大的二氧化碳排放国。这意味着中国的碳排放已经成为世界关注的重要对象。尽管我们有后发展的权利和人均碳排放的空间，但是，比较严重的资源约束和环境问题，很难给我们更多的补偿以体现我们的权利。所以，进行碳减排已经成为我们无法推卸的责任。

分析中国的碳排放，从排放总量、人均排放量、历史排放累积性、形成排放的原因等各方面来看，呈现如下的特征：

(一) 中国的二氧化碳排放总量增长比较集中

中国的工业化发展起步较晚,在很长的历史阶段,中国都是一个典型的农业国家,一直到新中国成立,中国才开始了大踏步地迈向工业化的进程。改革开放之后,中国的工业化又进入了一个新的阶段。因此,中国历史上的碳排放贡献并不算大,根据资料,我国在1899年化石燃料碳排放总量为2.6万吨,仅占世界碳排放总量的0.005%。而从20世纪50年代开始,随着中国的工业化进程的启动,碳排放量迅速增长,仅仅用了50多年的时间,中国就成为世界第一碳排放大国。而且在近期的增长更是呈现直线上升的趋势。

(二) 中国的二氧化碳人均排放一直比较低

中国是人口大国,因此在评价碳排放方面,我们面临一个矛盾,一方面随着工业化进程的加快碳排放总量迅速扩张;另一方面人均碳排放量却并不大。因此,按照总量似乎我们没有多少排放的余地了,但是按照人均水平我们还需要发展,还需要排放。资料显示,1950年中国人均化石燃料碳排放量只有0.04吨,只是同期世界平均水平的6.3%,2000年中国人均碳排放量增加到0.74吨,也只有世界平均水平的67.3%,一直到2006年中国人均碳排放量才达到世界平均水平,但也只有1.27吨,而美国同期的人均碳排放高达19.3吨(2007年)。中国的二氧化碳人均排放量所处的较低水平,标志着我们的生活水平还比较低,发展仍将是我们不能停滞的主题。当然,我们也应该看到人均碳排放的增长速度也比较快,如果在未来我们的人均碳排放也达到世界的最高水平,那么我们将会面对更为严峻的形势,不仅国际会给我们以更大的压力,而且我们自己也是难以承受的。

(三) 中国的二氧化碳排放的历史责任很小

二氧化碳排放是一个积累的过程,因此,二氧化碳排放总量不仅要衡量它的当下水平,而且还要衡量它的历史积累水平。也正是因为二氧化碳排放的这一特征,在国际的碳减排行动和博弈中,发展中国家对发达国家提出这种二氧化碳排放的历史责任问题,并且要求发达国家在碳减排方面要对发展中国家予以一定方式的补偿,如发达国家承担更多的碳减排责任,或者为发展中国家提供更多的碳减排所需的技术和资金。中国的碳排放总量增长虽然比较快,而且成为世界上最大的碳排放国,但从碳排放的历史积累总量来看,中国碳排放总量还不算大。这并不意味着我们要推卸碳减排的责任,但给予我们一定的碳排放补偿，是有着充分的历史根据的。

(四) 中国的二氧化碳排放主要源于能源利用效率低

中国的二氧化碳排放总量快速增长主要表现在新中国成立之后加快工业化的这一时期，而其中推动二氧化碳排放快速增长的因素是与工业化的能源使用量和结构直接相关的。进一步地讲，这种能源使用状况又与中国的粗放式增长方式高度相关。新中国成立之后的中国工业化步伐确实大大地加快了，但是，在一个贫穷落后的国家进行工业化，其最有可能的选择是采取比较粗放的增长方式，因为这种增长方式是最好利用，也是执行成本最低的一种选择。中国的能源使用非常准确地反映了中国这种粗放式增长的能源结构，煤炭一直在能源结构中占有较大的比例，在20世纪最后10年，煤炭的使用占到能源消费总量的70%以上，而进入21世纪后，煤炭在能源消费中的比重虽有下降，但仍然高达60%以上。因此，要降低中国的碳排放强度比较困难，再加上技术进步多年来都是一个难以突破的瓶颈，因此，要想借助于降低二氧化碳排放强度来实现碳排放总量的下降将任重而道远。

二、中国碳排放的区域性特征

中国地域辽阔，各地的资源分布和经济发展严重不平衡，因此，碳排放体现出来的区域性非常明显。如前所述，自新中国成立之后，中国的碳排放才进入快速增长的通道，由于当时的工业化所走的一条平衡地区经济的路线，因此，一些在重工业优先发展战略下安排的项目多集中在中西部地区，如"一五"期间，苏联援建的156项重点工程，多集中在东北、中部和西部地区。这种工业化的区域安排使得碳排放增长体现出中西部快于东部的格局。不过，一直到改革开放之前，中国的碳排放总量还是比较小的。但进入改革开放后，随着经济增长速度的快速和持续提升，碳排放的增长进一步加快，而新的区域经济发展格局，使得中国碳排放的区域性呈现出不同的取向。改革开放后，得益于政策、地区等优势，东部地区率先发展起来，经济增长速度明显地快于中西部地区，而东部地区的经济快速增长又主要依靠大量的劳动力和自然资源的投入来实现，因此，在这种高速增长的背后体现出来的是碳排放更为明显地加快；中部地区在改革开放的一段时间里，其经济增长相对比较慢，因此碳排放的增长也不太明显；西部地区的经济资源性特征决定该地区的碳排放保持了稳定上升的趋势。这意味着中国的碳排放区域格局的演变深受区域经济结构、一次能源消费结构的影响。

中国碳排放的区域性还与各地区的产业结构演进有着较为密切的关系。目前，中国能源碳排放的增速开始明显减缓。从区域分布来看，东部地区碳排放经历了先下降后上升的过程，而西部地区碳排放过程则是保持上升趋势；从省区分布来看，各个省份的碳排放都有所增长，但排放量的差距逐步增大，这与各地产业结构多元化程度、能源消费结构的变化有密切的关系。不过，不论是区域还是各省，产业结构演进与一次能源消费增长均保持着一种相同的基本特征：一是地区产业结构演进速率与一次能源消费增长保持长期紧密的关系；二是地区产业结构多元化程度越高，一次能源消费增长速率则越低。

从总体来看，东部发达地区在排放总量、人均排放量和排放密度上均高于中西部地区，但东部地区的排放强度要低于中西部地区。这些区域特征的出现，主要是因为东西部地区在经济总量、产业结构、能源结构、技术水平、人口数量和适宜居住的土地面积等方面存在较为明显的差异，其中产业结构演进是决定一次能源消费增速变化的一个关键因素，同时也是决定地区碳排放增量变化的关键因素。具体体现在：第一，东部经济尤其是工业经济在经济总量中占有绝对优势，城市化水平远高于中西部地区，因此排放了更多的二氧化碳；第二，高能耗、高排放、资源型和劳动密集型的产业在西部地区产业结构中占有较大比重，而东部地区，尤其是沿海一线，高附加值、低能耗、低排放的技术密集型产业比重较高，使得东部地区的单位 GDP 产出排放了相对较少的二氧化碳；第三，煤炭在中西部能源结构中的比重明显高于东部，而煤炭的单位二氧化碳排放要远高于石油和天然气；第四，中西部地区生产工艺和技术水平相对落后，能源利用效率相对较低，导致单位经济产出会带来相对较多的二氧化碳排放量。

就中国碳排放的这种区域特征，我们还可以用数据进一步加以说明。为此，我们借助国家统计局公布的历年《中国能源统计年鉴》，整理出1990~2007年中国各省区的碳排放总量数据，由此我们可以更加清晰地看到这个期间各省（区、市）的碳排放差异。

第五章 中国碳排放的现状及影响因素

表1 中国内地各省（市、区）碳排放总量估算　　　　单位：万吨

年份 地区	1990	1995	2000	2005	2006	2007
北京	1 948.85	2 530.78	2 981.19	3 972.45	4 247.42	4 521.46
天津	1 489.88	1 847.99	2 009.79	2 960.47	3 255.38	3 557.07
河北	4 405.61	6 467.08	8 054.19	14 204.62	15 604.05	16 898.60
山西	3 388.37	6 052.64	4 840.12	8 857.18	9 709.50	10 517.46
内蒙古	1 743.83	1 893.68	2 553.39	6 936.89	8 030.74	9 153.10
辽宁	5 651.61	6 957.67	7 665.80	10 564.32	11 426.35	12 502.79
吉林	2 534.45	2 956.09	2 709.56	4 285.90	4 764.16	5 284.79
黑龙江	3 802.03	4 269.86	4 435.92	5 774.05	6 278.56	6 744.01
上海	2 284.10	3 212.75	3 956.33	5 979.72	6 451.09	7 026.92
江苏	3 963.17	5 789.14	6 195.78	12 154.55	13 483.13	14 822.83
浙江	1 856.05	3 294.98	4 719.53	8 655.60	9 511.57	10 454.98
安徽	1 986.26	3 017.21	3 509.82	4 689.05	5 105.14	5 576.83
福建	1 043.85	1 640.17	2 491.57	4 429.40	4 920.90	5 448.85
江西	1 246.00	1 720.56	1 802.10	3 083.35	3 352.77	3 635.68
山东	4 913.50	6 316.29	8 173.75	16 984.89	18 822.61	20 542.04
河南	3 745.20	4 656.32	5 696.81	10 520.94	11 679.69	12 834.82
湖北	2 875.44	4 068.55	4 509.98	7 086.45	7 767.19	8 532.51
湖南	2 748.83	3 903.18	2 928.47	6 553.81	7 107.08	7 767.01
广东	2 924.36	5 284.21	6 796.68	12 783.31	14 219.10	15 763.57
广西	941.69	1 714.95	1 920.32	3 583.04	3 967.27	4 414.72
海南	87.05	217.80	345.28	589.26	655.31	731.03
四川（重庆）	4 570.35	6 852.25	6 435.62	11 266.48	12 417.91	13 598.11
贵州	1 534.48	2 290.01	3 078.03	4 624.73	5 068.42	5 533.59
云南	1 405.71	1 899.61	2 495.12	4 333.67	4 777.23	5 160.44
西藏	0	0	0	0	0	0
陕西	1 610.74	2 254.79	1 964.85	3 901.81	4 248.35	4 776.44
甘肃	1 562.54	1 969.42	2 166.56	3 142.12	3 412.15	3 668.94
青海	364.74	494.98	645.45	1 201.54	1 369.18	1 507.07
宁夏	508.62	546.07	848.48	1 805.41	2 015.42	2 192.01
新疆	1 484.12	2 035.99	2 393.90	3 961.38	4 350.41	4 730.58

资料来源：《中国能源统计年鉴》（1991~2008年）。

从表1可以看出，各省（市、区）碳排放量一方面表现出比较大的差距；另一方面则呈现不同的增长趋势。1990年，碳排放最高的省份与最低的省份（除西藏）相差5 564.11万吨，2007年，碳排放的最高省份与最低省份（除西藏）相差19 811.01万吨。这种以省份来界定碳排放的区域差异，尽管比较详尽，但并不太清晰。如果按照东、中、西三个地区来划分，并观察碳排放在三个地区呈现的差距或许会更加明显。

表2　中国三大地区碳排放的比重[1]　　　　　　　单位：%

地区\年份	东部	中部	西部	地区\年份	东部	中部	西部
1990	44.5	32.5	23.0	2001	47.6	28.7	23.6
1991	44.5	32.6	22.9	2002	48.8	28.4	22.9
1995	45.3	31.9	22.8	2003	48.7	28.0	23.4
1996	45.7	30.7	23.6	2004	48.6	27.7	23.7
1997	45.5	30.5	24.0	2005	49.4	26.9	23.7
1998	45.8	29.7	24.4	2006	49.3	26.8	23.9
1999	46.6	29.0	24.5	2007	49.3	26.7	24.0
2000	49.3	28.1	22.6				

对比中国三大地区的碳排放比重变化，东部地区碳排放增长相对比较快，这也反映了东部地区有着相应的经济增长速度；中部地区的碳排放呈现负增长，但这并不意味着中部地区在这个时期经济没有增长；西部地区的碳排放只略有增长，这可能与经济增长的速度有关，但相关的程度并不算大。因此，我们虽然在地区之间看到碳排放的差距，但影响这种碳排放的差距原因可能更为复杂，绝不能只用经济增长就可以解释这种变化。

三、中国碳排放的能源结构特征

能源消耗是二氧化碳排放的最主要来源，过高的能源消费势必要排放大量的二氧化碳。现代经济的发展对能源消耗具有很强的依赖性，在很大程度上，现代经济就是由过度的能源消费引起的。不过，能源消费引起碳排放的量又与

---

[1] 徐汉，杨国安.中国低碳发展[M].北京：中国电力出版社，2010：91.

第五章 中国碳排放的现状及影响因素

能源消费的结构有很大的关系。

能源有不可再生和可再生之分。不可再生能源包括煤炭、石油、天然气和核能；可再生能源包括水能、风能和太阳能等。而不同能源的碳排放贡献有很大的区别。不可再生的能源（除核能外）具有比较大的二氧化碳排放，而可再生的能源碳排放比较小，甚至是零排放。因此，一个国家的能源消费结构对其碳排放规模的影响具有决定性的作用。

中国的能源资源以不可再生的能源资源为主。在探明的总能源资源中，煤炭占 87.4%、石油占 2.8%、天然气占 0.3%、水能占 9.5%，其中煤炭在我国的能源总量中占有绝对优势。

中国的煤炭资源量约为 1.5 万亿吨，占全世界的 10.1%，在世界排名第三位。目前我国煤炭探明可开发的保有储量超过 8 230 亿吨标准煤。煤炭的这种相对储量优势，使它成为我国重要的基础能源和工业发展原料，在国民经济中居重要的战略地位。目前，在我国一次性能源消费结构比重中，煤炭约占 75%，即全国 75% 的能源动力和工业燃料、65% 的化工原料、80% 的城市民用燃料都由煤炭提供。中国的化工原料近三分之二来自煤炭，以煤为原料的化工产品有氮肥、农药、塑料、合成树脂、医药、染料等。因此，在我国的一次性能源结构中，煤炭将长期成为中国的主要能源，这种格局在未来的较长时间都难以改变。而且，我国的煤炭资源探明保有储量的地区分布不平衡。经济相对落后的中部和西部地区煤炭储量所占比例高，煤炭开采量大，是我国主要的煤炭供应地；而经济较为发达的东部地区煤炭储量低，又是我国主要的煤炭消费地。这种不平衡不利于煤炭资源的有效利用，同时也为碳减排增加了一些难题。

中国的石油和天然气资源不足，石油地质资源量为 930 亿吨，目前已探明石油储量是 220 亿吨，可供开采的石油储量仅 65 亿吨，剩余探明储量 33 亿吨，占世界比重的 2.3%，人均石油资源仅为世界平均水平的 10.9%。天然气资源总量预测约为 38 万亿立方米，人均拥有的天然气可采储量只有 769 立方米，只是世界平均水平的 3%。石油和天然气资源的贫乏对我们的经济形成了比较大的约束，特别是石油资源很可能成为中国经济的一大风险，如此的石油和天然气储量决定了我们的能源消费结构中石油和天然气的比重比较小，这成为我国碳排放强度增加的一个重要因素。

不可再生能源不仅是碳排放的主要来源，而且终归是有限的，不可避免地要面对枯竭的问题，因此，未来人类能源消费的重点将集中于可再生能源，而这种能源具有碳排放少、环境破坏小的特点。可再生能源包括水能、风能、太阳能、生物质能、地热能及海洋潮汐能等。

中国的水能资源丰富，水电资源理论蕴藏总量达6.76亿千瓦，可开发容量为3.79亿千瓦，经济可开发装机容量为2.9亿千瓦。我国西部是水能资源比较集中的地区，目前仍有大量未被充分利用的水能资源。我国的大陆性气候还孕育着极为丰富的风力资源，包括东北、华北北部、西北地区和东部沿海地区，这些地区风力资源都相当丰富，开发潜力巨大。而在平均日辐射量超过3千瓦时的西部地区、北部地区，太阳能的开发也极有前景。西南地区的云南、贵州等省地热资源有着很好的开发前景。海洋潮汐能则集中于东部沿海地区。此外，城市中的垃圾和农村的秸秆、沼气等生物质能资源的开发也有不小的潜力。

如此丰富的可再生能源将会成为中国能源消费最大的来源，不过就目前的情形来看，可再生能源在我国的能源消费结构中所占的比重并不高。这一方面预示了我国能源发展的方向；另一方面根据可再生能源低碳排放甚至零碳排放的特点，这又预示了我国实现碳减排的重要方向。

四、中国碳排放的产业结构特征

碳排放除了与能源消费结构有很大关系外，还与产业结构有着更为密切的关系，因为是产业结构决定了能源消费结构，不同能源转化为二氧化碳，都是通过各个产业生产完成的。从各个产业对碳排放的影响来看，不同产业引起的碳排放有着比较大的差距。在三次产业结构中，第二产业的碳排放强度最高，而且是显著地高于第一、三产业。第一产业的能源使用量比较小，而农业还具有比较强的碳捕获效应，因此，第一产业对碳排放以及环境的影响不太大，也正是这一特点决定了在漫长的以农业为主的社会，碳排放几乎没有对环境和气候产生多少影响。第三产业中的许多行业生产的是非实物形态的无形产品，如教育、金融、咨询、讯息等，对能源、资源需求也比较低，引起的碳排放也比较少。第二产业从产生时就是建立在能源和资源大量消耗的基础上，其多数行业都属于资源密集和高碳排放行业。

根据《中国能源统计年鉴2010》的统计，2009年中国的能源消费总量达到 306 647.2 万吨，其中第一产业消耗 6 251.18 万吨，第二产业消耗 223 759.2 万吨，第三产业消耗 42 793.91 万吨，第二产业消耗能源的比例高达 73%。与这种能源消费结构相对应，三次产业的碳排放也呈现出相似的关系。根据各种能源的碳排放系数，再根据各产业消耗的各种能源总量，最终可以得到各产业的碳排放量，2009 年中国三次产业排放的二氧化碳总量为 279 618.5 万吨，其中第一产业碳排放量为 1 999.72 万吨，第二产业碳排放量为 264 655.80 万吨，第三产业碳排放量为 12 932.98 万吨，其中第二产业碳排放量占三次产业全部碳排放总量的 95%。这意味着第二产业的碳排放强度明显地高于第一、二产业。

从工业的内部结构来看，各工业行业的碳排放也表现出明显的结构性特征。在全部的 38 个工业行业中，包括钢铁、石化、水泥、有色金属和煤炭六大高耗能行业消耗全部工业部门能源消费的 70% 左右，因此也占了全部工业部门碳排放的 80% 以上。

因此，中国碳排放的产业结构呈现明显的工业排放比重高和重工业排放集中的特点。正是这样的特征，决定了我国在碳减排战略选择中应该把工业或者重工业的碳减排和行业替代作为着力点或突破口。

第二节 影响中国碳排放的因素

碳排放从大的方面来看，主要有两个来源，一个是由自然活动释放的二氧化碳；另一个是由人类的生产和生活释放的二氧化碳。在自然界里，动植物的生长活动周期性地释放出二氧化碳。植物在生长期内要进行光合作用，因此需吸收二氧化碳，到了成熟期则要释放出二氧化碳。动物的生长则相反，它们首先要吸收氧气进行生物的代谢活动，之后又呼出二氧化碳。因此，在自然界的自然状态下，二氧化碳应该处于一种平衡状态。但是，随着人类活动的不断扩大和深化，二氧化碳在大气中含量的平衡状态被打破，呈现出二氧化碳的含量不断升高的趋势。因此，从这个意义上讲，影响二氧化碳的因素主要是人类的生产和生活活动。而且，人类的生产和生活不仅直接造成大量的二氧化碳释放，而且通过破坏自然环境间接地影响着二氧化碳的排放。如果就中国的二氧化碳排放因素来说，我们可以归结为如下的几个方面。

一、粗放式的经济高速增长是中国碳排放快速增长的主要原因

人类的二氧化碳排放主要是由经济活动引起的。经济增长的速度以及经济增长的方式决定着二氧化碳排放的绝对量和相对量的增长速度。经济增长速度越快,释放的二氧化碳增长也越快;经济增长方式越粗放,单位二氧化碳增长也越快。自新中国成立后,中国基于自身条件的约束,其经济增长方式一直是粗放的,而改革开放后,尽管经济增长速度加快,经济增长方式却并没有发生太大的转变,因此,碳排放呈现了一个持续上升的态势,如此成就了中国目前世界第一碳排放国的地位。

在西方主流经济学的教科书中,经济增长被定义为一个国家或地区通常是一年内所生产产品和提供服务的价值量的变化。西方经济学的一个重要研究领域——经济增长理论,对此进行了不断深化的研究。以萨缪尔森的《经济学》教科书为开端,现代经济学对先行工业化国家的经济增长演进进行了阶段性划分,具体分为四个阶段,对应着不同的发展阶段,经济增长呈现不同的方式。第一个阶段为"起飞"前的阶段,即第一次产业革命以前的阶段。这个阶段的主要特点是经济增长缓慢并且主要靠增加土地和其他自然资源投入实现。美国著名管理学家迈克尔·波特(Michael Porter)把它定义为"生产要素驱动阶段"。该时期的经济学家包括斯密、马尔萨斯、李嘉图等都对这种增长模式的前景多少有些悲观。如马尔萨斯《人口论》预测的生产按照算术级数增长,而人口按照几何级数增长,这使经济学获得了"阴郁的科学"的称号。第二个阶段是从 18 世纪后期第一次产业革命发生到 19 世纪后期第二次产业革命开始的"早期经济增长"阶段。这个阶段的经济增长开始加速,原因是生产方式自第一次工业革命后发生了质的变化,机器和大工业迅速发展,使机器开始替代劳动力,并取得了对自然资源开发的突破,因此,劳动生产率大幅度提高。实现机器替代手工劳动,需要大力发展资本密集的机器制造业和作为机器制造业基础的其他重工业,如此,经济增长建立在投资驱动的基础上。波特把这一发展阶段定义为"投资驱动阶段"。第三个阶段是第二次工业革命以后的"现代经济增长"阶段。这个阶段的经济增长模式与早期经济增长阶段的增长模式有所区别,主要表现在经济增长已经不是靠资本积累驱动,而主要靠技术进步和效率提高实现。S. 库兹涅茨把这种增长模式叫作"现代经济增长",而

第五章 中国碳排放的现状及影响因素

波特把这个阶段定义为"创新驱动阶段"。第四个阶段是20世纪50年代以后开始的信息时代或知识经济时代的经济增长阶段。这个阶段出现了以电子计算机、互联网等为核心技术的现代信息技术或信息通信技术,信息化成为经济增长的重要特征。经济增长依靠的技术集中取向于信息技术,并且因此开启的技术发展空间更为广阔。

苏联经济学家在20世纪60年代后期根据马克思《资本论》第2卷中关于扩大再生产的两种形式的论述,提出经济增长方式的概念,并把经济增长方式分为两种:一种是靠增加自然资源、资本和劳动等资源投入实现的增长,这被称为外延增长(也叫作粗放增长);另一种是靠提高效率实现的增长,这被叫作内含增长(也称为集约增长)。苏联经济学家借此分析了苏联经济增长问题,指出其根源在于主要采取了外延增长或粗放增长,这种增长虽然可以取得较快的速度,但得到的实惠并不大。因此,苏联在制订第九个五年计划(1971~1975年)时,确定了经济工作的重点要实现经济增长方式从外延为主到内含为主的转变。不过,这一目标由于体制方面的约束最终到1991年苏联解体时也未能实现。

中国自1949年以后,由于摆脱了长期战乱和实现了民族独立,经济发展终于走上了正常的轨道。而新生的中华人民共和国模仿苏联也建立起高度集中的计划经济体制,在这种体制下,我们也采用了苏联式的社会主义工业化路线,而且硬性地赶超,使得投资驱动的增长被运用到了极限。这个时期的工业化被我们的经济领导部门看作是提高工业总产值在工农业总产值中的比重和提高重工业产值在工业总产值中的比重。1953年第一个五年计划(1953~1957年)开始后,中国全面接受了苏联的优先发展重工业的工业化路线。当时我们按照斯大林在1933年《第一个五年计划的总结》中提出的一个标准,即建立完整的工业体系,必须使工业总产值占工农业总产值的比重达到70%以上,重工业产值占工业产值的比重达到60%以上,制订我国工业化的目标。在1953~1957年的第一个五年计划期间,我国集中人力、物力、财力建设苏联援建的156项重点工程项目,这些项目绝大部分是重工业项目,重工业投资占五年工业投资总额的85%。当时预计,只要用三个五年计划,中国就可以实现上述制订的工业化目标。然而,第一个五年计划从开始就出现了问题,重工业畸形发展和由此导致的经济结构严重恶化,使国民经济处于很不稳定的状态。1958~1960年,我国的平均积累率高达39.1%,而如此高的积累率又大多集中于重工业，轻工业产值在工业产值中的比重在此期间由55%下降到34%。这场试图以投资推动经济高速增长的"大跃进"运动，不仅没有达到预期的效果，反而造成了我国经济情况极度恶化以及巨大的财富和生命损失。尽管如此，之后的工业化进程却始终没有改变这条工业化路线。经济增长主要依靠投资，特别是重工业投资，成为自第一个五年计划到改革开放的几十年中我国经济发展的基本特征。

改革开放后，随着在经济上的拨乱反正，我们对之前的工业化道路进行了深刻的反思，认识到这条高指标、高投入、低效率的粗放增长道路，是无法引导中国顺利实现工业化和现代化目标的。于是，自1979年开始，中共中央和国务院做出了用三年时间做好国民经济"调整、改革、整顿、提高"的工作部署，以压缩工业基本建设规模，增强工业和提高轻工业的比重。1981年，在进一步调整国民经济的计划中，又正式提出要"走出一条速度比较实在、经济效益比较好、人民可以得到更多实惠的新路子"。经过1979年和1981年的两度国民经济调整，我国的经济结构有了一定的改善，经济效益也得到一定程度的提高。然而，问题是积重难返，一些源于体制和政策方面的难以改变的原因，以及传统工业化道路的简单化和易操作的特点还是极大地影响着各级政府的思维，并且左右着各级政府的工业化道路的选择。主要表现如下：

第一，数量扩张依然是各级政府制定经济发展目标的首选。我国在计划经济体制下实行了一套只核算物质生产活动的"物质产品平衡表体系"（MPS）的国民经济核算体系，这引起的一个后果是我们只注重物质生产领域的产品增长，而不关心服务业或第三产业这一现代经济越来越重要的产业的增长。从1995年起，我国调整了这一国民经济核算体系，把它变成以国民经济的生产、流动和消费为一个有机整体进行核算的"国民账户体系"（SNA）。尽管如此，我们在规划国民经济发展时仍然把GDP的高增长和"物质生产领域产值"增长速度赶超发达国家作为不惜一切代价实现的国家目标；同时，也把增长速度作为衡量各级党政领导干部"政绩"的主要标准。这样的目标体系和激励机制使转变经济增长方式变得比较困难。

第二，资源配置的权力仍然过多地控制在各级政府手中。我国进行的经济体制改革的目标是建立社会主义市场经济体制，而且这一体制经过20多年的努力在21世纪已经初步建立起来了。但是，市场在资源配置中的基础地位还

第五章 中国碳排放的现状及影响因素

没有完全确立，土地、矿藏、资金等重要资源的配置还主要掌握在各级政府官员的手中。这使得各级政府官员有了运用各种动员和支配资源的权力来实现自己的"政绩"目标。而这种对资源的垄断地位很容易导致资源的过度使用，进而造成经济增长的粗放性。

第三，财政体制的缺陷使各级政府官员有动力和能力进行过度投资营造"形象工程"和"政绩工程"。改革开放后，我国在财政体制方面不断深化改革，目的是调动地方政府的积极性，包括"财政分权"、"分税制"，都是想通过调整中央和地方的财权和事权来调动两个积极性。地方政府在"财政分权"和"分税制"下得到了财政自主权，极大地调动了地方政府扩大财政收入的积极性。这使得那些产值大、税收多的简单加工工业和重化工业等项目成为各级政府规划发展的重点，因此，这也成为制约经济增长方式转变的一个因素。

第四，要素价格的严重扭曲成为高资源投入、低经济效益项目增长的基础。在传统工业化模式下，国家为了鼓励缺乏比较优势的重化工业快速发展，通常把要素价格压得很低，人为地增加这些高投入、低产出项目的赢利。而在市场改革进程中，一些重要的要素价格改革难以到位，要素价格扭曲的现象依然存在。如土地、矿藏、淡水、能源、资金、劳动、外汇等价格的市场化程度仍不高，主管机关往往在"支持产业发展"的名义下，给这些生产要素规定偏低的价格，人为地压低了外延增长实际付出的成本，鼓励了对紧缺资源的浪费以及实际效益很差的产业的扩张。

这种传统工业化道路难以改变的现实给我们的经济和环境带来严重的影响。依然保持过度投资和重化工业的路线，首先造成了土地、淡水以及煤、电、油、运及其他稀缺资源的高度紧张。采用大量耗费资源的增长模式使我国本来不足的土地、淡水资源更趋紧张，而采用粗放式的经济增长模式，使我国的稀缺资源被低效的耗费。2003年，我国GDP约占世界GDP总量的4%，但为此消耗的资源在世界消耗的资源总量中的比例却远远高于4%。具体消耗了世界7.4%的原油、31%的原煤、30%的铁矿石、21%的钢材、25%的氧化铝和40%的水泥。[1]造成如此的资源过度消耗格局，与许多地区以大力发展高耗

---

[1] 马凯. 树立和落实科学发展观，推进经济增长方式的根本性转变——2004年3月21日在中国高层论坛年会上的发言.

能工业作为振兴本地经济的重要措施有关。进入21世纪后，随着西部大开发、振兴东北等老工业基地和中部崛起战略的推行，广大的中西部地区为了加快经济增长速度，承接并新建了许多高耗能产业，一些西部省份更是大办"高耗能工业园区"，计划把本地区建成"世界级"的高耗能产品基地。其次造成资源、环境和生态问题越来越突出。在我国推进工业化的过程中，环境破坏日益严重。目前，我国主要污染物排放量已超过环境自净能力。工业固体废物产生量由2000年的8.16亿吨上升到2010年的38.52亿吨；日污水排放量在1.3亿吨左右，七大水系近一半河段严重污染。许多城市空气污染严重，出现的雾霾天气的范围不断扩大；全国水土流失面积达3.6亿公顷，约占国土面积的38%，每年新增达1.5万平方千米；沙漠化面积达174万平方千米，占国土面积的18.2%。特别是经济的"重型化"对我国本以十分脆弱的生态环境造成了极大的影响。华北平原是一个严重缺水的地区，但是近几年来，北京、天津两市和河北、山西等省都把大力发展高度耗水的煤、钢、汽车等工业作为发展地方经济的主导性产业。仅河北一省就投资兴建了7 500万吨钢的生产能力，而且有很大部分是高耗能和高成本、高污染的小冶炼装置。[1] 即使是规模较大、技术较好的钢厂生产1吨钢也需要耗水16吨。而且建立在这种高耗水基础上的工业又是高二氧化碳排放的产业。

总之，我国自新中国成立后，为实现经济快速增长而选择了一条粗放式的路线，即高投入、高排放、高污染、低产出的"三高一低"的模式。我们选择的这一增长路线在构建我国的工业体系和实现经济较快增长方面都发挥了一定的作用。但是，因此导致的二氧化碳排放也呈快速上升的势头，不仅我们自己感受到环境带来的巨大压力，而且其他国家主要是西方国家也在不断地向我们施压，要求我们限制高能耗、高污染的产业的发展。

二、中国的城市化道路体现为一个高碳排放的过程

传统的工业化不仅决定了中国经济增长的方式，而且也决定了中国的城市化道路。当然，中国的城市化道路还有着更为复杂的制度和政策等因素的影响。如果说能源消耗是二氧化碳排放的主要原因，那么城市化包含的各个因素

---

[1] 吴敬琏. 中国增长模式抉择 [M]. 上海：远东出版社，2006：129.

第五章　中国碳排放的现状及影响因素

都会影响到能源消耗。一个国家的能源消耗取决于几个大的方面：一是工业用能，这取决于工业化的进程和方式；二是建筑用能，这与城市化有着较为密切的关系；三是交通用能，这与城市化也有着直接和间接的关联。如果考虑到工业化和城市化的关系，那么一个国家的能源消耗就成为城市化的一种结果。

城市化对能源消耗，对二氧化碳排放的影响与城市化的模式或道路有着比较大的关系。这一关系又受到城市化的速度、城市化的规模、城市化的产业结构特征、城市化的消费方式等机制的影响。

城市化又称都市化或城镇化。它是指基于城市工业、商业和其他行业的发展，使城市经济在国民经济中的地位日益增长而引起的人口由农村向城市的集中化过程。城市化是由农业为主的传统乡村社会向以工业和服务业为主的现代城市社会逐渐转变的历史过程。学术界将城市化确立在三大标志之上，即劳动力从第一产业向第二、三产业转移；城市人口在总人口中的比重上升；城市用地规模扩大。近代城市化的进程发端于工业革命。工业革命推动的机器和大工业发展，要求生产要素相对集中。而工业发展引起的比较收益的增长以及由此带动的劳动力价格上涨，造成了农村人口向工业集中的城市转移。从 18 世纪中叶开始到 20 世纪中叶，在近 200 年的时间里，多数西方发达国家基本上实现了"城市化"，一些西方国家的城市人口占全部人口比例的 70% 以上，如美国为 72%，英国为 87%，联邦德国为 79%，荷兰为 86%，加拿大为 77%，澳大利亚为 83%。但是，自 20 世纪 60 年代开始，西方发达国家城市化又出现了所谓市郊化现象，即大批居民从城市的中心地带迁往城市的郊区地带。这一方面是因为城市的中心地带环境污染问题严峻；另一方面，发达的现代交通工具，也为人们从城市移居到郊区提供了可能。于是，这一阶段的区域发展模式表现为城市中心区域人口增长停滞，城市周边区域不断扩增，卫星城市的居民区发展迅速。于是，以大城市为中心的"都市圈"或"城市群"、"城市带"发展较快。

中国的城市化进程比较特殊，特别是中华人民共和国成立之后，虽然城市化有着明确的规划，但是由于体制和战略等方面的原因，自 20 世纪 50 年代中期以后的较长一段时间，城乡二元分割的局面迟迟不能打破，结果使得城市化长期处于停滞状态，更为特殊的是，在一段时间里竟然出现"反城市化"现象，即大规模的城市人口迁往农村。以至于在新中国成立后，尽管我们大力推进工业化，但城市人口并没有相应地增加。从1949年新中国成立到1978年改革开放之初，中国的城市化进展十分缓慢。城市人口比重由1950年的11.2%上升到1980年的19.4%。而相同时间里，全世界城市人口比重由28.4%上升到41.3%，其中发展中国家的城市化率也由16.2%上升到30.5%。而中国城市化的缓慢并不是由于工业发展停滞造成的，相反，改革开放之前的29年，中国的工业和国民经济增长速度并不算慢，1978年工业总产值比1949年增长了38.18倍，工业总产值在工农业总产值中的比重，由1949年的30%提高到1978年的72.2%。

1978年以后，伴随改革开放，中国的政治、经济和社会各方面体制和政策都发生了变化。城市化也借改革开放契机开始了它的新征程。在城乡之间的壁垒不断松动的趋势下，农村人口向城市转移的规模不断扩大，并呈现出比较明显的阶段性特征。

1978～1984年，是以农村经济体制改革为主要动力推动的城市化阶段。第一，农村实行家庭联产承包责任制后，大约2 000万上山下乡的知识青年和下放干部返城并就业，高考的全面恢复和迅速发展也使得一批农村学生进入城市；第二，城乡集市贸易的开放和迅速发展，使得大量农民进入城市和小城镇，出现大量城镇暂住人口。城市化率由1978年的17.92%提高到1984年的23.01%，年均提高0.85%。

1985～1991年，是由乡镇企业和城市改革双重推动城镇化阶段。这个阶段以发展新城镇为主，沿海地区出现了大量新兴的小城镇。

1992～2000年，是以城市建设、小城镇发展和普遍建立经济开发区为主要动力的城市化全面推进阶段。1992～1998年，城市化率由27.63%提高到30.42%，年均提高0.42%。

2001年至今，是由经济高速增长带动的城市化快速增长阶段。"十六大"以来，我国人口总量呈低速平稳增长，人口生育继续稳定在低水平，城市化率却快速上升。2002～2011年，我国城镇化率以平均每年1.35%的速度发展，城镇人口平均每年增长2 096万人。2011年，城镇人口比重达到51.27%，比2002年上升了12.18%。

中国城市化的变迁自然会产生对碳排放的影响。首先，城市化意味着工业在城市的集中和发展。这对碳排放的影响在前面的分析中已经论及。但有一点

第五章 中国碳排放的现状及影响因素

需要进一步强调，就是工业化引起的碳排放，这虽然可以在一定程度上说明城市对碳排放的影响，但城市化水平的提高对工业发展具有的带动作用，也可以说是城市化影响碳排放的一个重要方面。其次，城市化意味着建筑增量的扩大。这对碳排放的影响体现在一个产业链上。改革开放之前，一方面城市化水平提高较慢；另一方面对于改善城市居民的居住条件重视不够，因此，城市建筑发展更为缓慢。这对于经历了改革开放前后两个阶段的人们来说，其留下的记忆非常深刻。改革开放前，不要说中小城市，即使是一线的大城市，也很少看到高楼林立的景象，低矮单色的楼房成为各个城市共同的景色。改革开放后，特别是进入21世纪之后，中国城市的建筑呈井喷式的增长。房地产业被各级政府当作支柱产业，更是被当作当地财政收入的重要来源，而居民对住房的饥渴式需求对房地产业更是推波助澜。因此，2000年以后的中国，无论到任何一个城市，不管大小，到处都是建筑工地。当然，这带来了中国城市面貌的根本性改善，置身一线的大城市，我们看到的一定是高楼林立，甚至在中小城市看到的也是拥挤的楼群。以房地产业为代表的城市建筑发展，带动的是一个非常长的产业链，据统计，房地产业贯穿于生产、流通、分配和消费各个领域，带动的相关产业多达50多个，有上千种产品和服务与房地产业有连带关系。因此，以房地产为代表的城市建筑业的快速发展带来的能耗以及二氧化碳排放必然会快速增长。最后，城市化带来交通的大发展。这也是引起二氧化碳排放增长的一个重要因素。随着人口向城市的转移，各种资源也随之向城市集中，这对交通提出的要求越来越强烈。因此，城市化快速发展也带来了交通的大发展。新中国成立60多年来，我国由铁路、公路、水路、民用航空和管道组成的综合运输网络基本形成，而且取得的进步非常明显。其中，铁路营业里程由1949年的2.18万千米增加到2008年的7.97万千米，增长了2.7倍；公路里程由1949年的8.07万千米增加到2008年的201万千米，增长了23.9倍。交通的发展不仅从建设的角度体现为能耗的增加和二氧化碳的增长，而且交通网络的发展还带动了交通工具的快速增长，仅汽车一项，人们在10年前还认为自己拥有一辆汽车是一种奢望，可现在汽车进入家庭已经是一件再平常不过的事情了。这种交通工业快速增长带来的一个最直接也是最大的问题，就是能耗因此也快速增长。这自然成为碳排放增长的一个影响因素。

城市化是一个综合性现象，其包含的各个因素在能源资源消耗以及二氧化碳排放方面都会发挥一定程度的作用。不过，这并不影响我们从城市化的角度来考察其对碳排放产生的影响。更何况中国的城市化比较特殊，因此带来的能源资源消耗和二氧化碳排放也呈现不一样的变化。改革开放之前，尽管中国的工业总产值占工农业总产值的比重超过70%，但是中国的碳排放的变化并不算大，1950~1980年的30年间，我国的碳排放增长了50.6%，而1980~2000年的20年间，我国的碳排放增长了257.6%。❶这表明，虽然在改革开放时期工业化比重提高得很快，但由于经济规模的较小，碳排放并没有发生相应的变化。如果把城市人口增长的变化率和碳排放增长的变化率这两个数字结合起来看，改革开放之前的30年，城市人口增长的变化率与碳排放增长的变化率的比例是1:6.2；而1980~2000年的20年，城市人口增长的变化率与碳排放增长的变化率的比例是1:23.4。如果考虑到2000年之后，中国快速城市化带来的碳排放更快速的增长，那么这种差距会体现得更加明显。

三、中国的能源生产和消费结构使碳排放强度保持一个较高水平

人为的二氧化碳排放主要是由能源消耗引起的。一个国家二氧化碳排放的规模和强度与其能源的生产和消费的结构直接相关。根据测算，人类目前使用的主要化石能源，包括煤炭、石油、天然气，它们的二氧化碳排放系数不尽相同，原煤为26.37（$t\text{-}CO_2/TJ$），焦炭为29.5（$t\text{-}CO_2/TJ$），原油为20.1（$t\text{-}CO_2/TJ$），汽油为18.9（$t\text{-}CO_2/TJ$），柴油为20.2（$t\text{-}CO_2/TJ$），天然气为14.6（$t\text{-}CO_2/TJ$）。

中国的能源生产和消费结构与其能源储藏量高度相关。中国是一个能源资源储量并不算丰富的国家，人均占有量更少。当代世界使用的主要是六大能源，包括煤炭、石油、天然气、水电、核电、新能源，其中，煤炭、石油、天然气，还有核能均属于不可再生资源。我国在这几大能源资源储量中，以煤炭资源和水能最为丰富，也最容易开发利用，也是我国主要能源资源。根据我国多年地质勘探得到的数据，在探明的总资源储量中，煤炭占87.4%、石油占

---

❶ 朱江玲，等. 1850~2008年中国及世界主要国家的碳排放［J］.《北京大学学报》，2010（4）.

第五章　中国碳排放的现状及影响因素

2.8%、天然气占0.3%、水能占9.5%。这表明，我国煤炭资源的储量处于绝对优势，油气资源相对较少。

中国的煤炭资源量约为1.5万亿吨，占全世界的10.1%，在世界排名第三。目前煤炭探明可开采的保有量超过8 230亿吨标准煤，尽管这个数字按人平均并不算高，但其绝对量的优势使得煤炭成为我国重要的基础能源和工业发展原料，在国民经济中居重要的战略地位。因此，目前我国一次能源消费结构中，煤炭约占75%，具体说来，全国75%的能源动力和工业燃料、65%的化工原料、80%的城市居民燃料均由煤炭提供。而且，在我国的一次能源结构中，煤炭将长期成为主要能源，这种格局在21世纪不大可能有根本性的改变。改革开放以来，特别是进入21世纪，我国煤炭工业取得了长足发展，原煤产量跃居世界第一位。因此，煤炭是我国目前或今后很长一段时间的能源支柱。

中国的石油资源相对有限，甚至是相当贫乏。石油地质储量有930亿吨，但目前探明的石油储量为220亿吨，可供工业开采的石油储量仅65亿吨，剩余探明储量33亿吨，占世界的比重为2.3%，人均只有2.7吨，仅为世界平均值的10.9%。

中国的天然气资源总量预测值约为38万亿立方米，目前探明的储量为1.64万亿立方米，探明可采储量0.95万亿立方米，占世界的0.6%，人均仅769立方米。

以上是中国一次能源的状况，在这些一次能源中，煤炭的优势非常突出，并成为中国的主导性能源，石油和天然气的储量不足，不仅关系到我国的能源安全，而且也影响到我国能源结构的质量。

然而，一次能源不管如何，都是不可再生的，用一点就少一点，并且终归是要枯竭的。因此，世界各国都在积极寻求替代能源，调整目前的能源结构。而可选择的出路主要是大力发展可再生能源。我国具有丰富的可再生能源资源。可再生能源资源包括水能、风能、太阳能、生物质能、地热能及海洋潮汐能等。这些可再生能源可以相应地发展水力发电、风力发电和太阳能发电、生物质能发电、地热能发电、海洋潮汐能发电等。从发达国家正在实施的能源发展战略和可再生能源的利用和发展趋势看，它们都将开发利用可再生能源看作是未来能源战略的重点，尤其是水能、风能、太阳能和生物质能发展较为迅速。

从以上中国的能源结构来看，尽管有着可再生能源开发的美好前景，但是，化石能源的主体地位在较长的时间内是无法改变的。因此，我们不仅要立足可再生能源调整我国的能源结构，而且要在不可再生的能源结构上寻找节能和减排的途径。

鉴于中国目前的能源结构，一方面化石能源的消费量占全部能源消费量的90%以上；另一方面煤炭的消费又占化石能源消费的75%，我们可以看出，我国的能源消费带来的碳排放压力非常大。如美国的煤炭消费占全部能源消费的24.6%，日本的煤炭消费占全部能源消费的23.1%，OECD国家的平均煤炭消费占全部能源消费的21.1%。而天然气使用更显出我国与发达国家的差距，我国的天然气消费仅占全部能源消费的2.7%，而美国占24.4%，日本占13.9%，OECD国家的平均占比为23.0%。[1]如此的能源消费结构，特别是化石能源消费结构，决定了我国的碳排放强度相对比较高。1980年，我国1美元的二氧化碳排放为6.734 34千克，美国为0.821 79千克，日本为0.367 8千克，印度为1.474 76千克；2007年，我国1美元的二氧化碳排放为2.221 2千克，美国为0.461 13千克，日本为0.265 35千克，印度为1.439 9千克。[2]以上数据表明，我国的碳排放强度在世界的主要国家中是最大的，尽管我们在改革开放后实现了碳排放强度的大幅下降，但目前的碳排放强度依然是世界最高的，与发达国家的差距还非常明显。

四、中国的产业结构升级缓慢使生产性碳排放总量难以降低

就碳排放的来源来说，主要是从两个方面进行分析，一个是从生产的角度分析碳排放的来源，主要决定于产业结构的性质、能源结构、能源技术水平等因素；另一个是从消费的角度分析碳排放的来源，这主要决定于消费的规模、消费的结构、消费的方式等因素。

从生产的角度分析对碳排放的影响，最为基础的还是产业结构的性质。产业结构是指各产业的构成及各产业之间的联系和比例关系。产业是分工的结果，随经济发展分工越来越发达，产生了越来越多的生产部门。国际上关于产

---

[1] 世界能源统计年鉴[M].(2006).
[2] 徐汉国，杨国安. 绿色转身——中国低碳发展[M]. 北京：中国电力出版社，2010：35-36.

第五章 中国碳排放的现状及影响因素

业分类的方法有很多，如三次产业分类法、标准产业分类法、生产结构分类法以及资源密集度分类法等。目前使用比较普遍的是三次产业分类法，该分类是费希尔和克拉克两位经济学家在20世纪三四十年代提出来的。他们将产业划分为第一产业（农业和采掘业）、第二产业（制造业）和第三产业（服务业）。而且人类社会经济发展的历史所谱写的是一个产业结构升级的历史。人类最早进行的、真正的经济活动是农业，包括畜牧业、种植业和捕鱼业，因此，人类社会最早形成的产业结构是以农业为主导的产业结构。在漫长的原始社会、奴隶社会、封建社会，甚至资本主义发展的早期阶段，农业都是国民经济中的最大产业。自第一次工业革命后，建立在机器基础上的大工业开始迅速地发展起来，由此引起劳动力和资本向工业转移，并且最终在一些先行工业化国家完成了产业结构的第一次转变，即农业在国民经济中的地位被工业所取代，因此，产业结构呈现第二产业处于主导地位的特征，这也被称为产业结构的第一次升级。进入20世纪后，建立在第二产业发展需求基础上的第三产业也出现快速增长的态势，大量的劳动力和资本流向商业和物流、教育和科研、旅游和娱乐、文化艺术、保健以及政府公共服务等第三产业。到了第二次世界大战后，主要资本主义国家又完成了一次产业结构转换或产业结构升级，服务业在国民经济中的比重扩大并成为最大的产业，目前这些国家的第三产业比重都在70%以上。

不同的产业结构，一方面标志着生产力水平的不同；另一方面则代表着不同的碳排放强度。产业结构升级会带来生产力水平的大幅度提高，但是，产业结构升级对碳排放的影响稍微复杂一些，表现在第一次产业结构升级大大提高了人类的碳排放能力，增加了碳排放的强度，而第二次产业结构升级则减少了碳排放的强度。因此，在人类仍然要追求生产力进步的前提下，实现碳减排的目标需要加快产业结构升级，尤其是世界上的绝大多数发展中国家，为达到此目的需要付出更大的努力。

不同产业的碳排放贡献有着比较大的差距。第一产业特别是农业的碳排放强度很小，特别是传统农业对自然循环的影响程度很低，它的碳排放活动也处于一种碳吸收和碳排放的平衡状态。第二产业是人类打破自然界碳平衡状态的开始，而且随着重化工业的发展，人类对碳平衡的破坏能力大大地加强了。第三产业基于自己信息化和知识化的特点，虽然不能像农业那样可以维持自然界的碳平衡，但是相对于第二产业的碳排放还是大幅度地减少了。

中国的产业结构升级过程相对于发达资本主义国家要慢了许多。新中国成立时，中国还是一个标准的农业国，国民经济中农业产值占到全部工农业总产值的70%以上。因此，当毛泽东主席1949年10月1日站在天安门城楼上宣布中国人民从此站立起来之后，我们就开始推动工业化进程，并且以赶超的速度来补上我国工业化落后了的课程。从第一个五年计划开始，我们就把大量资金投入工业建设，工业的增长速度加快，尽管也经历一些曲折，但工业增长的总体态势没有变，到改革开放前夕，我国的三次产业结构比例发生了较大变化，工业在国民经济中的比重超过农业，1978年，我国三次产业结构的比例为28.1∶48.2∶23.7。尽管这一比例还没有说明我国的工业化已经完成，但是，工业在国民经济中的主导地位已经确立，产业结构升级也取得了比较大的进展。改革开放之后，推动产业结构升级依然是一个重要经济课题。由于我国的工业化在进行改革开放时并没有完成，加快工业发展成为改革开放时期经济增长的最大生产动力，因此产业结构变迁呈现出来的是第一产业的比重继续下降，第二产业的比重保持相对稳定，但在三次产业结构中依然处于主导地位，第三产业的比重呈上升的态势。到2011年，我国的三次产业各自占国内生产总值的比重为10.1%、46.8%、43.1%。这意味着，虽然改革开放后的中国产业结构有了一些调整或升级，但相对的调整幅度还不够大，距离产业结构升级的目标还有较大的距离。目前世界发达国家的第三产业比重达到70%以上，中等收入国家的第三产业比重也超过50%。

我国产业结构升级迟缓，特别是第三产业发展相对缓慢，主要利用人口红利的优势发展加工制造业，这一方面为中国赢得了"世界工厂"称号；另一方面却抑制了第三产业的发展，特别是生产型的新型服务业都控制在发达国家的跨国公司手中。不管怎样，我国产业结构的现状，或者产业结构升级的迟缓，不仅使我国经济增长方式转型困难，而且也不利于实现碳减排，特别是对于我们要控制的碳排放总量目标更是一个难题。

五、中国的外贸增长方式为发达国家碳排放转移提供了出路

中国的对外贸易在改革开放后取得了惊人的增长速度，1978年，中国货物进出口总额只有206亿美元，在世界货物贸易中排名第32位，所占比重不

第五章 中国碳排放的现状及影响因素

足1%。2010年,中国货物进出口总额达到29 740亿美元,比1978年增长了143倍,年均增长16.8%。其中,出口总额15 778亿美元,年均增长17.2%;进口总额13 962亿美元,年均增长16.4%。中国出口总额和进口总额占世界货物出口和进口的比重分别提高到10.4%和9.1%。而2012年年底,中国的进出口总额超过美国成为世界第一贸易大国。这种对外贸易的增长为中国经济增长做出了巨大贡献。但是,从另外一个方面来考察,我国的对外贸易增长在二氧化碳排放方面达到了为人做嫁衣的效果。

中国的对外贸易发展从结构上来看,出口商品结构在20世纪80年代主要是劳动密集型的初级加工产品,如来料加工、来样加工、来件装配及补偿贸易的"三来一补"型贸易格局主导了20世纪80年代的外贸发展。进入20世纪90年代,出口产品结构由轻纺产品为主向机电产品为主转变,而进入21世纪,以电子和信息技术为代表的高新技术产品出口比重则不断扩大。尽管由此可以看出我国的出口产品在不断升级,但是出口产品的粗放特征并未根本改变。这种出口产品的特征决定了其生产过程的碳排放强度比较大。这些高碳排放产品在我国生产,最终向国外主要是发达国家出口,这实际上是发达国家将本来由自己生产并进行的碳排放转移到我国。这使得西方主流经济学一直倡导的自由贸易可以实现最大化的机制,在碳排放上遇到了不公平的挑战,发达国家的高消费建立在发展中国家的高产出的基础上,而且这种消费所涉及的产品多是初级和制造业产品,因此,这种高消费又是建立在发展中国家高碳排放基础上的。如果不考虑这种环境成本,那么可能是最大化所有贸易国的所得;而如果考虑这些环境成本,那么这种收益就大打折扣了。出口商品结构的粗放特征,决定了在贸易上要求大量进口以矿产资源为主的原材料。我国目前是全球最大的铁矿石进口国,而且这一"殊荣"早在2003年就获得了。2010年,我国的原油进口超过2亿吨,使原油的对外依存度超过55%。此外,我国还是许多矿石的进口大国。在各产业链条中,初级加工的碳排放都是比较高的,各种矿石进口数量的快速增长,意味着越来越多的矿石加工高碳排放都在我国发生。

中国对外贸易的结构,将大量的二氧化碳排放滞留在我国,这使我国成为世界第一碳排放国多少有些"冤枉"。所以,有人主张对各国碳排放量的测算不能完全从生产的角度考虑,而应该从消费的角度测算各国的碳排放贡献。尽管这可以作为一个技术性选择,但是绝不应该成为我们的出路。我国要实现碳减排的目标,还须从转变经济增长方式的角度去寻找出路。

分析我国碳排放的影响因素,是一个较为复杂的问题,似乎所有的经济活动都可以成为影响碳排放的一个因素。除了以上我们详细分析的五个方面外,还有如消费、技术进步、地区发展不平衡、收入分配差距等,都可以从某个方面影响碳排放的规模和强度。这里不做一一分析。

第六章 世界各国的碳减排行动及启示

人类对气候变化的警觉,把人们的注意力集中在碳排放问题上。而2008年的国际金融危机又使得发达国家把发展战略性新兴产业作为从根本上摆脱危机的途径,在这些战略性新兴产业的背后,我们可以发现它们都具有明显的低碳特征。这种历史性的课题和机遇,让所有国家特别是发达国家都走上了碳减排的道路,并采取不同的碳减排行动。其中,最具有意义的是实现以发展战略性新兴产业推动的工业结构或者经济结构的转型。

第一节 世界各国发展低碳经济的战略选择

随着全球气候变化问题越来越突出,世界各国在联合国的推动下都把应对气候变化,进而把碳减排作为自己的国家行动。为此,各国除了积极参与碳减排的一些国际行动外,还在自己国家内部制定各种发展低碳经济的战略。

一、欧盟的低碳经济战略

欧盟是低碳经济发展的积极倡导者,并把低碳经济看作是新的工业革命。为此,从长远来规划低碳经济发展成为欧盟21世纪的一个重要课题。欧盟首先确立了发展低碳经济的战略目标。承诺到2020年将可再生能源占能源消费总量的比例提高到20%,将煤炭、石油、天然气等一次能源的消费量减少20%,将生物燃料在交通能耗中所占的比例提高到10%。另外,欧盟还承诺到2020年将温室气体排放量在1990年的基础上减少20%,如果其他主要国家采取相似行动则将目标调整到30%,到2050年预期比1990年减排60%~80%。其次把发展低碳技术作为发展低碳经济的战略重点。早在2007年,欧盟委员会就建议欧盟在未来10年增加500亿欧元发展低碳技术。为此，欧盟委员会联合企业界和科学家制订了欧盟发展低碳技术的"路线图"，计划在太阳能、风能、生物质能、二氧化碳的捕获和储存等六个具有发展潜力的领域，研究开发新技术。最后把国际合作和有效政策作为战略实施的保障。发展低碳经济绝不是一个国家甚至一个地区可以单独发展的，因此，欧盟国家利用其在可再生能源和温室气体减排技术等方面的优势，积极推动应对气候变化和温室气体减排的国际合作，力图通过技术转让为欧盟企业进入发展中国家能源环保市场创造条件。此外，欧盟还提出了一揽子低碳经济政策框架，包括：欧盟排放权交易机制修正案、欧盟成员国配套措施任务分配的决定、碳捕获和储存的法律框架、可再生能源指令、汽车二氧化碳排放法规和燃料质量指令六项内容。

二、英国的低碳经济战略

在欧盟国家当中，英国是低碳经济的"领头羊"。早在2003年，英国政府就率先发表能源白皮书——《我们能源的未来：创建低碳经济》。在能源白皮书中，英国首先提出了建设低碳经济和低碳社会的目标，引起了世界的广泛关注。因此，这份能源白皮书也是英国发展低碳经济的宣言书。英国首先确立了发展低碳经济的战略目标。2007年6月，英国公布了《气候变化法案》，其中明确承诺到2020年削减26%~32%的温室气体排放，到2050年实现温室气体排放量降低60%~80%的长远目标。其次提出了发展低碳经济的战略措施，包括制定涉及整个经济领域的碳排放交易制度；大力发展新能源，到2020年可再生能源在能源供应中要占15%的份额；推广新的节能生活方式，在住房方面，英国政府拨款32亿英镑用于住房的节能改造，对那些主动在房屋中安装清洁能源设备的家庭给予补贴，在交通方面，降低新生产汽车的二氧化碳排放标准；向全球推广低碳经济的新模式。最后提出了低碳经济战略实施的保障制度和政策。2008年11月26日，英国议会通过了《气候变化法案》，使英国成为世界上首个以减少温室气体排放和适应气候变化为立法目标的国家，并成立了相应的能源和气候变化部。2009年4月，英国政府宣布将"碳预算"纳入政府预算框架，使之应用于经济社会的各个方面，因此，英国也成为世界上第一个公布"碳预算"的国家。英国政府为更好地实施低碳经济战略，初步构建了以市场为基础,以政府为主导,以全体企业、公共部门和居民为主体的互动体系,走出一条从低碳技术研发推广、政策发挥作用到国民认知的低碳经济发展之路。

三、美国的低碳经济战略

在气候变化问题上,美国的行动相对迟缓,特别是在应对气候变化的国际行动上表现出来的合作精神比较差,如1997年12月11日在日本京都召开的第三次《联合国气候框架公约》缔约方会议通过了《京都议定书》,旨在限制各国温室气体排放,但美国作为缔约国却拒绝签署该协议。不过,美国政府出于国家长远利益和目标,在低碳经济发展方面还是做了大量的工作,并且有一个较为完整的低碳经济发展规划。首先确立的低碳经济发展目标是,到2020年美国碳排放降至2006年的水平、2030年降至1990年的水平的碳排放总量控制目标。其次把新能源作为发展低碳经济的战略重点。奥巴马政府上台不久推出新能源发展战略,并希望成为美国走出经济低谷、维护其在世界经济优势地位的重要战略选择。2009年1月,奥巴马宣布了"美国复兴和再投资计划"。该计划以发展新能源作为投资重点,提高美国新能源产量、提高能源使用效率。2009年2月,奥巴马签署了《美国复苏与再投资法案》,又将发展高效电池、智能电网、碳储存和碳捕获、可再生能源作为重要内容。2009年3月31日,美国众议院能源委员会向国会提出了《2009年美国绿色能源与安全保障法案》,该法案由能源效率、绿色能源、温室气体减排、向低碳经济转型四个部分组成。其中向低碳经济转型的主要内容有:确保美国绿色就业机会和劳动者转型,产业的国际竞争力,出口低碳技术和应对气候变化。该法案构成了美国向低碳经济转型的法律框架。此外,奥巴马政府还提出以发展新能源为核心的"绿色复兴计划",该计划拟用两年时间建设六大领域的绿色基础设施项目,包括:节能建筑、公共运输系统、智能电网、风能、太阳能、第二代生物燃料。最后提出低碳经济发展战略实施的保障,包括建立完备的法律制度,如前面提及的《美国复苏与再投资法案》、《2009年美国绿色能源与安全保障法案》,以及《低碳经济法案》、《美国清洁能源法案》等;提高发展低碳经济的投资力度,如2009年1月,在奥巴马宣布的"美国复兴和再投资计划"中,计划投入1 500亿美元,用3年时间使美国新能源产量增加1倍;而在《美国复苏与再投资法案》中，计划到 2025 年，联邦政府将投资 900 亿美元提高能源使用效率和推动可再生能源发展；引入温室气体排放权配额和交易机制，该机制涉及六个方面的内容，包括排放总量的控制、配额发放、稳定配额交易价格的措施、美国国内和国际低销量、对发展中国家的援助和治理结构。

四、日本的低碳经济战略

日本基于自己的资源特点，一直以来都致力于新能源开发，一度太阳能发电量居于世界第一，在其他的新能源开发方面也处于世界领先地位。日本政府提出，要与过去的经济增长模式诀别，彻底改变工业革命以来的发展模式和经济结构，在世界上率先建成最先进的低碳社会。在这样的愿景之下，日本政府也制定了自己的低碳经济战略。首先确立的低碳经济发展长远目标是，到 2050 年日本将使本国的温室气体排放量比 2008 年减少 60%~80%，并将充分利用能源和环境方面的高新技术，使日本成为世界上第一个"低碳社会"。还有具体目标是，继续发挥日本的太阳能优势，到 2020 年，日本太阳能发电较 2008 年增加 10 倍，到 2030 年增加 40 倍，并重新夺回太阳能发电量世界第一的宝座。其次把发展新能源、节能和绿色经济作为低碳经济战略的重点。2006 年，日本经济产业省编制并发布了以保障日本的能源安全为核心内容的《新国家能源战略》，提出今后 25 年日本的能源发展战略，包括从发展节能技术、降低石油依存度、实施能源消费多样化等方面推进新能源战略；发展太阳能、风能、燃料电池以及植物燃料等可再生能源；推进可再生能源发电等项目的国际合作。在推动节能减排措施方面，实现世界最先进的能源供需结构；全面加强资源外交与能源环境合作；强化应急能力；制定能源技术战略。最后确定实施低碳经济发展战略的一些保障措施，包括构建能源法律体系，如煤炭立法、石油立法、天然气立法、电力立法、能源利用合理化立法、新能源利用立法、原子能立法等；强调政府作用和提高组织能力，突出政府在基础研究中的责任和作用，内阁综合科技会议制定每年的资源分配政策，环境省等政府机构以此进行资金分配；建立官、产、学密切结合的国家研发体系，以便充分发挥各部门科技机构的合理，集中管理，提高技术研发水平和效率；建立"环境模范城市"，如选择一些环境问题比较严重的地方城市，通过多项活动加快这些城市向低碳社会转型。所谓低碳城市，是以低碳经济为发展方向、市民以低碳生活为理念和行为特征、政府公务管理层以低碳社会为建设标本和蓝图的城市模式。

五、韩国的低碳经济战略

韩国作为"二战"后的发展中国家，顺利地跨越"中等收入陷阱"，并成为20世纪60年代的"亚洲四小龙"之一，被称为新兴工业经济体。进入21世纪后，韩国也在积极寻求发展低碳经济的道路。在韩国政府制定的《低碳绿色增长的国家战略》中提出，从2009年到2050年的低碳绿色增长总目标是，大力发展低碳技术产业、强化应对气候变化能力、提高能源自给率和能源福利，全面提升绿色竞争力。

围绕这一总目标，韩国政府确定了实现绿色增长的具体内容，包括：（1）减少能源依赖。韩国政府在2008年8月公布了《国家能源基本计划》，其中提出要提高资源循环率和能源自给率，资源循环率由1995年的5.5%提高到2012年的16.9%，能源自给率由2007年的3%提高到2012年的14%，2015年实现能源自给率超过50%。此外，要降低能源消费中的煤炭和石油比重，从2008年的83%下降到61%，同时扩大太阳能、风能、地热能等新能源和再生能源的比重，从2006年的2%提高到2030年的11%，2050年进一步达到20%以上。（2）提升绿色技术。韩国政府在2009年年初公布了《新增动力前景及发展战略》，其中提出17项新增长动力产业，有6项属于绿色技术，包括新能源和再生能源、低碳能源、污水处理、发光二极管应用、绿色运输系统、高科技绿色城市。（3）提高低碳经济的就业贡献率。韩国政府估算，发展再生能源产业比制造业可以多创造2~3倍的就业岗位。尤其是发展太阳能产业、风能发电业，更是需要8倍于普通产业的就业量。作为环保产业的一部分，韩国政府还将投资3万亿韩元用于扩大森林面积，并以此提供23万个就业岗位。

六、印度的低碳经济战略

印度是一个发展中的大国，自20世纪90年代开始，由于印度推动经济改革，其经济实现了较快增长，进入21世纪，印度被誉为"金砖四国"之一，在世界经济格局中的地位逐步上升。作为发展中国家，印度在《联合国气候变化框架公约》中是享有特殊地位的，如在《京都议定书》中就豁免了中国、印度以及其他发展中国家的减排任务。由于印度的经济结构轻型化，以及软件服务业的发达，其经济增长中的碳排放压力并不算大。基于如此的现实，印度在发展低碳经济方面特别重视《京都议定书》中关于清洁发展机制（CDM）的建立。该机制是《联合国气候变化框架公约》（UNFCCC）规定的发达国家可以在发展中国家投资实施温室气体减排项目，并据此获得所生产的经核证的减排量，以实现其对议定书中所做的承诺义务，与此同时清洁发展机制项目方也能获得额外的资金和技术。印度在《京都议定书》还未生效时，就着手规划清洁发展机制项目，为此还成立了一个管理清洁发展机制项目开发的部门，出台了一系列鼓励、支持企业和中介服务机构发展清洁发展机制项目的政策。

印度于2005年开始重点实施清洁发展机制项目，而且很快形成了许多行业和许多组织都积极参与的态势。在行业方面，从风能、生物质能等可再生能源行业，到传统能源行业技术改造、工业行业流程改造、固体肥料排放，再到建材、钢铁、铁路等行业，乃至边远的农村地区植树造林等。在组织方面，不仅私人企业积极参与，而且大型国有企业也积极参与该机制，政府更是清洁发展机制项目最积极的推动者。首先，印度政府把清洁发展机制项目作为本国实现可持续发展的一项重要内容；其次，为推动清洁发展机制项目发展，建立了一整套自上而下的管理机构和较完善的体制框架，注意加强部门之间和各种机构之间的联系，提高各部门的专业水平，促进私人部门积极参与；最后，在政府及相关部门的积极支持下，清洁发展机制的咨询机构非常活跃，为企业做中介和包装。在印度政府积极的推动下，以及各行业的广泛参与和各种企业的有力支持下，印度的清洁发展机制项目成为发展低碳经济的一大特色，而且效果也十分明显。自《京都议定书》生效3年后，印度已经成为出售温室气体排放权数量最大的国家。

七、拉美的低碳经济战略

拉美国家都属于发展中国家，虽然没有《京都议定书》对其要求的碳减排承诺，但是为适应世界性的低碳经济发展形势，也在从自己的资源和生产特征出发，加紧研究开发生物燃料等石油替代能源。除了乙醇生产大国巴西和阿根廷之外，其他国家如智利、哥伦比亚、哥斯达黎加、厄瓜多尔、牙买加、乌

第六章　世界各国的碳减排行动及启示

拉圭、古巴和秘鲁等拉美和加勒比地区国家已经开始使用或正在研发生物能源。

巴西是拉美国家发展生物燃料的典范,现已成为世界上最大的甘蔗乙醇生产和出口国。巴西生物燃料主要以葵花、蓖麻、大豆和棉花为油料作物的籽,以萝卜、甜菜等植物的根,以及动物脂肪做原料。2010年,巴西发展生物燃料已经给自己带来150亿美元的投资。为了有效地推动生物燃料的发展,巴西政府还专门成立了一个跨部门委员会,由总统府牵头,14个政府部门参加,负责研究和制定有关生物柴油生产与推广的政策与措施。此外,政府还推出了一系列金融支持政策,比如,国家经济社会开发银行推出了各种信贷优惠政策,为生物柴油企业提供融资。巴西中央银行设立了专门信贷资金,用以支持小农庄种植发展生物燃料的原料。

拉美国家在实施清洁发展机制方面也走在了世界的前列。目前,拉美温室气体减排项目主要集中于墨西哥和巴西等经济大国,巴西还是第一个建立碳交易的发展中国家。

八、非洲低碳经济发展的起步

非洲是世界各大洲经济相对落后的地区。虽然该地区还没有在发展低碳经济方面有着明确的规划,但在联合国的推动下,非洲一些国家也在发展低碳经济方面做出了一些努力。2006年11月,时任联合国秘书长科菲·安南发起了内罗毕框架,旨在支持未充分开发地区申请《京都议定书》下的清洁发展机制项目。为了促进非洲在清洁发展机制项目上有所成就,内罗毕框架的合作伙伴——联合国开发计划署、联合国环境规划署、《联合国气候变化框架公约》秘书处、国际排放交易协会和世界银行于2008年在塞内加尔举办了首届非洲碳论坛。2010年3月,第二届非洲碳论坛在肯尼亚首都内罗毕举行。来自非洲53个国家负责能源和环境的官员以及联合国有关机构的专家代表约1 000人就如何使《京都议定书》确定的清洁发展机制在非洲获得支持,以及如何促进非洲低碳经济发展和可持续发展等议题展开广泛讨论。论坛达成了一些基本的共识,包括:(1)非洲国家应该高度重视森林碳汇交易在温室气体减排方面所发挥的巨大作用。(2)清洁发展机制可以帮助非洲国家实现可持续发展。(3)推动以碳交易的形式促使发达国家加大对发展中国家的清洁能源投资。

第二节 世界各国进行低碳技术创新的行动

低碳技术是以实现低碳经济为目标而开发利用的技术，主要有清洁能源技术、节能减排技术和去碳技术。其中，清洁能源技术是对化石能源的替代，如风能、太阳能、潮汐能、核能等开发利用的技术。节能减排技术是为了提高化石燃料等能源的使用效率，尽可能降低碳排放的技术，如高效发光发热技术、高效节能建筑技术、高效电网传输技术、交通节能减排技术。去碳技术是以降低大气中碳含量为目的的技术，如二氧化碳零排放化石燃料发电技术、碳回收与储存技术。低碳技术是发展低碳经济的关键性因素，因此，各国在发展低碳经济方面都把开发利用低碳技术作为重点。

一、日本的低碳技术创新

日本的低碳技术在世界上是领先的。这主要是因为日本的资源特点决定了它对节能技术有着更迫切的需求。

（一）日本已有的低碳技术创新优势

在低碳技术创新中，日本有两大优势。一是节能技术方面的优势。日本是一个资源相对稀缺的国家。它长期所处的世界第二大经济体地位与其国内资源不足之间有着比较深的矛盾，在能源方面表现得尤为突出。自20世纪70年代日本经历了石油危机之后，它的节能意识被大大地调动起来，举国上下把推进节能技术开发作为头等大事，从而使得日本在能源效率方面取得了让世界羡慕的成绩。如日本在1980~2008年大约30年的时间里，其能源效率提高了38%。在2005年，世界主要国家单位国内生产总值能耗，平均值为3，日本为1，欧盟区域主要国家为1.9，美国为2，韩国为3.2，印度为6.1，中国为8.7。其他具体指标也能够反映出日本在能源效率方面的优势，如在火力发电领域，每获得1千瓦电力的能源指数日本是100，德国是110，美国是117，中国为129。在水泥生产领域，日本的能源指数为100，欧盟主要国家为130，美国为177，中国为150。在钢铁生产领域，每制造1吨钢的能源指数，日本为100，欧盟为110，美国为118，中国为120。二是政府对技术创新的强有力推

第六章　世界各国的碳减排行动及启示

动。日本政府在技术创新方面表现出的作用是积极的，为此，制订了明确的中长期技术创新战略和具体的技术研发路线图。在低碳技术的研发上，政府和产业界不断地加大对低碳技术的创新投入，而且，在政府的主导下形成了一条十分有效的"产官学"一体化的创新体系和创新成果推广应用的途径。

（二）日本立足低碳技术创新的新领域

日本政府为了更好地实现发展低碳经济的目标，把进一步推动低碳技术创新作为一项重要战略任务来抓。因为日本政府认识到为了实现碳减排的长远目标，现有的节能减排技术，也就是在20世纪70年代以来开发的节能技术已经难以满足需求。根据日本能源专家的研究测算，日本现有的节能技术对实现2050年温室气体排放量减半的目标只能贡献38%，剩余的62%必须通过低碳技术的创新和应用来实现。因此，日本政府立足未来，把研究开发的重点放在领导世界的先进技术领域，并确保日本在低碳技术领域的领先地位。

2007年，日本制定了"新国家能源技术战略"，计划在2030年之前，使日本的能源效率在2007年基础上进一步提高30%。为此，日本政府制订了"节能先行者计划"、"节能技术战略指导纲要"、"节能投资与市场评价机制指南"。在"新国家能源技术战略"中，日本政府确立了最有前途的五项低碳技术，包括：超燃烧系统技术、跨时空能源利用技术、节能型信息生活空间创造技术、先进型交通社会的构建技术、新一代节能元器件技术。以这五项技术为重点，日本政府在税收优惠、政策与资金扶持等方面对其给予大力支持，同时积极推进跨行业以及横跨研究领域的协同创新。

1. 超燃烧系统技术。该项技术主要集中在钢铁、有色金属、石油化工等化石能源的消费大、碳排放高的行业。具体通过技术创新开发实现"革新型生产制造系统"、"反应控制型燃烧"、"热物质再生燃烧"、"程序复合型燃烧"等"超燃烧系统技术"，使燃烧效率达到最大化，生成的热能达到极限。借此实现上述行业能源利用的高效化，并减少二氧化碳排放。

2. 超时空能源利用技术。该项技术是将能源按"热能源"、"电气能源"、"化学能源"的三种形态，来开发能源的回收、储藏和运输的新技术。通过这项技术最大限度地减少目前从事生产制造的产业部门与日常生活消费部门之间由于能源使用的时间差异、场所差异、能源的质和量的差距所造成的能源浪费。

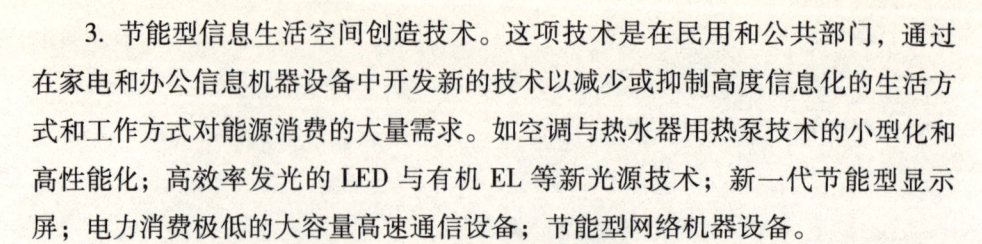

3. 节能型信息生活空间创造技术。这项技术是在民用和公共部门，通过在家电和办公信息机器设备中开发新的技术以减少或抑制高度信息化的生活方式和工作方式对能源消费的大量需求。如空调与热水器用热泵技术的小型化和高性能化；高效率发光的 LED 与有机 EL 等新光源技术；新一代节能型显示屏；电力消费极低的大容量高速通信设备；节能型网络机器设备。

4. 低碳型交通社会构建技术。该项技术实质是一种汽车自动化技术。目前，家用汽车和货运汽车的能源消费量在日本的整个运输部门的能源消费中占80%，要建设节能型交通社会，汽车自动化是一个重要途径。日本要在价格和技术两个方面推进电动汽车、燃料电池汽车、混合能源汽车等汽车自动化的技术开发，同时开发汽车内燃机的低燃费化技术；此外，还要开发车辆间通信技术和交通控制系统等 ITS 高度化技术，以便实现推进汽车利用形态的高度化，减少能源的消费量。

5. 新一代节能半导体元器件技术。该项技术是在节能效果非常大的 SiC 器件技术、GaN 器件技术、钻石器件技术等功率器件方面开发的技术。在日本，信息家电以及生产制造业和交通工具运输等领域应用广泛的半导体器件所消费的电力非常大，因此节能潜力也相当大。通过以上技术的开发，使日本引领世界半导体器件发展的未来方向。

为了落实这五大领域的技术创新，日本政府还制订了具体的低碳技术创新重点以及开发路线图。

(三) 日本实现低碳社会的技术创新重点

2008 年，日本经济产业省制订了"环境能源技术创新计划"。该计划实际上是日本实现低碳社会的技术战略。在这一计划下，日本经济产业省按照三个标准，即有助于世界大幅度减排二氧化碳、实现日本在世界上的技术领先、应用新的原理进行材料革新和制造工艺革新，组织专家对相关的 250 项技术进行分类整理以及综合评价分析，最终选定了 21 项技术，也称"创新技术 21"，作为日本低碳技术创新的重点。

日本的能源工程研究院还对这 21 项技术的前景做了分析，得出的结论是，这 21 项创新技术对世界二氧化碳减排贡献 60%。这些技术包括：电子能源领域的高效率天然气火力发电技术、高效率煤炭火力发电技术、二氧化碳回收与储藏技术、革新型太阳能发电技术、先进型核电技术、超电导高效率送电技

第六章　世界各国的碳减排行动及启示

术；交通运输领域的高度道路交通系统、燃料电池汽车技术、插电式混合动力汽车技术、生物质运输用代替燃料制造技术；产业领域的革新型材料的制造加工技术、革新型炼铁工艺；民用领域的节能型住宅与办公楼、新一代高效率照明技术、安置用（固定型）燃料电池技术、超高效率热泵技术、节能型信息机器及其系统、住宅能源管理系统和办公楼能源管理系统、地区级能源管理系统技术；跨部门的横向技术领域的高性能电力储藏技术、功率电子技术、氢的制造、运输与储藏技术。

（四）日本开发低碳技术的路线图

在进行上述21项低碳技术的具体研发方面，日本采取了阶段性推进的战略，包括中短期（2008～2030年）技术战略和长期（2030～2050年）技术战略。

在中短期技术战略下，日本政府一方面要利用现有的可以实现温室气体减排效果的技术，进一步提高现有技术的效率，降低成本；另一方面要积极开发低碳技术，即可以大幅度削减二氧化碳排放的技术。低碳技术开发路线图由4个部分组成，第一部分是"技术现状"，主要分析世界各国以及日本在该技术领域的技术开发现状和竞争能力；第二部分是"技术开发路线图"，详细地列出该项技术今后具体开发的目标和技术指标以及实现该目标的具体时期；第三部分是"技术效果"，主要列出应用该项技术可以实现怎样的减排效果；第四部分是"技术开发与普及"，主要列出开发与应用的组织体系，以及市场化的具体方法。

在长期技术战略下，日本将最终开发出能够实现二氧化碳（或温室气体）零排放的低碳技术。这意味着日本政府将通过长期创新战略，开发出完全不依靠于化石资源的大规模能源系统，如宇宙太阳能发电和核融合技术等。目前日本已经着手开发可实现温室气体零排放的低碳技术的基础研究，并争取到2030年前后开始实施商用化。这方面的主要研究包括有：第三代太阳能电池、氢制造与运输储藏、氢还原制造钢铁等。

二、欧盟的低碳技术创新

欧盟在发展低碳经济方面有着比较好的理念创新和政策创新，不过，在技术创新方面稍落后于日本。欧盟是最早启动低碳经济或绿色经济发展，而且对发展低碳经济或绿色经济也有着比较先进和深刻的认识的共同体。虽然在低碳技术方面落后于日本，但是欧盟表现出来的奋起直追的势头还是让人看到了希望。

在低碳技术创新方面，欧盟承认自己自20世纪80年代以来，各成员国的政府科研机构和企业界对能源技术研究的预算都大幅度减少，对能源技术的研发能力及科研基础设施的投资处于长期不足的状态。此外，欧盟各国的技术创新能源也有较大差别，同是欧盟成员，德国和波兰之间的低碳技术创新能力就有着天壤之别。这种技术创新资源的分散性特点，使得欧盟的政策目标虽远大宏伟，但概念性、框架性的计划过多，而像日本那样的针对性强、目标明确、研发与商用化的具体战略比较少。在这样的背景下，欧盟开始协调内部的行动，整合内部的资源，制定出有效的低碳技术创新战略。

目前，欧盟委员会已经意识到向低碳经济转型需要花费数十年的时间，经济转型几乎涉及所有的经济与产业领域，为了保证欧盟在应对气候变化的同时经济持续增长，并且保持在低碳经济领域的国际竞争力，未来的一段时间是具有决定性的关键时期。为此，欧盟制定了有针对性的政策促进低碳技术创新，并且加快低碳技术在欧盟区域的普及步伐，从而使欧盟的相关产业和重要部门拥有低碳技术的竞争优势。

（一）低碳技术创新的取向与挑战

欧盟对与低碳经济相关的科学技术研究主要涉及三个方面：一是有关气候变化及其影响的研究；二是有关如何减缓气候变化的研究；三是有关气候友好型技术的创新。为此，欧盟在2000～2006年间，共投资了20亿欧元用于这三方面的研究。2007～2013年，也即欧洲第7次研究框架期间，进一步投资90亿欧元，用于环境研究、能源研究、运输研究、宇宙与地球环境安全检测研究。为了推动低碳技术创新成果的实际应用，欧盟采取了"技术推进"与"市场拉动"相结合的政策手法。所谓"市场拉动"，就是创造低碳技术的市场需求。这被认为是低碳技术创新的重要支撑。欧盟的排放权交易系统对欧盟区域内12 000个能源集约型设施的二氧化碳排放量进行管制。这推动了能源集约型设施的低碳技术应用，从而产生了对低碳技术的需求。此外，欧盟推出了"绿色认证制度"以及对可再生能源的财政补贴制度来促成对低碳技术的市场需求。

第六章 世界各国的碳减排行动及启示

不过，欧盟也认识到，要实现欧洲未来的碳减排目标，也面临着一系列的挑战。对此，欧盟具体归纳了14项技术上的重要挑战：制订替代化石燃料的第二代生物燃料方案，同时确保化石燃料生产的可持续性；通过行业示范推广使用二氧化碳回收、运输和储藏技术；使最大的风力涡轮发电机的发电量翻一番；建立大规模光电和集中太阳能商业发电的示范项目；使欧盟智能电网能够吸纳可再生能源和分散能源产生的大规模电力；将建筑、运输和工业部门的高效能源转换和最终使用设备与系统推向市场；保持在裂变技术以及长期废弃物管理解决方案上的竞争力；提高新型可再生能源技术的市场竞争力；在能源存储技术的成本收益上有所突破；开发技术和创造条件使氢燃料电池汽车能够商品化；为新型裂变反应堆可持续发展示范项目做好准备；建设ITER聚变发电厂，确保各行业尽早参与示范项目的准备工作；制订发展跨欧洲能源网络和其他有助于未来发展低碳经济的系统性方案；在能源效率研究中有所突破，如材料、纳米科学、信息与通信技术、生物科学和计算领域。

（二）低碳技术开发战略

2007年1月欧盟委员会向欧盟理事会和欧洲议会提出制订统一的欧洲战略能源技术计划的设想。在得到欧盟理事会和欧洲议会肯定的前提下，欧盟委员会又在广泛征询各方意见基础上，于2007年11月正式向欧盟理事会和欧洲议会提出《欧洲战略能源技术计划》。该计划从战略规划、组织体系、有效实施以及资源整合等方面具体地展现了欧盟的低碳技术创新战略。其中，在组织体系上，为了保证欧盟全体成员行动的一致性，动员欧盟区域的研究人员和各个产业部门投入低碳创新中来。2008年年初，欧盟委员会成立"战略能源技术指导委员会"，负责整合并且聚集欧盟成员国的科研机构和产业界的创新资源，并且具体指导"欧洲战略能源技术计划"的实施工作。在实施计划上，为了具体推进低碳技术的创新与产业化，欧盟在2008年启动了6个行动计划，并且成立"欧洲能源研究联盟"，联合欧洲能源研究院共同推进这些计划的实施。这6个行动计划包括：欧洲风力计划、欧洲太阳能计划、欧洲生物质能源计划、欧洲二氧化碳回收与储藏技术、欧洲电网计划、可持续核裂变计划。

（三）英国和德国的低碳技术创新

英国和德国是引领欧盟低碳技术创新的两个典型国家。英国为促进低碳技术的创新在2008年4月设立了总预算为12亿英镑的"环境变革基金"。而为了实现到 2050 年使二氧化碳削减 60% 的目标，英国政府投入 6 亿英镑设立了由政府和产业界联合运作的"能源技术研究所"。该研究所的主要研究方向是进行运输部门的低碳技术的研发，并且负责将研发的成果进行产业化。2008 年，英国政府还制订了一个旨在降低政府部门计算机系统排放量的碳足迹计划。因为在英国的信息通信部门的计算机每年的二氧化碳排放量大约为 46 万吨，这一排放量与航空部门的排放量相当，在英国的二氧化碳排放总量中占约 20% 的比例。英国政府制订的计划是，在 2009～2013 年的 4 年时间里实现信息通信技术的能源消费的"碳中和"。

德国政府也为了发展低碳技术加大了投资的力度，在 2008 年对可再生能源技术的研发投入比 2007 年增加了 50%，共资助了 170 个研发项目，资助资金大约 1.5 亿欧元。资助的重点是太阳能发电和风力发电。此外，德国环境部计划在 2009～2030 年，对可再生能源进行 60 亿～80 亿欧元的投资，目的是使可再生能源在发电量中所占的比例由 2008 年的 15% 上升到 2030 年的 50%。

三、美国的低碳技术创新

奥巴马在就任美国总统后不久的国会演讲中提到，为了真正地实现经济的变革，从气候变化的破坏中挽救地球，必须使绿色、可再生能源变成可以产生利益的能源。也将要求国会合作制定基于市场的碳管制，也就是设立温室气体排放权的交易市场，并且通过促进可再生能源生产的法案。为了支持创新，美国政府每年将向风力发电、太阳能发电、生物质燃料、清洁煤、环保车的研发投资 150 亿美元。

美国在低碳技术创新上的理念与欧盟有所区别。欧盟的低碳技术创新的最核心概念是"气候变化，能源供应安全与竞争力"，也就是把减排作为首要的目标。而美国一直以来，尤其是布什总统时期的能源技术的核心概念是"保障能源供应安全，降低能源成本，促进清洁能源发展，同时降低温室气体的排放量"，也就是能源安全第一，应对气候变化只是次要的目标。

美国的低碳技术创新可以分为两个时期，前一个时期是共和党布什政府执行的低碳技术创新政策，后一个时期是民主党奥巴马政府实施的低碳技术创新政策。

在布什总统时期，美国政府推出的气候变化技术方案体现了 6 大战略目

第六章 世界各国的碳减排行动及启示

标。第一，提高能源效率并减少基础设施的排放量。二氧化碳排放与交通运输、居民与商业建筑、工业的能源使用密切相关。通过发展低碳技术可以提高这些部门的能源效率并减少温室气体排放。此外，通过建设先进而完备的输电与配电基础设施可以带来减少二氧化碳排放的双重效应，一是通过提高输配电系统的本身效率可以直接减少能源使用和二氧化碳排放；二是通过节约电力减少发电供给进而间接减少二氧化碳排放。第二，减少能源供应端的排放量。从能源供应的角度看二氧化碳排放主要是化石燃料，如煤炭、石油和天然气燃烧的结果。向低碳经济过渡需要有多种能源供应技术，这些技术应该以低排放为特征。为此，布什政府将用于供暖、发电和交通运输的便携式、可存储能源载体的研发和应用作为一个重点加以发展。第三，碳回收和储藏技术。化石燃料在21世纪还将成为全球能源生产和消费中的主体。通过技术革新把现有化石燃料的燃烧低碳排放化，是未来仍需面对的技术挑战。其中，通过技术开发实现对二氧化碳回收，并安全可靠地储藏起来，是在无法改变化石燃料使用状况下实现低碳或无碳排放的重要技术选择。第四，减少非二氧化碳温室气体的排放量。人们在应对气候变化时虽特别关注二氧化碳排放，但属于对环境和生态具有破坏作用的气体不止二氧化碳，其他如甲烷（CH_4）、氧化亚氮（N_2O）、氯氟烃（CFCS）和臭氧（O_3）等，也具有温室气体的效应。因此，在减排方面也需要关注这些气体的减排问题。第五，提高监测温室气体排放的能力。温室气体排放具有监控难和外部性强的特点。而实现一个国家或世界性的碳减排所需要的协作行动，必须提高监测温室气体排放的准确率，这也可以说是碳减排行动的一个前提。第六，促进基础科学对技术发展的贡献。目前低碳技术尚处于研发阶段，远没有达到发展低碳经济所要求的水平，因此，低碳技术的基础研究还需要许多突破。因此，还需要从长远着手，加强基础科学的研究。

为了更好地落实应对气候变化技术方案涉及的六大战略目标，布什政府还重点扶持了一些低碳技术研发项目。包括：（1）生产制造程序的节能技术。2008年10月，美国能源部决定向钢铁等能源集约型产业提供为期3年、总额为2 600万美元资金用以促进能源效率改良工业程序的技术开发。（2）太阳能发电技术。美国能源部在2008年10月对新一代太阳能发电技术开发投资了1 760万美元。该投资的根据是布什总统的"太阳美国自主计划"，该计划要在2015年使太阳能在价格上具备与传统电力相竞争的能力，实现美国能源的多元化目标。(3) 生物质能源技术。2008年10月，美国能源部和农业部共同发表了"美国生物质燃料国家行动计划"，该计划是响应布什总统在2007年年末提倡的要在未来10年使汽油的消费量削减20%的目标，为了协调联邦政府相关部门与机构共同促进生物质燃料产业的发展而制定的。美国的生物质国家行动计划包括：生物质燃料生产的国家标准、原料的研究开发，生物质燃料运输的基础设施，乙醇与汽油混合的技术等。(4) 二氧化碳回收储藏技术。美国能源部在2008年7月，针对15项有关二氧化碳回收与储藏技术的研究开发项目提供3 600万美元，如膜分离法、融酶法、吸着剂、氧燃烧法。(5) 替代燃料汽车技术。2009年1月，美国能源部为锂离子电池的材料研发与制造、热电加热/换气与空调、空气力学大型卡车挂车三个领域的6项替代燃料汽车技术的研发项目提供了1 500万美元的资金，以期提高插电式混合动力电动汽车的电池性能、降低电池的成本、提高电池材料性能、开发新的制造工序。

在奥巴马执政时期，美国延续了布什政府的低碳技术创新政策，并做了重大的调整。首先，奥巴马作为民主党候选人赢得总统选举后，贯彻了民主党对发展低碳技术的认识。2009年3月，民主党智库"美国进步中心"发表了一份报告——《迎接美国的能源挑战与机遇：促进美国能源创新的初步政策建议》。该报告奠定了奥巴马政府低碳技术创新的政策基础。报告评估了美国的低碳技术现状，认为美国在全球日益增长的太阳能、风能等能源技术市场上失去了竞争优势。不过，2008年的金融危机提供了一个机会，即向新型能源经济转型的机会。如果能够抓住这一机会，它既会创造就业，也会重新树立美国在全球清洁能源技术市场上的领导地位。此外，该报告还认为，能源供应和最终使用的技术是导致气候、环境问题的主要原因。解决气候变化问题是人类文明在21世纪面临的重大挑战。低碳技术创新是有效化解这一挑战的先决条件。

奥巴马总统对开发与推广先进能源技术给予高度重视。正如他所讲的，我的任期将标志着美国在引领全球迎接气候变化上揭开新篇章，在迎接挑战的过程中加强能源安全，创造数百万个就业机会。这一切将从联邦总量控制与排放交易体制开始。我们将制订严格的年度目标，最终实现到2020年将温室气体排放量降至1990年的水平，到2050年再减少80%。此外，政府每年将投资150亿美元刺激私营部门为发展清洁能源进行技术创新。我们将投资太阳能、风能和新一代生物燃料。我们将开发更安全的核能，以及开发清洁煤技术。

第六章 世界各国的碳减排行动及启示

奥巴马政府的低碳技术创新还有一个重要特点,就是政府积极参与低碳技术的示范项目,以便帮助技术穿越"死亡之谷"。所谓"死亡之谷"是指处于从发明到技术开发与推广对私营部门变得具有足够吸引力,并愿意进行大规模投资生产的这段时间。事实上,几乎所有的国家都认识到发展低碳经济和进行低碳技术创新具有的重要意义,但是在具体实施时,总会遇到各种各样的阻力。而形成这些阻力的关键就是开发低碳技术到底能否获得期望的收益。低碳技术创新首先具有一般技术发展所具有的生命周期,即起步阶段、成长阶段、成熟阶段、衰退阶段,在起步阶段的技术创新是很难获得收益的,因此一项技术创新必须保证要跨过起步阶段。因此,低碳技术创新要尽快跨越起步阶段,有效的政府投入具有非常积极的意义。更为重要的是,低碳技术具有的正外部性更为突出,这使得政府支持低碳技术创新的意义就更为明显了。因此,美国科学办公室成立了一系列能源研究中心,重点集中于取得实质性突破并在解决重大能源问题上效果明显的领域。特别是在基础能源科学研究方面,政府给予的支持更大。此外,针对美国在私人部门开展低碳技术研发方面的相对落后局面,奥巴马政府也给予更多的关注和支持。

第三节 世界各国进行低碳产业创新的行动

低碳产业是在产业结构升级链条中的最新选择。低碳产业的创新又是一个逐步推进的过程。初期阶段的低碳产业创新是在碳排放管制下的选择,或者碳排放的管制导致了低碳产业的诞生。而碳排放的管制政策又产生了对低碳技术及其商品与服务的市场需求,随着这种市场需求的扩大,它将取代碳排放管制成为促进低碳产业创新的动力。并且,这种低碳产业创新不仅仅是一国管制和市场需求的产物,而且会激发国际上的竞争,从而形成一种世界性创新潮流。

一、低碳产业创新的动力机制

政策推动和市场拉动是低碳产业创新的主要动力。如果说政策作用是一只看得见的手,那么市场拉动就是一只看不见的手。

（一）看得见的手对低碳产业发展的推动作用

看得见的手在低碳产业发展上的表现主要有：政府管制、政府扶持和政府的经济刺激政策。具体来说，通过碳排放总量控制与排放权交易以及征收碳税等强有力的管制措施可以加大化石燃料集约型产业的竞争成本，进而抑制这些产业的发展；通过税收减免，财政补贴，以及固定价格收购等扶持政策可以降低可再生能源以及节能型产业的竞争成本，从而支持这些产业的发展；通过确立低碳型的国际标准和市场准入规则限制化石燃料集约型产业的发展，保护和提高低碳产业的国际竞争力。

在政府管制方面，欧盟进行了先行的尝试。欧盟为应对气候变化率先实行二氧化碳排放总量管制与排放权交易的制度，对欧盟范围内的12 000家能源集约型设施的二氧化碳排放量进行管制。为了适应欧盟的管制，产业界和企业界通过创新加大对节能减排技术的投入，这就促成了产业创新而且产生了对节能减排技术和服务的市场需求。

在政府扶持方面，欧盟也走在世界前面。欧盟最早对利用可再生能源的企业实施减税和退税的优惠措施，并且采取"固定价格收购"的制度支持可再生能源的发展。例如，太阳能和风能等可再生能源的二氧化碳排放几乎为零。但是，在价格方面，这些可再生能源利用无法与化石能源竞争，如果任凭市场这只看不见的手去引导，可再生能源的发展会处于极为不利的局面，因此，需要这只看得见的手来扶持可再生能源的开发利用。政府不但要出台扶持政策，而且还要进行投入，形成一种"政府主导的产业，政府主导的市场，政府主导的就业"格局。如德国通过实行"固定价格收购"制度支持太阳光发电产业，从日本手中夺得了"太阳光发电世界第一"的宝座。同时，德国的太阳光发电产业为大约6万人创造了就业机会。而整个欧洲在过去的10年间，通过可再生能源的发展创造了40万个就业机会。

在政府的经济刺激政策方面，美国运用的比较典型。奥巴马就任美国总统后为刺激美国因金融危机而衰退的经济，制订了总额高达7 870亿美元的经济刺激计划，其中有10%将用于绿色能源的投资。奥巴马政府还承诺在未来的10年里进一步投资1 500亿美元建设新能源社会，并会创造500万个就业机会，而且到2025年之前要把可再生能源在电力中所占的比例提高到25%。这因此被称为奥巴马的"绿色新政"。

第六章　世界各国的碳减排行动及启示

(二) 看不见的手对低碳产业发展的拉动作用

如前所述，低碳产业创新是在碳排放管制的情况下开始启动的，而这种管制又唤起了市场对低碳技术及其商品与服务的需求，到一定阶段后，市场需求将取代碳排放管制成为促进低碳产业创新的主要动力。就市场需求来看，在促进低碳产业发展方面有着不可替代的作用。

化石燃料是导致二氧化碳排放的主要因素，减少化石燃料的使用自然就成为实现碳减排的重要途径。但是，由于化石燃料在能源使用中的比例太大，而对其替代的速度又难以在短期内快速提高，因此，化石燃料还将在未来的较长时间被大量使用。一方面化石燃料的碳排放强度大；另一方面碳减排又无法折扣，这催生了对化石燃料低碳化的巨大需求。如清洁煤技术及产业的发展已显现出越来越广泛的前景。清洁煤技术包括两部分，一部分是煤炭液化复合发电和超超临界微粉碳火力发电；另一部分是二氧化碳的回收与储藏技术。在煤炭液化复合发电的产业化方面，欧美和日本之间的竞争优势可以说是并驾齐驱。而在国际应对气候变化的大背景下，欧美和日本在加快煤炭液化复合发电产业化的同时，开始在全球市场展开煤炭液化复合发电市场的激烈竞争。在二氧化碳回收和储藏技术的商业化方面，按照国际能源组织预测，到 2050 年要使二氧化碳的排放量减少一半，其中有 20% 的减排必须由二氧化碳回收和储藏产业来实现。2009 年 3 月，美国可再生能源的调查咨询公司 EER 发表的一项调查报告称，对欧美和日本等发达国家来说，2009 年是探索二氧化碳回收与储藏技术商业化的关键性一年。目前，以欧盟、美国、加拿大和澳大利亚为主，在世界上有大约 120 个二氧化碳回收与储藏的试验项目的实施中，为此投入的资金已经达到 250 亿美元。2009 年，美国和欧盟都把发展二氧化碳回收与储藏项目作为经济刺激政策的一环加以推进，同时也把它当成国家能源政策的一个关键技术，在应对碳减排管制的同时又要满足对化石燃料发电的庞大需求，因此，化石燃料低碳化是发展和维持化石燃料发电的一个有力手段，对二氧化碳回收与储藏的投资进一步增多。按预期，该行业在 2015 年后可以顺利地发展起来。

可再生能源是实现碳减排的最有前途的产业。按照美国绿色能源调查公司 Clean Edge 在 2008 年发表调查报告所提供的数据，太阳能、风能、生物质能等可再生能源的市场规模在未来的 10 年将扩大 10 倍，由 2007 年的 773 亿美元扩大到2017年的7 500多亿美元。如德国的可再生能源产业已经创造了25万个就业机会，该产业的销售额也达到了250亿欧元。在德国的最终能源需求中，可再生能源所占的比重达到8.6%，在发电量中所占的比例高达15%。美国西部的9个州在发展可再生能源方面已创造出了比较大的市场需求。如2010年可再生能源在俄勒冈州的电力供应中所占的比例达到了25%，加州、科罗拉多州、新墨西哥州和内华达州的可再生能源的比重也提高到了20%。

低碳产业的市场化发展是建立在这些产业的利益空间大小基础上，随着低碳技术的发展，以及低碳经济的扩张，低碳产业或项目的开发和投资成本不断下降，相应地，社会对低碳产品和服务的需求不断提高，因此，该产业的利润率也会提高。目前，一个初见端倪的低碳产业开始显现，其潜在的市场需求将逐渐扩大，因此会拉动低碳产业进入发展的快车道。

二、低碳产业创新的主要方向

低碳产业的前景广阔，涉及产业众多。从能源的供给和需求两个角度看，低碳产业主要由四大领域构成，即化石燃料低碳化领域、可再生能源领域、能源的效率化与低碳化消费领域、低碳型服务领域。具体地讲，化石燃料低碳化领域包括二氧化碳回收与储藏、清洁煤与煤气复合发电、煤气液化燃料以及煤炭甲烷等；可再生能源领域包括太阳光发电与太阳能热发电、风力发电、生物质发电、地热发电、海洋温差发电以及氢燃料电池等；能源的效率化与低碳化消费领域包括能源的传输与储存，如智能电网、长距离直流送电、冰蓄热、燃料电池以及能源的低碳消费，如汽车节能、家电节能与绿色IT、住宅节能与办公节能以及绿色物流等；低碳型服务领域包括碳排放权交易服务、清洁发展机制咨询服务、绿色金融服务、企业碳管理的咨询服务、碳足迹与碳抵消的商品与服务等。

（一）化石燃料低碳化的产业取向

化石燃料的完全替代将是一个很漫长的过程，目前，在全世界的一次能源供给结构中所占的比重高达87.9%，即便技术创新会使可再生能源的比重上升，那在未来的一个世纪里仍难改变化石燃料在能源供给结构的主导地位。为了应对气候变化的碳减排重点，还需立足于化石燃料使用的低碳化。化石燃料低碳化的主要方向，一个是清洁煤技术；另一个是二氧化碳回收与储藏。煤炭清洁技术主要包括两个部分，一是煤炭液化复合发电；二是超超临界微粉碳火力发电，通过这两项技术可以提高煤炭的发电效能。这是二氧化碳回收与储藏在一些发达国家进行碳减排的现实选择。如欧盟规定，到2020年，新建设的火力发电站必须配套建立二氧化碳回收储藏设施。此项措施的前景非常好，据估计，附带二氧化碳回收储藏系统的火力发电站与没有附带这一系统的火力发电站相比，碳排放可以减少80%～90%。二氧化碳回收就是将它分离出来。理论上的分离方法有三种，第一种是利用溶液吸收的化学吸收法；第二种是利用固体吸收的物理吸收法；第三种是膜分离法。而在大规模分离回收方面达到商用水平的只有化学吸收法。日本三菱重工和关西电力公司共同开发的化学吸收法系统实现了世界上最高等级的二氧化碳回收效率。二氧化碳储藏是回收后的进一步处理，欧洲的企业在这方面走在了前面，如挪威早在1996年就开始进行二氧化碳的地下储藏试验并且积累了相当多的经验，已经成功地将二氧化碳储藏在地下。

（二）可再生能源的产业取向

可再生能源的产业化是低碳经济的长远目标，也是其主要努力的方向。从目前发展的态势来看，以下产业已显露出较大的前景。

1. 太阳光发电产业。太阳光发电是指利用太阳电池发电。它的最大优点是发电时二氧化碳的排放量为零，而且没有噪音，无论是在屋顶还是在沙漠里都可以设置太阳电池。太阳电池这一产业现已受到世界的瞩目，其前景有可能超过液晶和半导体成为一个巨大的新兴产业。

2. 太阳热发电产业。太阳热发电是指发电时用反射镜把太阳的直射光转换为热能，以高热产生的蒸汽推动蒸汽涡轮机运转的发电方式。美国在该领域拥有世界领先的产业优势。不过，该技术比较容易普及，现在发展中国家也已兴起，如中国正在太阳热发电方面飞速发展。

3. 风力发电产业。风力发电现较为普及，欧洲国家更是在该领域不仅历史悠久，而且优势明显。德国是世界上最大的风力发电设备的生产国。而全球的风力发电产业结构中，欧洲企业占有"半壁江山"。2008年，全球的风力发电市场规模达到了400亿美元，相当于太阳光发电的2倍以上。风力发电还有一个特点就是产业涉及较广，大型风力发电机组所需的主机和齿轮轴承等零部件多达1 800个以上。生产一台500万美元的大型风力发电机组可创造出40个就业机会。

4. 生物质能源产业。生物质能源有两种，一种是可以替代汽油的生物质乙醇燃料；另一种是可以替代汽油的生物质柴油燃料。第一代生物质乙醇燃料主要是以甘蔗、玉米、小麦、大米为原料提炼生产的。这种燃料虽然减排效果比较明显，但对粮食生产和消费的影响比较大。因此，第二代生物质燃料是该产业发展关键。第二代生物质燃料的主要特点是选用藻类和麻风树等多年生植物组为原料，这样可以避免因使用粮食而形成的与人类食用粮食的竞争。

5. 氢能源产业。氢气是地球上无限存在的一种气体。氢气的燃烧不会产生二氧化碳，所以是一种清洁能源。氢气的获取途径很多，但目前世界上使用的氢气大多是利用天然气等化石燃料制造的。氢气的用途首先是用于制造燃料电池汽车，当氢气补给站和氢气输送网等基础设施建成后，还可以用于家庭用燃料电池和企事业单位的燃料电池热电联供系统。在发展氢能源产业方面，欧美有着竞争优势，日本也拥有一些先进技术，发达国家都在积极推动氢能源的发展，因为这是一个更为广阔的低碳能源领域。

（三）能源的效率化和低碳化消费的产业取向

这属于低碳能源需求引起的低碳产业，主要包括智能电网、环保车与行走式智能电网、可再生能源专用的蓄电池产业、绿色楼宇产业。

1. 智能电网。智能电网是指信息通信网络和电网融合在一起双向控制电力供应的系统，该系统可以使消费者与可再生能源等的信息相结合，从而构筑高可靠性、高效率、高质量的供电系统。美国是智能电网的最早发起者，最初是为了应对美国东北部地区大规模停电事故而构想出来的。奥巴马总统在经济刺激计划中为智能电网的研发和建设拨款100亿美元，其中45亿美元投到智能电网的研发和试验中。对智能电网的投资在2009年为美国创造出15万个就业机会。欧洲也在积极开拓智能电网的商业领域，提出了连接欧洲和北非以及中东地区的"超级智能电网计划"。日本在2008年开始进行代号为"TIPS"的智能电网试验，并且提出利用高温超导直流电缆建设可再生能源电网的构想。

2. 环保车与行走式智能电网。欧盟和美国对汽车尾气排放的管制以及"脱化石燃料"的竞争成为发展环保车的动力。在奥巴马总统的经济刺激计划中，专门为普及环保车提供了250亿美元的预算。据美国能源部调查公司预

第六章　世界各国的碳减排行动及启示

测,全球环保车计划中,混合动力车的市场在2008年后的12年将增长23倍,即从2008年的48万辆增加到1 128万辆。"行走式智能电网(V2G)"是以环保车为媒介形成的一种智能电网。停车时选择风力、太阳能,或是一般电力进行蓄电。而蓄电的富裕部分还可以出售给电力公司。在这个计划中,美国、德国、日本都是积极的开发者,并且都在推动其产业化进程。

3. 可再生能源专用的蓄电池产业。太阳能发电和风力发电虽然有零排放和无限循环的优点,但也有一个致命的弱点,即基于太阳光和风力不稳定而造成利用它们发电的大幅波动。因此,蓄电池技术就显得非常关键。这种蓄电池技术就是把太阳光发电和风力发电所产生的电能先储蓄到蓄电池,然后再输入电力公司的电网中。随着可再生能源开发规模的增加,可再生能源在能源供给中比例的扩大,蓄电池技术的产业化被非常迫切地提到日程上来。例如,欧盟研究总局十分关注可再生能源用的大规模蓄电池的开发和商用,并将加大投资实施一些大规模的研究试验项目。日本的大规模蓄电池研究也走在前面,日本NGK公司在日本青森县建设了世界上第一个配套蓄电池的风力发电站。

4. 绿色楼宇产业。绿色楼宇就是从设计到建筑施工的所有环节都考虑环境负荷,尽可能地减少环境负荷的建筑项目。绿色楼宇建设的减排效果潜力巨大,据美国能源部的报告称,美国电力消费的71%,温室气体的30%是由建筑物产生的。为了应对气候变暖,提高能源效率,减少环境负荷,必须推进"绿色楼宇"产业,包括开发对环境负荷小的涂料、建筑材料等。美国正在进行"绿色楼宇认证",取得认证的建筑比一般的建筑可以节能30%~50%。2007年,美国绿色楼宇的市场规模是120亿美元,而到2015年将达到420亿美元。

(四) 低碳型服务的产业取向

在低碳型服务的碳排放权交易、碳足迹与碳抵消等领域,也孕育着比较大的发展低碳产业的潜力。世界各国也在这些方面努力寻求突破并形成有序的碳交易体系。

1. 碳排放权交易及相关服务。碳排放交易是在联合国气候变化的框架协议中确定了的一种碳减排机制。尽管这种交易排放权以及交易规范都面临着不少难题,但是在市场机制的主导下,这种交易还是被人们接受并正在探索其有效运行的机制。碳排放权交易的相关服务主要有四大内容,即排放权交易服务、排放权的使用、项目开发、咨询调查服务。排放权交易服务本身又有着非常复杂的内容，包括排放权的转卖、排放权中介、排放权信托、碳基金、排放权衍生物、排放权交易的法律支援、排放权交易的会计支援等服务。排放权的使用有碳足迹与碳抵消及碳抵消服务。项目开发服务中包括 CDM/JI 计划的开发和 CDM/JI 咨询。咨询调查服务包括获得排放权的咨询、信息服务与技术说明会等。

2. 碳足迹与碳抵消商品与服务。要进行碳减排必须知道人们的日常生活或企业的活动所排放的二氧化碳的量有多少，由此提出了"碳足迹"的概念。所谓"碳足迹"是指企事业单位的经营活动或者人们的日常生活中所排放的二氧化碳的量。碳抵消是与碳足迹相配合的一个概念。所谓碳抵消是指通过购买排放权等外部的碳信用额度来抵消企事业的经营活动或是个人的日常生活中所排放的二氧化碳。碳足迹和碳抵消属于一个新兴服务行业。如英国、日本等发达国家都在联合国相关协议的基础上探索碳排放权交易所必需的支持体系。

第四节　世界各国碳减排行动对我们的启示

在气候变化越来越受到关注的情况下，世界各国特别是发达国家都在为应对气候变化进行着各种各样的尝试。减少碳排放、发展低碳经济无疑是世界各国能够认识到的最为关键性的行动。由于碳排放是传统经济发展的一个重要副产品，或者说传统的经济增长就是建立在高碳排放的基础上的。所以，进行碳减排也就不可避免地要面对一种选择，即是通过放慢经济增长的速度来减少碳排放，还是通过转变经济增长方式来进行碳减排。从理论上来说，人们会不假思索地选择后者，但从现实来看，这样做并不简单。因为转变经济增长方式是要具备一定条件的，而这些条件并不是所有国家都具备的。就目前的情况来看，发达国家在实现碳减排方面有着较大的积极性，这不仅因为它们有着发展低碳经济和进行碳减排的条件和优势，而且它们对环境的要求也远远地高于落后的国家。以上我们对世界各国的碳减排行动所做的介绍和分析，可以清晰地看到一点，即绝大多数有建设性的碳减排行动，都发生在发达国家。当然，并不能因此认为，碳减排只是发达国家的事情，对于发展中国家来说，现在还没

第六章　世界各国的碳减排行动及启示

有感到碳减排的紧迫性,甚至还需要运用传统的增长方式来发展自己的经济。

在全球化程度越来越加深的背景下,任何一个国家都不可能关起门来发展自己的经济。世界各国的经济已经高度联系在一起,只要想在未来继续发展自己的经济,就必须参与到世界经济的大格局下,并且适应世界经济发展的环境。我国作为一个最大的发展中国家,改革开放经济高速增长又强力地推动着中国经济地位的上升,目前已是世界第二大经济体。因此,在未来世界经济低碳化趋势越来越明朗的情况下,适应世界的节奏,加快碳减排行动,是我们无法回避的选择。对于发达国家的碳减排行动必须给予更多的关注,从发达国家中寻找可以为我们提供借鉴的思路与对策,无疑可以降低我们实施碳减排的成本。

从发达国家的碳减排行动来看,至少可以提供以下几点启示。

一、制定适合本国国情的低碳经济战略

发达国家在发展低碳经济和进行碳减排的过程中,都有一个明确的低碳经济战略。不仅确立了自己的中长期的碳减排目标,而且制订了实现这些目标的重点、步骤和政策措施。我国要发展自己的低碳经济也要制定一个低碳战略。当然,我们需要清醒的一点是,我国的低碳经济战略不能照搬发达国家的模式,而要根据自己的国情来制定我们的低碳经济战略。如在碳减排目标上,我们当然不能像发达国家那样做到大幅度的减排。因为面对中国 13 亿人追求高水平生活的愿望,以及我国已经形成的发展路径,大幅度地进行碳减排很可能会葬送我们已经取得的经济成就。因为我们的国家太大了,经济的惯性非常强,如果快速地改变发展的轨迹,那么就有可能产生倾覆的风险。在 2009 年的哥本哈根世界气候大会上,我国承诺到 2020 年实现碳排放强度降低 40%～45%。这里说的是碳排放强度,而不是碳排放总量。因此,这一承诺是在没有放弃我们的发展权前提下的碳减排承诺,是符合我国现实诉求的。但即使实现这样一个承诺,对于我们来说也是一个很大的挑战。我们必须进行科学的规划,选择战略重点和实施步骤,以及采取一些有效的保障措施。如果要确定我国进行碳减排的重点,那么鉴于我国经济结构的性质,调整工业结构,实现工业的碳减排应该是我国发展低碳经济的重点。

二、开发自己具有优势的低碳技术

世界各国为减少二氧化碳排放都十分重视低碳技术的开发。从减少碳排放的角度看，低碳技术包括节能技术、新能源技术、碳回收与储藏技术。在这各类技术中，又有许多的具体技术形式。发达国家是目前引领低碳技术发展的主要创新者。如上所述，欧盟、美国、日本都在各自国家进行有序的低碳技术开发，并且已有较大的进步。发展中国家由于自身技术和经济的条件，在低碳技术开发方面落在了后面。这传递了一个不太好的信息，因为未来的经济形态将是低碳经济，而低碳经济的发展必须建立在低碳技术发展的基础上，如果发展中国家不能在低碳技术上有所作为，并且尽量缩小与发达国家的差距，那么在未来经济格局中，发展中国家的地位将更为堪忧。

我国现已成为一个经济大国，虽然并没有因此摆脱发展中国家的地位，但是，我们已经有一定的经济实力参与国际的竞争，包括在低碳技术方面的竞争，我们也是有资格参与的。不过，我们在开发低碳技术方面也需要发挥我们的比较优势，形成有竞争力的低碳技术体系。在我国现有能源生产和消费结构中，一次能源的使用比例还比较高，而在一次能源中煤炭的使用比例更高，这意味着我们在节能技术方面有着巨大的需求，当然也具有巨大的利益空间。从我国的新能源现状来看，属于新能源的可再生能源资源丰富，包括太阳能、风能、生物质能，都有着巨大的开发潜力。因此，在发展新能源技术方面我们有比较好的供给基础，这可以成为我国发展新能源技术的动力。在能源消费的形式方面，我国巨大的人口规模以及不断提高的生活水平，一方面意味着这是一个巨大的能源消费需求，另一方面也表明从技术上改变我们的消费方式具有非常大的节能效果。基于以上的这些特点，我国在低碳技术方面应该着眼于这样一些低碳技术的开发，如清洁煤技术；太阳能、风能和生物质能开发利用技术；交通建筑节能技术等。

三、形成有利于经济转型和低碳发展的产业结构

发达国家积极探索发展低碳经济的路径。这意味着人类社会的一个新的经济形态已初露端倪，谁能够在发展低碳经济方面走在前面，谁就很可能会引领世界未来的经济。当然，这样的前景并不是发达国家的专利。从一个新的角度

第六章 世界各国的碳减排行动及启示

看,这也许为世界各国在未来的竞争中提供了一个相对平等的竞争机会。我国作为一个最大的发展中国家,又是一个经济大国,在这种新的机会面前更应该有所作为。不过,也应该看到,我国的国情决定了我们在发展低碳经济方面也有着许多特殊的方面。

我国之所以成为世界第二大经济体但仍属于发展中国家,主要是由我们的经济结构决定的。从产业结构上来看,我国的产业结构升级水平还比较低,许多指标都没有达到世界的平均水平。因此,我国在发展低碳经济的同时,还面临着要完成工业化的任务。也就是说,我们要在同一个时期实现两个阶段上的目标,一个是要完成工业化,另一个是要发展低碳经济。这对我们的产业结构升级提出了新的要求。也就是要毕其功于一役,或者说要在产业结构升级过程中,一方面可以促进工业化的实现;另一方面也要有利于低碳经济的发展。为此,我们必须走一条新型工业化的道路。借此不仅可以实现工业化,而且通过发展一些战略性新兴产业也可以推动低碳经济的发展。

第七章 中国实现碳减排的工业结构调整战略

中国在改革开放后的经济快速增长同时引起碳排放的迅速增加。现在，中国已成为世界第二大经济体，碳排放总量也上升为世界第一。在气候变化对碳减排的要求越来越紧迫的形势下，中国作为一个碳排放大国，也是一个负责任的大国，当然要为实现碳减排做出我们自己的贡献。不过，中国虽然在经济规模上成为世界第二，但是从发展水平来看依然属于发展中国家。因此，中国的碳减排任务更为艰巨，因为我们还不能放弃以经济发展来实现碳减排的目标。中国在哥本哈根气候大会上所做的承诺就体现出我们在保证发展权前提下对碳减排的最大贡献。温家宝总理代表中国政府向大会做出到 2020 年实现碳排放强度降低 40%~45% 的承诺，实际上已为我国争取到了一定的发展权力。但要实现这一目标必须满足一个前提，就是实现发展模式转变和产业结构调整。根据我国碳排放的特点，以碳减排为目标的产业结构调整，关键在于工业结构的调整。因此，制定围绕碳减排的工业结构调整战略就显得十分重要。

第一节 中国发展低碳经济的战略

一、中国发展低碳经济的目标

低碳经济是未来经济发展的新形态，因此，也是未来各国寻求国际地位的经济基础。发达国家在发展低碳经济方面已经有所规划，也有所行动。这对于发展中国家来说又是一个新的挑战。如果发展中国家不能融入低碳经济发展的潮流中，那么很可能在下一轮的世界经济竞争中又被落在后面，由此会导致与发达国家的差距更大。中国不仅是一个发展中国家，而且还是一个世界性大

第七章 中国实现碳减排的工业结构调整战略

国,其经济规模已经上升至世界第二。这样一种地位决定了中国一定不能再在发展低碳经济方面落后,否则,我们目前取得的与发达国家快速缩小的差距会进一步扩大。因此,我国必须把发展低碳经济作为一个重要的战略进行规划。如果作为一个战略,那么首要的就是确定明确而可行的目标。

制订我国发展低碳经济的目标,这并不是一个简单的事情。我们需要从不同的角度去考量这一目标的前瞻性和适应性。这一目标一定是要有利于把我国建设成为资源节约型和环境友好型社会,也一定是与我国经济可持续增长相适应的目标。2009年3月3日,中国科学院发布的《2009年中国可持续发展战略报告》中提出了中国发展低碳经济的战略目标,即到2020年,单位GDP能耗比2005年降低40%~60%,单位二氧化碳排放比2005年降低50%左右。2009年12月7日~18日,《联合国气候变化框架公约》缔约方第15次会议暨《京都议定书》缔约方第5次会议在丹麦哥本哈根举行。中国政府在会上向世界承诺到2020年将单位国民生产总值二氧化碳排放比2005年降低40%~50%。

之所以确定这样一个发展低碳经济的目标,是因为我们不能照搬发达国家的能源消费模式和节能发展道路,而必须从我国的实际出发,探索适合我国国情的发展低碳经济的道路。我们把碳减排的目标确定为降低单位GDP的二氧化碳排放量,而不是碳排放的总量,这是为了适应我国工业化还没有最终完成的国情。当然,我们也不是为了发展而回避责任,作为世界第二大经济体,而且很可能在未来上升为世界第一大经济体,如果能够将我国单位GDP的二氧化碳排放降低40%~50%,这对于整个世界的碳减排将是一个重大的贡献。因此,我们确定的低碳经济发展目标是可以兼顾发展和减排的一个合理而科学的目标。

二、中国发展低碳经济的重点

发展低碳经济,实现碳减排,涉及一个联动的系统协调。人类的碳排放主要来源于化石能源的消耗,因此,降低人类的碳减排,首先需要改变能源消费结构和提高化石能源的使用效率。改变能源消费结构主要是减少化石能源的使用,增加可再生能源的使用;提高化石能源使用效率则主要是实现能源使用的技术创新。其次还需要采取碳捕获、碳储存等技术将排放的二氧化碳回收以实现碳减排。如何减少化石能源消费和增加可再生能源使用以及提高化石能源的使用效率，这涉及的因素更为复杂。减少化石能源的消费涉及经济增长的速度、产业结构升级的水平、人们生活方式的改变；增加可再生能源的使用涉及开发和利用可再生能源的成本高低，这又与可再生能源开发和利用的技术创新水平有关；提高化石能源使用的效率涉及一系列化石能源使用技术的创新。如何捕获已排放的二氧化碳，这也涉及一系列的技术创新。此外，这些围绕碳减排的能源结构调整、能源技术创新以及碳汇技术创新还必须有一系列的制度保障和政策支持，诸如碳金融制度、碳税政策、碳减排补贴政策等。

尽管实现碳减排涉及的因素如此复杂，但这无疑是未来人类社会经济发展的方向。不过，这样一个低碳经济未来是不可能在较短的时间内实现的。发达国家都在积极探索发展低碳经济的有效途径，我国虽然还属于发展中国家，但是在新的历史起点上，我们也具备了发展低碳经济的条件。当然，我们所具备的条件与发达国家的不同，甚至与其他发展中国家也不同。因此，在选择发展低碳经济发展战略的重点时，也不能忘记我们的国情。低碳经济尽管代表着人类的未来，但是各国基于自己的国情，可能选择的发展道路一定不会相同。

我国虽然在过去的30多年里，由于改革开放，经济实现了持续高速增长，但是工业化任务还没有最终完成，人们的生活水平还不算很高，因此我们的发展任务还很艰巨。从理想的角度讲，我们可以把实现经济持续增长与发展低碳经济结合起来，或者能够通过发展低碳经济实现经济的可持续增长。但这样的途径对于我国来说，还只是一个努力的方向，并不能成为现实。比较可行的一个选择是，我们在保持经济可持续增长的前提下，尽量减少碳排放，并向低碳经济发展方向努力。为此，我们应该选择低碳技术作为低碳经济战略的重点，因为低碳技术不仅是发展低碳经济的关键，而且也是未来经济增长的重要动力。

中国在应对气候变化、减少资源消耗、走低碳发展的道路上，最大的障碍是我们的整体科技水平比较落后。联合国政府间气候变化专门委员会（IPCC）指出，在解决未来温室气体减排的气候变化问题上，技术进步是最重要的决定因素，其作用超过其他所有驱动因素的总和。因此，我国发展低碳经济应该调动政府和企业的积极性，不断促进各个领域高能效、低排放技术的研发和推广。

低碳技术涉及的领域非常广泛，包括电力、交通、建筑、冶金、化工、石

第七章　中国实现碳减排的工业结构调整战略

化等部门以及在可再生能源及新能源、煤的清洁高效利用、油气资源和煤层气的勘探开发、二氧化碳捕获和封存等领域都是低碳技术大有可为的领域。我国政府制订的《中国应对气候变化国家方案》，明确提出要依靠科技进步和科技创新应对气候变化。发挥科技进步在减缓和适应气候变化中的先导性和基础性作用，促进各种技术的发展以及加快科技创新和技术进步的步伐，将先进适用技术开发和推广作为温室气体减排的重点领域。根据该方案，我们在发展低碳技术方面应重点推广以下先进科学技术。

1. 煤的清洁高效开发和利用技术。我国煤炭使用的比例较大，为煤清洁技术提供广阔的发展舞台。其中重点研究开发煤炭高效开采技术及配套装备、重型燃气轮机、整体煤气化联合循环、高参数超临界机组、超临界大型循环流化床等高效发电技术与装备，开发和应用液化及多联产技术，大力开发煤液化以及煤气化、煤化工等转化技术、以煤气化为基础的多联产系统技术、二氧化碳捕获及利用、封存技术等。

2. 油气资源勘探开发利用技术。在这个领域将重点开发复杂断块与岩性地层油气勘探技术，低品位油气资源高效开发技术、提高采收率技术，深层油气资源勘探开发技术，重点研究开发深海油气勘探技术以及提高油田采收率综合技术。

3. 核电技术。核电尽管有一定的风险，但在可控条件下又是一个具有巨大潜力的清洁能源。因此，对核电技术的研发并提高其安全性是低碳技术发展的一个重要方向。核电技术应主要集中在研究并掌握块堆设计及核心技术，相关核燃料和结构材料技术，突破钠循环等关键技术，积极参与国际热核聚变实验反应堆的建设和研究上。

4. 可再生能源技术。在这个领域重点研究低成本规模化开发利用技术，开发大型风力发电设备，高性价比太阳光伏电池及利用技术，太阳能热发电技术，太阳能建筑一体化技术，生物质能和地热能等开发利用技术。

5. 输配电和电网安全技术。在这个领域重点研究开发大容量远距离直流输电技术和特高压交流输电技术与装备，间歇式电源并网及输配技术，电能质量监测与控制技术，大规模互联电网的安全保障技术，西电东送工程中的重大关键技术，电网调度自动化技术，高效配电和供电管理信息技术和系统。

三、中国发展低碳技术的保障

发展低碳技术对中国实现低碳经济战略具有关键性作用，但要实现低碳技术创新又有许多困难。我国作为一个发展中国家寻求一条有效推动中国低碳技术发展道路，必须利用好技术引进机制。

目前，我国与发达国家在技术上的差距还比较明显。在全球应对气候变化、发展低碳经济的过程中，大规模、高效率的国际低碳技术转让已经成为《联合国气候变化框架公约》（简称《框架公约》）的一项内容。在《框架公约》中强调技术开发与转让非常必要也十分迫切，并逐步形成了一个技术转移机制。《框架公约》第4.5款规定："附件二所列的发达国家缔约方和其他发达缔约方应采取一切可行的步骤，向其他缔约方特别是发展中国家缔约方转让或使他们有机会得到对环境有益技术和专有技术，以使他们能够履行本公约的各项规定。"第4.7款进一步提出，发展中国家能在多大程度上有效履行其在《框架公约》下的承诺，将取决于发达国家缔约方对其在《框架公约》下所承担的有关资金和技术转让的承诺的有效履行情况。在具体转让的实施上，《框架公约》提倡技术转让不仅限于提供硬件，还包括共享知识以及适合当地状况的技术的综合性进程；在技术学习过程中，加强发展中国家和发达国家之间联合研发对于提高低碳技术具体领域的研发能力非常必要，发展中国家之间也可以开展联合研发。

不过，《框架公约》生效后，发达国家并没有严格履行自己的义务。因为发达国家将低碳技术视为未来国家竞争力的重要组成部分，因此缺乏对发展中国家进行技术转让的政治意愿。技术转让的一个重要进展是在2001年第7次缔约方大会达成的"马拉喀什协定"中形成了一个技术转让行动框架，并设立了一个由缔约方提名的专家组成的技术转让专家小组。"马拉喀什协定"提出的技术行动框架，主要是为了增加和改善对环境有益技术的转让和获取，从而为增强执行《框架公约》第4.5款采取有效行动。2007年第13次缔约方大会达成的《巴厘行动计划》，又将技术与减缓、适应和资金一起列为2012年后国际气候变化制度的四个要素，要求进一步加强技术开发和转让以支持减缓和适应行动。它明确指出扩大向发展中国家缔约方的技术转让规模必须有可测量的、可报告的和可核证的行动：（1）采取有效的机制和手段，进一步消除

第七章　中国实现碳减排的工业结构调整战略

开发技术和向发展中国家缔约方转让技术的障碍，并提供资金和其他激励办法，以获取低成本的对环境有益的技术。（2）寻求有效部署、推广和转让低成本的对环境有益技术的方法。（3）合作研究和开发当前技术、新技术和创新技术。（4）制订具有部门技术合作和提供工具的有效性机制。此外，在《京都议定书》中制订了一个清洁发展机制，按照该机制，具有减排义务的发达国家可向没有减排义务的发展中国家提供资金和技术，以支持具有减少温室气体排放效应的项目，并购买因此产生的减排额度。通过合作，发达国家可以完成自己的减排目标，而发展中国家也可以获得清洁发展的资金和技术。

像中国这样一个发展中的大国，把发展低碳技术寄托于这种技术转让机制，显然是不切实际的。我们必须建立自己的低碳技术创新体系，以发展我国的低碳技术。中国要构建低碳技术自主创新体系，需要充分利用我们具有的有利条件：（1）要充分利用各研究机构、大学的人才优势，积极进行低碳技术的理论研究。（2）要充分利用市场的驱动力量来刺激研究活动的开展。中国作为一个大国，其市场规模广阔，能够形成科学研究的大规模需求，也能更好地分摊研究成本。（3）中国政府提出的可持续发展战略，使低碳技术的研究和开发具有良好的政策法制环境。

充分地利用这些有利条件，并且把低碳经济与国家发展战略结合起来，构建一个具有可行且可操作的低碳技术创新体系是很有前途的。不过，适当的保障措施对于这一创新体系的形成非常关键。

第一，着力推动政府职能转变，增加财政扶持力度。政府应做好在低碳技术方面有创新要求的企业的有力推手，在资金上给予支持，在税收上提供优惠，在政策上予以支持。同时，还要充当好中介，把企业与高校等科研机构联系起来，并积极争取国内外支持。如此可以为企业加快低碳技术自主创新的步伐注入动力，并为企业加快获得核心低碳技术提供经费支撑和制度保障。

第二，加快有关低碳技术的法制建设，为低碳经济发展提供制度保障。在当今世界的发展格局中，传统的增长道路已快走到尽头。掌握低碳技术成为企业获得核心竞争力的重要手段，政府在法制层面上的保障无疑给自主创新企业提供了一把保护伞，这使得那些愿意进行技术创新的企业可以获得较高的利润，从而使它们获得一种强大的利益激励。

第三，发挥税收政策的引导作用，对低碳技术创新给予一定税收优惠。低碳技术对于产业转型有着重大的意义，我们可以参照发达国家的经验实施碳税，对那些碳排放大户要收取碳税，而对那些碳减排效果较好的企业则给予税收优惠和返还。

第四，综合运用多种财政支出方式，逐步形成节能环保和可持续发展的多元化资金投入机制。低碳技术的发展不仅是企业自身发展的需要，也是我国转变经济发展方式的保证。因此，要动员企业、政府、国家等社会力量投资资金，进行低碳技术的自主创新和研发。

第二节 中国工业结构调整的碳减排潜力

一、中国工业结构的特征及对碳排放的影响

(一) 中国工业结构的特征

从前面对中国工业结构的变迁梳理中可以看出，中国工业结构的特殊经历形成了自己的一些特殊方面：

1. 工业结构的重型化

中国工业化道路的真正开启是在新中国成立以后。中华人民共和国在成立之初还是一个典型的农业国家，农业总产值在工农业总产值占比高达70%以上。因此，新中国的领导人在寻求民族经济独立道路时，自然就把工业化作为唯一的选择。工业化是从农业社会向工业社会过渡的一个过程。其发展的自然经历表现为先轻工业、后重工业、再信息化的演进。先行工业化国家基本上是按照这个演进过程发展的。我国的工业化则是先天不足。尽管中国古代有相对发达的经济和先进的技术，但是我们却没有赶上工业化的"头班车"，从而失去了最早发生工业革命的机会。近代以后，我国更是陷入了深重的民族灾难，内忧外患接连不断，启动工业化的进程一拖再拖。新中国成立以后，中国工业化才真正走上正途。然而，已经延误了的工业化进程使得我们推进的工业化不能重复发达国家工业化的道路。我们想尽快实现工业化，因此就选择了一种迎头赶上的策略，采取一个重工业优先发展的战略。我们尽量调动一切资源用于重工业发展，使重工业的发展速度远远高于轻工业的发展速度。如此形成了我

第七章　中国实现碳减排的工业结构调整战略

国工业结构重型化的特征。但这种工业化的持续，势必给我们较弱的国力带来极大的压力，因此，经济结构出现失衡。但几十年的社会主义经济建设历史表现出来的一个基本趋势是，当经济结构出现严重失调时，我们会采取一些措施加以调整，但一旦经济恢复正常，工业结构的重型化特征又会出现。对我国工业结构的这种重型化发展。尽管不能用一个简单的结论评价它对我国经济发展影响如何，但有一点是可以肯定的，就是这种重型化的工业结构带来了碳排放的快速增长。

2. 能源工业的高碳化

工业的碳排放取决于能源消耗结构，具体来说，能源消费中的化石能源比重大，一定会引起较多的碳排放。能源消费结构又是以能源工业为基础的。中国能源工业的一个最大的特点是煤炭工业一枝独秀。我国是世界上最大的煤炭生产国和消费国，煤炭占一次能源生产和消费结构的比重达70%左右，比国际平均水平高出40%。我国的煤炭比重过大，而水电、核电、新能源所占的比重较小，石油、天然气短缺。因此，富煤、少气、缺油是中国能源生产和消费结构重要特征，而且在工业化、城镇化和现代化进程中，这种结构在短期内难以改变。由于煤炭大量消耗，不仅使电煤资源和运输的瓶颈矛盾突出，而且也加大了环境保护的承载压力。目前，在全国烟尘和二氧化碳排放量中，因煤炭燃烧而产生的就分别占70%和90%。

3. 制造业的低端化

新中国成立以来不断加快的工业化进程，使我国工业化取得了不小成就。尽管我们的经济在改革开放之前多有曲折，但是在实现工业化方面还是取得了巨大成绩。改革开放之后，由于我们重新确立了以经济建设为中心的基本路线，不仅经济增长的速度加快了，而且工业化的步伐也随之进一步加快。经过短短20多年的发展，我们就扭转了产品短缺的经济状态，变成了"世界加工厂"，并成为一个世界制造业大国。中国制造产品更是呈现横扫世界市场的态势。但是，分析中国制造业的结构，会发现我们的制造多处于产业链的最低端，也就是所谓"微笑曲线"的底部。这不仅使我们在规模庞大的制造业中只能获得极低的利润，而且我们为制造这些产品消耗了大量原材料，进而引致原材料工业快速增长。这些原材料工业大多属于高排放、高污染的行业，因此，同样给气候、环境带来较大的压力。

(二) 中国工业结构的碳排放效应

中国工业结构的重型化、能源工业的高碳化和制造业的低端化，都指向一个结果，就是中国工业结构的碳排放增长过快。

按照发达国家和新兴工业化国家的发展经验，一个国家在其工业化的中后期一定会呈现工业结构重型化的趋势。我国新一轮的重工业化趋势始于20世纪90年代中后期，到"十五"末期，规模以上工业企业中，重工业产值占工业总产值的比重已经接近70%，工业重型化趋势显著。"十一五"时期以来，重工业产值占工业总产值的比重有所波动但依然维持在70%以上。此外，在制造业中，还表现为重制造业比重上升显著。按照联合国工业发展组织对制造业的轻、重划分的标准，轻制造业有食品、饮料、烟草、纺织、服装、皮革、木材和木材制品；重制造业有纸张和纸制品、工业化学品、其他化学产品、石油炼制品、各种石油产品和煤制品、非金属矿制成品、贱金属、金属制品、机器和设备等。以此标准，我国"十一五"时期以来工业中重制造业比重呈现上升趋势，重制造业的增长速度明显高于轻制造业的增长速度。

自20世纪90年代中后期以来，我国工业结构就出现了显著的重化工业化趋势。这虽然符合工业化发展的规律，但是，我国重化工业化的途径有着明显的粗放型和外延式特点，因此，资源消耗高，环境影响大的问题随着重化工业占工业比重上升而不断恶化。一方面重化工业中相当多的落后产能使得我国工业生产的能源效率较低。重化工业的一个主要特点就是生产过程需要大量的能源资源投入，是所有产业中能耗最高的产业。"十一五"期间，煤炭、天然气、电力和液体燃料四大类主要能源产品用于工业的比例有所提高，冶金、化工、石化是消耗能源最多的工业部门。这些行业虽然有相当一部分是生产工艺水平先进的产能，一定程度上起到了降低能耗的作用，但同时也存在数量众多的落后产能，这是导致我国工业能源效率整体提高不快的主要原因。另一方面重化工业粗放型的普遍化使得环境状况严重恶化。从重化工业的生产特点看，其对非清洁能源有着较大的依赖性，这造成重化工业生产过程不可避免地产生大量污染物。"十一五"以来，虽然我国积极推动环保行业发展，包括技术改进，但是重化工业增长与环境污染之间的显著相关性没有改变，重化工业发展带来的高碳排放以及由此引起的气候变化和环境破坏越来越严重。

重化工业不仅发展较快，而且还引起了较为严重的产能过剩问题，由此导

第七章 中国实现碳减排的工业结构调整战略

致的碳排放和环境问题更是一种扭曲。随着新一轮重化工业发展进程加快，重化工业中的重复投资和过度竞争所导致的产能过剩问题也变得更加突出。当前，许多重化工业行业的过剩产能中往往还伴随着相当部分的落后产能。据统计，炼铁、炼钢、电解铝、焦炭、水泥、化纤等18个产能过剩行业中落后产能的比例达到15%~25%。其中，炼铁行业中400立方米以下的高炉还有1亿吨，占炼铁能力的20%；水泥行业中落后的小水泥产能有5亿吨，占水泥产能的20%。这些落后产能进一步加大了重化工业的碳排放总量，并对资源和环境造成极大的压力。

二、中国工业结构调整及碳减排潜力

(一) 工业内部结构调整的规律

正像产业结构调整遵循一定的规律一样，工业结构内部的调整也具有一定规律。首先，轻重工业比例变化呈现出的规律。1931年德国经济学家W. C. 霍夫曼在《工业化的阶段和类型》一书中使用了近20个国家的工业结构变迁的时间序列数据，重点分析了制造业中消费资料工业和资本资料工业的比例关系，即"霍夫曼系数"。该系数的简单公式是：霍夫曼系数＝消费资料工业的增加值/资本资料工业的增加值。霍夫曼提出的基本观点是，在工业化进程中，霍夫曼比例呈下降趋势，在工业化第一阶段，消费资料工业的生产在制造业中占主导地位，资本资料工业生产不发达；第二阶段，资本资料工业的发展速度比消费资料工业快，但在规模上仍比消费资料工业小得多；第三阶段，消费资料工业和资本资料工业的规模大体相当；第四阶段，资本资料工业的规模超过了消费资料工业的规模。

发达国家的工业结构演进基本符合这一发展规律。美国在20世纪的三四十年代完成了工业结构变迁的第四阶段。重化工业的比重由1932年的36%上升到1944年的69%，以后保持在60%左右，20世纪90年代后由于新经济的兴起，重化工业的比重略有降低。日本的重化工业比重由1919年的27%上升到1974年的61%，之后一直保持在60%左右的水平上。韩国在完成新兴工业化后，其重化工业的比重也上升到63%。其他发达国家在工业化完成后，重化工业的比重也都维持在60%的水平。

此外，在重化工业内部也有一个结构变化的过程。其基本的路径是从以原材料和基础工业为主逐步升级到以高加工度和技术密集为主的变化过程。钢铁、金属加工业等原材料和基础工业占工业比重是先上升后下降的过程，钢铁工业占工业的比重在工业化中前期持续提高，在人均 GDP 接近 1 万美元时达到顶点，完成工业化后则明显下降。而机械、交通、电气等制造业占工业比重则在人均 GDP 达到 2 万美元前持续上升，之后基本保持稳定。

(二) 中国工业结构的调整

中国目前还处于工业化中后期，完成工业化还有一段路要走。在继续工业化的过程中，中国的工业结构调整，既可能契合工业化进程的工业结构变迁规律，也可能呈现一些不同的特征。

新中国成立以来，特别是改革开放后，中国的工业化水平有了明显的提高。从产业结构看，农业在国民经济中的比例不断下降，从 20 世纪占 40% 的水平下降到目前的 10% 以内；工业则从 20 世纪 60 年代的 30% 上升到目前的接近 50%；服务业相应地从不到 30% 上升到 40% 以上。这个结构表明，我国还处于工业化的中后期。

按照工业结构调整应该遵循的规律，这个阶段以后的工业化结构调整，一方面是重化工业的比重上升；另一方面是重制造业的比重上升。中国在进入 21 世纪后，在城市化加快、国际化和全球化提速的推动下，也进入了一个重化工业加速发展的阶段。不过，这种重化工业的加速超出了发达国家在这个阶段重化工业所达到的水平。2008 年，中国的重化工业已经达到了 70%，高于世界同等国家重化工业的比重，甚至已经超过了以往工业化国家重化工业比重的峰值。

造成我国工业结构的这一特征，主要有两个方面原因：一是与发展阶段有关。中国目前处于工业化和城市化的中期，随着城市化的快速推进，国内消费逐步由吃穿向住行升级，以及由于我国工业化进程中的很多行业在国际产业链分工中处于低端等因素的影响，造成重化工业的比重进入 21 世纪以来的快速提升。这与发达国家的工业结构升级有相似之处。二是与体制机制上的缺陷有关。从机制上看，资源价格低，对环境缺乏规制，使得重化工业的发展成本远低于社会发展成本，刺激了重化工业的加速发展。从体制上看，过分强调 GDP 的发展并成为考核地方政府政绩的主要依据，结果导致在供给和需求两个方面加快了重化工业的发展。从供给看，重化工业产业链长，产业规模大，对 GDP

第七章　中国实现碳减排的工业结构调整战略

的带动强，地方政府很容易将其作为发展经济的主要抓手，在土地利用、企业融资以及税收政策给予重化工业更大的优惠，推动了重化工业的发展。从需求看，房地产业高速发展以及基础设施超前建设，在一定程度上透支了重化工业未来的发展空间。

由此可以看出，中国的工业结构调整还未达到工业化要求的水平。工业结构调整还将是中国实现工业化的一条重要路径。不过，在未来的工业化进程中继续调整工业结构，需要转变调整的方向，即一方面要努力实现工业化目标；另一方面要把实现碳减排作为调整的重要指标。

（三）中国工业结构调整的碳减排潜力

工业结构变迁与能源消耗高度关联。在工业的初期，手工业开始向机器和大工业转变，但这个时期的工业生产主要以纺织和食品加工为主，能源资源消耗开始增长，但增长的速度较慢。在工业中期，人口快速增长并向城市集中，铁路、公路等基础设施建设加快，经济发展会进入以重化工业为中心的发展阶段。在这个阶段，化工、冶金、金属制造、电力等重化工业发展加快。因此，能源资源的消耗也在这个阶段呈现快速增长的态势。进入工业化后期，随着汽车和家电等耐用消费品进入普通家庭，交通运输机械、电气机械等产业快速发展，对原材料的加工链条越来越长，零部件等中间产品在工业总产值中所占的比重迅速增加。尽管伴随着技术进步，使产品的技术含量和附加值提高，在一定程度上降低了工业对原材料和能源的依赖程度。但是工业在 GDP 中的较大比重，城市化的推进，使得经济发展仍要消耗大量能源和原材料，单位 GDP 能源资源消耗尽管有所回落，但仍处于较高水平。在完成工业化以后，经济发展从满足人们的基本物质需求更多转向文化娱乐、知识教育等非物质层次，工业在经济总量中的比重明显下降，并且转向一些高精尖产品的制造。随着工业化的完成，城市化也达到了饱和水平，单位经济总量的物质需求开始明显减少。如美国在 1955 年完成工业化后，单位钢铁水平消耗开始明显减少；德国、法国等西欧发达国家也在 20 世纪 70 年代中期完成工业化，单位 GDP 的钢铁水泥消耗明显下降。

中国目前还处于工业化的中后期。按照预测，大约在 2020～2025 年前后中国才能完成工业化。而城市化的进程要慢于工业化，到 2030 年以后才可能基本完成城市化。因此，中国的重化工业还将发展，能源资源的消耗还将增长。不过，从另外一个角度看，中国工业结构调整中有着巨大的碳减排潜力。这一方面是因为我国的重化工业发展已经超出发达国家此前完成工业化时的峰值，因此，我国的重化工业发展具有透支的性质，这就要求我们在剩下的工业化阶段走出一条新型工业化道路。另一方面由于我国工业化发展的能耗效率比较低，这就为我们通过提高能耗效率大幅度地减少碳排放提供了一个途径。单位产品能耗是衡量能源消费效率的重要指标。目前，我国工业增加值占GDP的比重在50%左右，而能源消费却约占总消费量的70%。我国的人均能源消费量仅为世界平均水平的一半，但产值能耗较世界平均水平要高两倍多，是世界上产值能耗最高的国家之一。造成这种状况的原因如前分析的那样，既有发展阶段的原因，也有体制机制的原因。因此，如果我们能够深化体制机制改革，并选择新兴工业化的发展方向，那么我国工业具有的碳减排潜力会释放，实现碳减排的目标也就有了一定的保障。

第三节 中国工业结构调整的战略

一、中国工业结构调整的战略目标

我国目前的工业结构与实现碳减排的目标还有不少差距。在目前的工业结构下不仅不会减少碳排放，而且还会增加碳排放。这不仅从碳排放总量来看是一个不争的事实，而且要减少碳排放强度也是一件十分困难的事情。而可以改变这种趋势的唯一方式就是走出一条新型工业化道路。

(一) 新型工业化道路的特征

新型工业化是相对于传统的工业化而言的。传统工业化是发达国家曾经走过的一条工业化道路。这也是一条渐进的工业化道路。对于像我们这样的发展中大国来说，如果一直沿着传统工业化的道路走下去，很可能是一条死胡同。因为像我国这样一个越来越庞大的经济体，传统工业化意味着将对资源环境产生极大的压力。因此我们必须选择一条新型工业化道路。

我国自20世纪90年代以来，就一直在寻求一条不同于传统工业化的发展道路。在全球信息化带来巨大发展机会的前提下，我们具备了探索一条新型工

第七章　中国实现碳减排的工业结构调整战略

业化道路的条件。2002年的中国共产党第十六次全国代表大会上，时任党中央总书记江泽民总书记做的报告中指出：要坚持以信息化带动工业化，以工业化促进信息化，走出一条科技含量高、经济效益好、资源消耗低、环境污染少、人力资源优势得到充分发挥的新型工业化路子。

我国要走的这条新型工业化道路，不仅是一条为适应新的发展条件而选择的工业化道路，而且也是基于我国特殊国情而设计的一条工业化道路。因此，这条新型工业化道路具有我们自己的特征。

第一，信息化成为新型工业化的重要内容。按照生产力演进的顺序以及发达国家发展的历史经验，信息化是在工业化的基础上进一步发展的一个更高阶段。目前，主要发达国家已经实现了从工业化到信息化的转化。随着经济全球化进程的深入和扩大，信息化自发达国家向世界各个角落渗透，信息技术已经成为工业、农业和服务业等各个产业竞争力的基本支撑。在这样的趋势下，我国实现工业化的进程自然要调整，我们必须把信息化作为当代工业化发展的重要内容，推进与信息化相结合的新型工业化，以信息化带动工业化，以工业化促进信息化，从而使我国工业化无须再重复发达国家走过的机械化、电气化、信息化的发展道路。新型工业化必须做到信息化与工业化并重，一方面要在尚未完成工业化的情况下大力推进我国的信息化进程；另一方面要在信息化的过程中，按照信息化的要求调整我国的工业化发展战略。

第二，资源节约和环境友好是新型工业化的主要目标。传统工业化带来的一个重大问题是在推进工业化的同时引起严重的环境问题，在取得巨大经济成就的同时付出了高昂的资源和环境代价。一些先行工业化国家不得不走一条先污染后治理的曲折道路。如果先行工业化国家在先行发展中抢得了利用资源和环境的先机，那么后发国家就无法再有这样的优势了。像我们这样的发展中大国，不得不在实现工业化和减少资源消耗以及保护环境的双重目标下选择自己的发展道路。新型工业化就是在这样的背景下做出的选择。基于信息化技术的新型工业化道路必须是一条资源节约、环境友好的工业化道路。因为以信息技术为先导的高新技术产业本身就是知识密集、资源使用少、环境污染低的产业。

第三，人力资源优势充分发挥是新型工业化的重要任务。传统的工业化进程中，首先是大量的农村剩余劳动力随着城市工业的发展不断地向城市转移，因此推动的城市化发展又引发工业化的扩张，从而进一步对农村劳动力提出需求。如此的互动循环，一方面实现了劳动力的大调整、大转换；另一方面推动了国民经济的发展。然而，工业化发展到一定程度也带来了一个问题，就是工业化的资本密集和技术密集取向带来了一定的失业问题，甚至在一些时期显得非常严重。应该说，这一问题到今天仍没有很好地解决。新型工业化道路是建立在信息技术基础上的工业化，这势必要更充分地体现知识密集、技术密集的特点。因此，在逻辑上可能引发劳动力的就业问题。这对于我国这样一个具有丰富劳动力资源的大国，就会面临更严重的就业挑战。然而，新型工业化绝不能引发严重就业问题，而应该是人力资源得到充分的发挥。不仅要使有知识的高素质劳动力得以充分发挥作用，而且要使普通劳动力找到他们可以贡献的领域。

第四，城乡协调发展是新型工业化的特殊要求。我国在遵循传统工业化模式实现经济发展过程中，基于我们的工业化战略和体制原因，城市化进程要落后于工业化进程，以至于城乡二元结构问题长期没有大的改变。新型工业化自然会带动城市化的进一步发展，但是中国的特殊国情决定了我们的城市化与发达国家有所不同，即我们不可能将全国80%~90%的人口转移到城市。因此，实现城乡统筹发展就成为我国新型工业化的一个特殊要求。在新型工业化发展中，要纠正对工业化和城市化相互关系的片面认识，要加快城镇化进程，努力消除不利于城镇化发展的体制和政策障碍，引导农村剩余劳动力合理有效地向非农产业和城镇转移；同时也要加快社会主义新农村建设，并以小城镇建设为中介，架起连接城市与农村的桥梁。

（二）新型工业化与工业发展方向

新型工业化是我国在新的历史条件下选择的一条新的工业化道路。尽管在新型工业化中工业的重要性较传统工业化阶段有所下降，但是工业发展依然是新型工业化的一个核心。不过，这种工业的性质也应该有新时代的特征。1989年，美国学者罗伯特·福罗什和尼古拉·加劳布劳斯发表在《科学美国人》杂志上一篇文章《可持续发展工业发展战略》提出了工业生态学、工业生态系统的概念。20世纪90年代以来，随着可持续发展战略作为全球经济社会发展战略的确立，学术界、各国政府、国际组织甚至一些企业都在积极推动生态工业的研究和实践，以清洁生产和生态工业园区为主要实现形式的生态工业已经成为当代世界工业发展的主要方向。

生态工业作为仿照自然生态循环原理建立的一种全球的工业生产模式,代表着未来工业发展的方向。目前,我国工业企业正面临着越来越大的生存压力,如原材料和能源等资源的过度消耗带来的压力越来越大。大力发展生态工业将会成为我国企业化解由资源环境带来的生存压力的有效途径。首先,这种生态工业对物质、能源的循环利用不仅可以节约原材料和降低能源消耗成本,而且可以有效降低污染物排放的末端治理成本,从而提高企业经济效益和赢利能力;其次,这种生态工业将大幅减少碳排放,进一步改变气候变化的趋势;最后,这种生态工业推动企业实施清洁生产,以生产出满足消费者需求的绿色产品,提高企业产品竞争力和市场扩展能力,有利于企业在国际市场上开拓自己的生存空间。

把这种生态工业与新型工业化结合起来,要求作为高新技术产业代表的信息技术和信息产业发挥更大的作用。首先,要推进新型工业化发展,必须提高我国工业生产的技术水平,而实现技术水平的提高,则很大程度上依赖于高新技术的突破,尤其是信息技术的进步。因为信息技术的进步不仅可以从根本上改变技术研发的模式,而且可以加快技术进步的速度。其次,要使信息技术的发展有助于生态工业战略的实现,以高新技术为基础的现代信息技术产业,不仅在生产过程中较少使用自然资源,而且也很少向环境排放污染物和二氧化碳。因此,信息技术产业自然就成为生态工业战略下新型工业化的优先选择。最后,新型工业化本身就是工业化和信息化相结合的工业化,是以信息化推动工业化。因此,新型工业化下工业化的发展必须以信息技术的优先发展为基础。

在新型工业化和生态工业的结合方面,清洁能源工业将成为新型工业化下生态工业的优先发展对象。能源短缺已经成为我国经济持续发展的重要瓶颈,而且传统能源的大量使用也加剧了我国自然环境的污染,也引起了气候的剧烈变化。清洁能源工业的选择,就是因为它能够在保护自然环境不受破坏的情况下,实质性地解决当前我国工业发展中所遇到的能源稀缺问题。

二、中国工业结构调整的战略重点

中国的工业结构调整要适应当前的形势,必须走新型工业化道路。在新型

低碳经济下的中国工业结构调整

工业化进程中调整工业结构,需要确立的战略重点,不仅可以有效地推动新型工业化的实现,而且必须有助于我国实现碳减排目标。在这样的目的和要求下,我国工业结构调整的重点一定是可以引领未来工业发展方向的。在当今的国际经济环境下,一方面有着对新的技术革命和新兴产业发展的迫切需求;另一方面也有着应对气候变化的共同愿望。因此,作为世界性的一个潮流,主要发达国家都在规划发展自己的战略性新兴产业,以获得未来经济发展的主动权。我国自然不能丧失这一机会,也必须规划发展自己的战略性新兴产业,并且把它作为工业结构调整的战略重点来加快发展。

（一）战略性新兴产业的背景和意义

1. 战略性新兴产业形成的背景

2008 年的国际金融危机爆发后,一方面世界主要国家都在努力调整以应对金融危机;另一方面一些国家着眼更长远的未来,谋求一场新的技术和产业革命来彻底摆脱危机并取得一个新的经济繁荣周期。也就是在这样的背景下,我国也在积极谋划发展我们自己的战略性新兴产业。

2009 年 9 月 21 日到 22 日,时任国务院总理温家宝同志接连召开了三次新兴战略性产业发展座谈会。在听取了经济、科技专家意见的基础上,温家宝同志强调,发展新兴战略性产业是我国立足当前,渡过难关,着眼长远上水平的重大战略选择。因此,我们应该以国际视野和战略思维来选择和发展新兴战略性产业。2009 年 11 月 3 日,温家宝同志在人民大会堂向首都科技界发表了题为《让科技引领中国可持续发展》的讲话。温家宝同志强调,我国发展新兴战略性产业,具备一定的比较优势和广阔的发展空间,完全可以有所作为。一要高度重视新能源产业发展,创新发展可再生能源技术、节能减排技术、清洁煤技术及核能技术,大力推进节能环保和资源循环利用,加快构建以低碳排放为特征的工业、建筑、交通体系;并努力开发新能源汽车,走在全球新能源汽车发展的前列。二要实现在传感、物联网关键技术上的突破,及早部署 IP 时代相关技术研发,使信息网络产业成为推动产业升级、迈向信息社会的发动机。三要加快微电子和光电子材料和器件、新型功能材料、高性能结构材料、纳米技术和材料等领域的科技攻关,尽快形成具有世界先进水平的新材料与智能绿色制造体系。四要用生命科学推动农业和医药产业发展。积极发展转基因育种技术,努力提高农产品的产量和质量。突破创新药物和基本医疗器械核心

第七章 中国实现碳减排的工业结构调整战略

技术,形成以创新药物研发和先进医疗设备制造为龙头的医药研发产业链条。五要大胆探索空间、海洋和地球深部,实施好载人航天计划,有效进入并和平利用空间,切实加强海岸带可持续发展研究,促进海洋资源合理开发和海洋产业发展,努力提高地球深部资源探测水平,充分挖掘和利用好各种资源。根据温家宝同志对新兴战略性产业的以上诠释,2010年,国务院颁布了《国务院关于加快培育和发展战略性新兴产业的决定》,其中提出,战略性新兴产业是引导未来经济社会发展的重要力量。发展战略性新兴产业已经成为世界主要国家抢占新一轮经济和科技发展制高点的重大战略。我国在全面建设小康社会的进程中,必须抓住机遇,加快培育和发展战略性新兴产业。战略性新兴产业是以重大技术突破和重大发展需求为基础,对经济社会全局和长远发展具有重大引领和带动作用,知识技术密集、物质资源消耗少、成长潜力大、综合效益好的产业。

2. 发展战略性新兴产业的意义

第一,加快培育和发展战略性新兴产业是全面建设小康社会、实现可持续发展的必然选择。我国人口众多、人均资源少、生态环境脆弱,又处在工业化、城镇化快速发展时期,面临改善民生的艰巨任务和资源环境的巨大压力。要全面建设小康社会、实现可持续发展,必须大力发展战略性新兴产业,加快形成新的经济增长点,创造更多的就业岗位,更好地满足人民群众日益增长的物质文化需求,促进资源节约型和环境友好型社会建设。

第二,加快培育和发展战略性新兴产业是推进产业结构升级、加快经济发展方式转变的重大举措。战略性新兴产业以创新为主要驱动力,辐射带动力强。加快培育和发展战略性新兴产业,有利于加快经济发展方式转变,有利于提升产业层次、推动传统产业升级、高起点建设现代产业体系,体现了调整优化产业结构的根本要求。

第三,加快培育和发展战略性新兴产业是构建国际竞争新优势、掌握发展主动权的迫切需要。当前,全球经济竞争格局正在发生深刻变革,科技发展正孕育着新的革命性突破,世界主要国家纷纷加快部署,推动节能环保、新能源、信息、生物等新兴产业的快速发展。我国要在未来国际竞争中占据有利地位,必须加快培育和发展战略性新兴产业,掌握关键核心技术及相关知识产权,增强自主发展能力。

(二) 中国战略性新兴产业的选择

战略性新兴产业已经成为我国产业发展的重点。加快战略性新兴产业的发展也可以作为我国发展低碳经济的突破口。现在，我们已经确立了战略性新兴产业发展的重点，并且确定了七个产业是我国未来发展的战略性新兴产业，即节能环保、新一代信息技术、生物、高端装备制造产业成为国民经济的支柱产业，新能源、新材料、新能源汽车产业成为国民经济先导产业。

1. 节能环保产业

在能源压力越来越突出的今天，节能环保产业所具有的意义非常重要。节能环保产业的重点是推广高效节能技术装备及产品，实现重点领域关键技术突破，带动能效整体水平提高。加快资源循环利用关键共性技术研发和产业化示范，提高资源综合利用水平和再制造产业化水平。示范推广先进环保技术装备及产品，提升污染防治水平。具体如节能减排技术、清洁煤技术。

2. 新一代信息技术产业

信息技术的发展已经达到了一个新高度，在已有信息技术基础上发展起来的互联网也正在升级扩展。我们要建立的新一代信息技术也是要实现一种信息技术的突破。为此，我们要加快建设高速、融合、安全的信息网络基础设施，推动新一代移动通信、下一代互联网核心设备和智能终端的研发及产业化，加快推进三网融合，促进物联网、云计算的研发和示范应用。着力发展集成电路、新型显示、高端软件、高端服务器等核心基础产业。提升软件服务、网络增值服务等信息服务能力，加快重要基础设施智能化改造。大力发展数字虚拟等技术，促进文化创意产业发展。

3. 生物产业

21 世纪生物技术将会有重大突破，因此衍生的生物产业也将有非常广阔的前景。我国在发展生物技术和生物产业方面，要大力发展用于重大疾病防治的生物技术药物、新型疫苗和诊断试剂、化学药物、现代中药等创新药物品种，提升生物医药产业水平。加快先进医疗设备、医用材料等生物医学工程产品的研发和产业化，促进规模化发展。着力培育生物育种产业，积极推广绿色农用生物产品，促进生物农业发展。推进生物制造关键技术开发、示范与应用。加快海洋生物技术及产品的研发和产业化。

第七章 中国实现碳减排的工业结构调整战略

4. 高端装备制造产业

从目前我国所处的发展阶段来看,尽管我们的制造业已经达到了比较高的水平,但是还是面临一些瓶颈约束,尤其在高端装备制造产业方面,还有一些需要突破的关键技术。因此,我们应重点发展以干支线飞机和大飞机为主的航空装备,做大做强航空产业;积极推进空间基础设施建设,促进卫星及其应用产业发展;依托客运专线和城市轨道交通等重点工程建设,大力发展轨道交通装备;面向海洋资源开发,大力发展海洋工程装备;强化基础配套能力,积极发展以数字化、柔性化及系统集成技术为核心的智能制造装备。

5. 新能源产业

寻求下一代低成本可再生的新能源,很可能是引发新技术和新产业革命的助推器。我们目前更多的是从能源替代的角度思考新能源的开发和产业化。我国在新能源产业规划中,正在积极研发新一代核能技术和先进反应堆,发展核能产业。加快太阳能利用技术推广应用,开拓多元化太阳能光伏光热发电市场。提高风电技术装备水平,有序推进风电规模化发展,加快适应新能源发展的智能电网及运行体系建设。因地制宜开发利用生物质能。不过,新能源要承担起下一次产业革命的重任,不仅仅是靠人类已经利用的可再生能源,而更值得期待的是一个可以颠覆目前产业体系、以新能源产业为核心的新型产业体系的产生。

6. 新材料产业

作为战略性新兴产业,新材料所具有的是一种基础性地位。我们需要在一些制约我国产业发展的新材料方面有所突破。具体如大力发展稀土功能材料、高性能膜材料、特种玻璃、功能陶瓷、半导体照明材料等新型功能材料。积极发展高品质特殊钢、新型合金材料、工程塑料等先进结构材料。提升碳纤维、芳纶、超高分子量聚乙烯纤维等高性能纤维及其复合材料的发展水平。开展纳米、超导、智能等共性基础材料研究。

7. 新能源汽车产业

新能源汽车已成为全球汽车工业的发展方向。世界主要国家为保障能源安全,都在加快新能源汽车研发和市场开拓的步伐。中国经过近10年的自主研发和示范运行,在这个领域与世界先进水平的差距大大缩小。当前紧迫的任务是,通过技术进步、市场需求和经济效益三个方面的充分论证,尽快确定技术路线和市场推进措施，推动新能源汽车工业的跨越发展。目前需着力突破动力电池、驱动电机和电子控制领域关键核心技术，推进插电式混合动力汽车、纯电动汽车的推广应用和产业化。同时，开展燃料电池汽车相关前沿技术研发，大力推进高能效、低排放节能汽车发展。

三、中国工业结构调整的步骤和实施保障

适应低碳经济的工业结构调整，已经成为我国工业结构变迁的方向。这样的工业结构调整不仅要适应国际工业化发展的趋势，而且还要实现我国需借助工业化完成的诸多目标。为此，选择一条新型工业化道路，并把它作为工业结构调整的目标，可以综合地反映我国工业结构调整的一系列具体目标。而以此目标进行的工业结构调整，将不会按照传统工业化的路径变迁。走新型工业化道路就是要把信息化和工业化结合起来，并进行一定跨越来缩小与发达国家的差距。如果我们只是按照传统工业化来推进我们的工业结构调整，那么将会继续跟在发达国家的后面，赶超会成为一个永远的梦想。走新型工业化道路，重要的是选择发展具有前瞻性的产业。目前，国际经济发展的形势，以及主要发达国家为未来所做的规划，都把产业目标锁定在战略性新兴产业上。因此，我们为实现新型工业化而进行的工业结构调整，也应该规划和发展战略性新兴产业。按照这样的思路，中国实现工业结构调整需要采取如下的步骤，以及需要相应的实施保障。

（一）在工业结构的基本态势下进行传统式调整

从我国目前的工业发展情况来看，传统的工业结构还将延续。一方面工业占国民经济比重还将缓慢上升或基本稳定；另一方面重化工业化仍将持续。

在我国应对国际金融危机的过程中，工业在国民经济结构中的地位有所下降。2009年，工业占GDP的比重为39.7%，比"十五"时期末下降了2.1%，而同期第三产业的比重提高了2.9%，这表明我国工业在国民经济中的比重在下降，并且低于第三产业的增速。但我国目前所处的工业化发展阶段，还难以改变工业在国民经济中的主导地位。此外，我国的需求结构调整也面临着不少难题，投资和出口的主导地位难以改变。投资对重化工业的发展拉动作用将持续存在。未来我国还将在基础设施方面增加投资力度，一些大型工程建设还处于高峰，再加上城镇化步伐加快，这都将推动重化工业的发展。外贸增长的结

第七章 中国实现碳减排的工业结构调整战略

构中,轻工类产品出口增速放缓,重工类产品出口增长加快。这也成为重化工业发展的动力。

工业的地位以及重化工业的发展态势,决定了我们要调整工业结构还需在一定程度遵循传统的方式,即用发展第三产业的升级方式来降低工业比重和重化工业的比重。为此,需要实现工业和服务业融合。从发达国家的发展经历来看,当工业化进行到一定阶段后,随着分工程度的加深,以及工业生产所需要的条件越来越复杂,第二、三产业之间的界限将被打破,第二产业特别是制造业和金融服务业、技术研发业、教育培训业、咨询业、物流业之间相互促进和融合的势头会不断加强。随着我国工业化进程的推进,我国第二、三产业融合发展的程度会进一步加深。这将有利于巩固工业在国民经济中的比重。对于重化工业的调整将更多地依赖高新技术对传统工艺的改造,以及劳动者技能水平的提高和产品质量的改善,使其发展的重点由规模扩张转向质量提高。

(二) 在工业结构升级的过程中扩大新兴产业比重

工业结构升级是其调整的主要方向。实现工业结构升级核心在于以技术创新为基础的传统工业改造和新兴产业的发展。对传统工业改造尽管仍然是工业结构调整甚至是升级的一项不可忽视的内容。但是,在新的历史条件下,实现工业结构调整或升级则需要把更多的精力投入到发展战略性新兴产业上。可以预期,我国发展新兴产业已经进入战略实施阶段。战略性新兴产业发展将进一步提速,其占工业的比重也将快速上升。

一是经过"十一五"时期的发展积累,我国新兴产业的市场规模和技术水平都得到显著提高,因而为"十二五"时期的发展奠定了良好的基础。国务院颁发的《"十二五"国家战略性新兴产业发展规划》中提出,要实现战略性新兴产业规模年均增长率保持在20%以上,形成一批具有较强自主创新能力和技术引领作用的骨干企业,建设一批特色鲜明的产业链和产业集聚区。到2015年,战略性新兴产业增加值占国内生产总值比重达到8%;到2020年,力争使战略性新兴产业成为国民经济和社会发展的重要推动力量,增加值占国内生产总值比重达到15%,部分产业和关键技术跻身国际先进水平,节能环保、新一代信息技术、生物、高端装备制造产业成为国民经济支柱产业,新能源、新材料、新能源汽车产业成为国民经济先导产业。

二是"十二五"期间，科研人才、资金、技术等要素向新兴产业部门转移的速度必将加快。2010年出台的《国务院关于加快培育和发展战略性新兴产业的决定》，把增强自主创新能力作为培育和发展战略性新兴产业的中心环节。为此，提出完善以企业为主体、市场为导向、产学研相结合的技术创新体系。具体要加强产业关键技术和前沿技术研究；要强化企业技术创新能力建设；要加快落实人才强国战略和知识产权战略；要实施重大产业创新发展工程；要建设产业创新支撑体系；要推进重大科技成果产业化和产业集聚发展。

三是国内外发展环境和条件的变化将促使新兴产业进一步加快发展。目前，全球信息技术革命还在深化发展，我国也在大力推进工业化和信息化的融合，推动信息技术参与工业生产技术和组织方式的变革，这将使信息产业的市场扩大到整个工业行业；而全球资源能源日趋紧张，生产的环保约束不断加强，国家实施节能减排战略，低碳化成为世界经济继工业化、信息化之后新的发展方向，都预示着与低碳经济相关的新能源产业和环保产业将吸引更多的投资。

四是我国居民消费水平和消费观念也在发生改变。这将为工业结构调整和升级注入活力，同时也提供了方向。随着我国消费水平的不断提高，我们已经改变了过去受制于供给约束的短缺时代，普遍的生产能力过剩已经成为我国生产力发展的一个重要标志。这决定了我国居民的消费水平正在提高，人们的消费观念也在逐步转变。在一个依然是消费主导的经济社会里，这种消费水平的提高和消费观念的转变，势必要求经济结构以及工业结构的转变。

不过，我国要通过加快新兴产业发展来加快工业结构的调整和升级，也面临一些内外方面的障碍。从内部来看，我国长期实行的"用市场换技术"的战略导致高技术产业的发展对外来技术存在较大依赖，企业缺少自主创新的积极性和主动性，一些企业长期被锁定在低水平加工环节，新兴产业的发展缺乏自主技术的支持；从外部来看，我国新兴产业的发展还将面临跨国公司全球战略的压制。随着经济全球化程度的提高，大型跨国公司不仅通过海外直接投资、离岸外包、战略联盟等方式在全球范围扩展业务，不断加强对全球市场的控制力度，同时还借助技术和创新成果的积累，控制了产业价值链的高附加值环节，进一步采取技术转移限制、专利控制等手段对我国新兴产业向高端发展造成阻碍。

第七章　中国实现碳减排的工业结构调整战略

（三）实现工业结构调整和升级的主要保障

1. 通过产业组织优化，构建工业结构调整和升级的推动主体

产业组织是推动工业结构调整和升级的主体。因此，实现工业结构调整和升级必须进行产业组织结构的优化。首先，要形成一批超大企业集团并进入世界著名跨国公司行列。2012年，中国内地已经有73家企业进入世界500强行列。随着我国经济实力的增强，"十二五"期间将有更多的领军企业出现，引领中国工业企业国际竞争力的提升。其次，要改善部分行业产业集中度过低的问题。"十二五"期间国家将进一步深入实施节能减排战略、治理产能过剩、淘汰落后产能的步伐也将加快，一大批不具有规模经济、生产工艺落后、环境污染严重、资源能源浪费大的企业需要关停。通过提高行业集中度，改善并提高行业的整体效益。最后，要为中小企业发展提供更好的环境。"十一五"以来，针对金融危机对我国中小企业的影响，国务院先后颁发了《关于进一步促进中小企业发展的若干意见》、《关于鼓励和引导民间投资健康发展的若干意见》等政策性文件，各省、区、市也相继颁发了有利于中小企业发展的地方性政策，着重解决当前中小企业在融资、引进技术、吸引人才等方面面临的突出问题。而实现工业结构调整方面也离不开中小企所发挥的作用，甚至在实现技术创新方面，中小企业具有的创新功能更为突出。

2. 积极培育市场，营造有利于工业结构调整和升级的市场环境

有效的市场是工业结构调整和升级不可或缺的制度环境。为此，应支持市场拓展和商业模式创新。鼓励绿色消费、循环消费、信息消费、创新消费模式，促进消费结构升级。扩大终端用能产品能效标识实施范围。加强新能源并网及储能、支线航空与通用航空、新能源汽车等领域的市场配套基础设施建设。在物联网、节能环保服务、新能源应用、信息服务、新能源汽车推广等领域，支持企业大力发展有利于扩大市场需求的专业服务、增值服务等新业态。积极推行合同能源管理、现代废旧商品回收利用等新型商业模式。此外，完善标准体系和市场准入制度。加快建立有利于战略性新兴产业发展的行业标准和重要的产品技术标准体系，优化市场准入的审批管理程序。进一步健全药品注册管理的体制机制，完善药品集中采购制度，支持临床必需、疗效确切、安全性高、价格合理的创新药物优先进入医保目录。完善新能源汽车的项目和产品准入标准。改善转基因农产品的管理。完善并严格执行节能环保法规标准。

3. 深化国际合作，为推进工业结构调整和升级提供良好的国际环境

要通过深化国际合作，尽快掌握关键核心技术，提升我国自主发展能力与核心竞争力。把握经济全球化的新特点，深度开展国际合作与交流，积极探索合作新模式，在更高层次上参与国际合作。为此，发挥各种国际科技合作机制的作用，多层次、多渠道、多方式推进国际科技交流。鼓励境外企业和科研机构在我国设立研发机构并支持符合条件的外商投资企业与内资企业、研究机构合作申请国家科研项目。同时，支持我国企业和研发机构积极开展全球研发服务外包，在境外开展联合研发和设立研发机构，在国外申请专利。鼓励我国企业和研发机构参与国际标准的制订，鼓励外商投资企业参与我国技术示范应用项目，共同形成国际标准。切实提高国际投融资合作的质量和水平。完善外商投资产业指导目录，鼓励外商设立创业投资企业，引导外资投向战略性新兴产业。支持有条件的企业开展境外投资，在境外以发行股票和债券等多种方式融资。扩大企业境外投资自主权，改进审批程序，进一步加大对企业境外投资的外汇支持。积极探索在海外建设科技和产业园区。制订国别产业导向目录，为企业开展跨国投资提供指导。

4. 推进体制机制创新，加强对工业结构调整和升级的组织领导

加快培育和发展战略性新兴产业是我国新时期经济社会发展的重大战略任务，必须大力推进改革创新，加强组织领导和统筹协调，为战略性新兴产业发展提供动力和条件。为此，应深化重点领域改革；建立健全创新药物、新能源、资源性产品的价格形成机制和税费调节机制；实施新能源配额制，落实新能源发电的保障性收购制度；建立和完善主要污染物和碳排放交易制度；建立促进三网融合高效有序开展的政策和机制；加强宏观规划引导，组织编制国家战略性新兴产业发展规划和相关专项规划；加强对各地发展战略性新兴产业的引导，优化区域布局、发挥比较优势，形成各具特色、优势互补、结构合理的战略性新兴产业协调发展格局；加强组织协调；成立由发展改革委牵头的战略性新兴产业发展协调机制，形成合力，统筹推进。

第八章 中国的碳减排行动及工业结构调整政策选择

在应对气候变化的全球共识下，国际组织努力协调世界各国采取碳减排行动，并让发达国家承担起更多的责任。发达国家也开始意识到发展低碳经济具有战略性前途，加紧寻找低成本的可再生能源，以及低碳技术和制度创新。中国作为一个发展中大国，尽管发展经济还是我们的主要目标，但是我们也意识到发展低碳经济对于我们的意义和责任。为此，我们已经制定了发展低碳经济战略，而且也认识到发展低碳经济的重点在于工业结构调整和升级，并且为此需要大力发展战略性新兴产业。现在，该是我们采取行动的时候了，不仅要有碳减排行动，而且还要有适应低碳经济发展的调整工业结构的有效政策。

第一节 中国的碳减排行动

一、碳减排的国家行动

（一）树立低碳观念，调整发展战略

在新中国的经济社会发展进程中，我们不断调整建设社会主义的布局，从经济建设、政治建设，到文化建设、社会建设；再到生态文明建设。在这一建设布局调整的过程中，我们不断创新观念，最终确立了低碳发展的理念。

进入21世纪，我国在基本建成小康社会的前提下，开始规划新的建设目标。党的"十六大"确立了"解放思想、实事求是、与时俱进、开拓创新"的思想路线。在这一路线的指引下，党中央提出科学发展观和和谐世界观，把建设生态文明提到与建设物质文明、精神文明、政治文明同等高度，把应对气候问题纳入构建和谐社会与和谐世界的总体战略之中。中国的科学发展观和和谐世界观的确立，引导着中国的发展方向。十六届五中全会把走新型工业化道路、建设社会主义新农村、大力发展循环经济，作为构建和谐世界的战略安排。

在科学发展观和和谐世界观的指导下，我国的低碳经济发展之路不断拓宽。党的"十七大"上，时任党中央总书记胡锦涛提出，要建设生态文明，基本形成节约能源资源和保护生态环境的产业结构、增长方式、消费模式。"十七大"还提出我国新阶段解决资源环境问题的发展路线，即建设资源节约型、环境友好型社会。而且把这一发展路线放到工业化、现代化发展战略的突出位置，要求落实到每个单位、每个家庭。

为了把这一观念和发展路线贯彻到我们的行动中，中国已经制订和实施了《应对气候变化国家方案》，不仅明确提出了降低能耗和减少污染物和二氧化碳排放目标，而且提出了提高森林覆盖率和可再生能源比重等有约束力的国家指标。今后，我国将进一步把应对气候变化纳入经济社会发展规划，并且中国将愿意同各国携手努力，共同为子孙后代创造更加美好的未来。

（二）制定低碳政策，健全法律制度

中国为碳减排所做的努力是积极的。早在1990年，中国政府就派出代表团参加了《联合国气候变化框架公约》（简称《公约》）的谈判，并在1992年签署了这一《公约》。自此，中国在一系列的围绕气候变化的国际行动中都积极参与和努力配合。在国内也出台了许多应对气候变化和实现碳减排的政策。

2007年，中国发布了第一部针对全球变暖的国家方案——《应对气候变化国家方案》，全面阐述了中国在2010年前后应对气候变化的对策。这不仅是中国第一部应对气候变化的综合性政策文件，也是发展中国家在该领域的第一部国家方案。该方案制定了中国将在应对气候变化上采取的政策手段，包括转变经济增长方式；调节经济结构和能源结构；控制人口增长；开发新能源与可再生能源以及节能新技术；推进碳汇技术和其他适应技术等。为贯彻这一方案，科技部同其他13个部门联合发布了《应对气候变化科技专项行动》，明确了一些重要任务，包括气候变化的科学研究；控制温室气体排放和减缓气候变化的技术开发；适应气候变化的技术和措施；应对气候变化的重大战略和政策。发改委发布了《可再生能源中长期发展规划》，其中提出国家要出台各种

第八章 中国的碳减排行动及工业结构调整政策选择

税收和财政激励措施,包括补贴和税收减免;还出台了市场导向的优惠政策,包括设定可再生能源发电的较高售价。国务院新闻办公室在2007年12月发布的《中国的能源状况与政策》白皮书中,详细地介绍了中国能源发展现状、能源发展战略和目标、全面推进能源节约、提高能源供给能力、促进能源产业与环境协调发展、深化能源体制改革以及加强能源领域的国际合作等政策措施。

健全法律制度体系,为做好低碳经济工作提供有效的保障。我国对环境保护的法律、法规制定可以追溯到1978年修订的《中华人民共和国宪法》,以及1979年颁布的《中华人民共和国环境保护法》。进入20世纪90年代,我国环境与资源保护法律、法规初具规模,涵盖了水污染、大气污染、海洋污染、固体废物污染等诸多领域。其中,涉及能源的法律是我国气候变化立法中最重要的组成部分。这方面的法律包括《电力法》、《煤炭法》、《可再生能源法》、《节约能源法》。这些法律的确立,有利于温室气体的排放控制。进入21世纪,又有一系列应对气候变化的综合性法律出台。2002年6月通过的《清洁生产促进法》标志着我国污染治理模式的重大改革。该法的部分条文规定,为促进清洁能源技术和清洁能源的开发利用,乃至实现温室气体的排放控制,奠定了坚实的法律基础。2002年10月通过的《环境影响评价法》对建设项目的环境影响效应做了全面的评估,并做了相应的规定,通过防范各种污染、保护各种资源,以减缓气候变化。2008年8月通过的《循环经济促进法》规定要在生产、流通和消费等过程中进行减量化、再利用、资源化,其中包含了大量节能减排的规定,对促进碳减排和实现减缓气候变化的目的意义重大。

(三)减排、节能和发展新能源,应对气候变化

发展循环经济是减排的有效途径。中国政府高度重视发展循环经济,2008年8月实施《循环经济促进法》以来,中国已有26个省市开展了循环经济试点工作。钢铁、有色金属、电力等行业,以及废弃物回收、再生能源加工利用等重点领域也开展了循环经济的试点工作。在实施《循环经济促进法》的第一年,中国回收利用废钢7 200万吨;再生有色金属产量520万吨;回收塑料1 600万吨,均居世界第一位。在发展循环经济方面,中国政府循序渐进,由点及面。首先,组织开展循环经济试点。2005年以来,我国启动实施了两批共178家循环经济示范试点,在重点行业、重点领域、产业园区,各省市探索

· 147 ·

建立循环经济发展的有效模式。中央安排财政资金，支持了一批循环经济试点项目。其次，实施汽车零部件再制造工作。2008年发改委印发《关于开展汽车零部件再制造试点工作的通知》，启动了汽车零部件再制造试点工作。选择整车生产企业和零部件再制造企业14家，安排中央财政资金，支持汽车发动机、变速箱再制造项目。最后，推进资源综合利用。国务院公布实施《废弃电器电子产品回收处理管理条例》；发改委确定了浙江省和青岛市两个国家电子废弃物回收处理示范试点项目；国务院办公厅印发了《关于加快推进农作物秸秆综合利用的意见》，支持一批综合利用重点项目。

　　大力提高能源效率是在现有产业结构下减排的有效途径。自2008年以来，我国政府对节能降耗采取了较为严厉的措施，对各部门、各地区强化了节能降耗问责制，加强了节能统计体系、监测体系、考核体系建设，在重点行业和重点领域淘汰了一批生产能力落后的企业，有效地推进了节能减排工作，最终实现单位GDP能耗持续下降。在重点领域加强节能降耗的支持力度。"十一五"期间，为实现节能减排目标，发改委于2006年7月制定并下发了《"十一五"十大重点节能工程实施意见》。这十大节能工程包括：燃煤工业锅炉（窑炉）改造工程；区域热点联产工程；余热余压利用工程；节约和替代石油工程；电机系统优化工程；能量系统优化（系统节能）工程；建筑节能工程；绿色照明工程；政府机构节能工程；节能监测和技术服务体系建设工程。为此，2008年，中央财政安排节能减排专项资金270亿元，用于支持这些重点节能项目的落实和实施。

　　优化能源结构是具有广阔前景的减排行动。中国政府非常重视可再生能源、新能源等无碳能源的发展，积极推动能源结构优化。2008年以来，政府陆续公布了《风力发电设备产业化专项资金管理暂行办法》、《金太阳示范工程财政补贴资金管理暂行办法》、《太阳能光电建筑应用财政补贴资金管理暂行办法》、《秸秆能源化利用补助资金管理办法》、《可再生能源建筑应用城市示范实施方案》、《加快推进农村地区可再生能源建筑应用的实施方案》、《关于完善风力发电上网电价政策的通知》等财政激励政策。这些政策激励措施，大大地推动了我国可再生能源的迅速发展。包括水电、风电、太阳能光伏产业、生物质发电等可再生能源都得到了快速发展。

　　中国政府除了实施这些减排、节能、调整能源结构的政策措施之外，还努

第八章　中国的碳减排行动及工业结构调整政策选择

力增强我国在农业、森林与其他自然生态系统、水资源等领域以及海岸带及沿海等脆弱地区适应气候变化的能力。

在农业方面，2008年以来，中国制定《中华人民共和国抗旱条例》和《水生生物增殖放流管理规定》，实施《保护性耕作过程建设规划（2009~2015）》，不断完善农业领域适应气候变化的政策法规体系。除了这些条例、规定和规划之外，2008年之后，政府大幅度增加了农业基础设施建设的投入，安排大型灌区节水改造投资，扩大退耕还草工程实施范围，加强人工饲草地和灌溉草场建设，治理草原退化。这不仅有利于粮食增产，而且也实现了节水的目标。

在森林方面，2008年以来，中国修订了《森林防火条例》，编制了《应对气候变化林业行动计划》和《国家湿地公园管理办法》，使保护森林资源，维护生态安全，促进森林资源利用管理更加科学化和法制化。推进集体林权制度改革，调动林权权利人发展林业、培育森林资源的积极性。继续完善天然林保护、退耕还林等重点工程。

在水资源方面，中国政府不断地增加投资的力度，仅2008年，政府就安排重点水源工程投资117亿元；投资115亿元解决了4 824万农村人口的饮水安全问题；投资262亿元进行防洪工程建设；投资21.5亿元用于水土保持生态建设。

此外，中国政府对海岸带即沿海地区加强了保护和改造，使海洋领域应对气候变化规划体系得到进一步加强。

二、碳减排的地方行动

（一）上海市的碳减排行动

上海市作为一个直辖市，也是我国重要的经济体。上海自改革开放以来经历了一个持续的经济增长周期，尤其是浦东开发后，经济增长更是进入了一条快车道，1992~2008年连续16年国内生产总值增长率都在10%以上。不过，上海市经济持续增长体现出的另一面是对能源的高度依赖。1999~2008年，上海市的能源消费从5 000万吨标准煤提高到1亿吨标准煤。而上海市又是一个能源资源极度匮乏的城市，其能源对外依存度高达90%以上。因此，减少能源消费，相应地减少碳排放，成为上海市经济可持续发展无法回避的选择。

上海市实现碳减排所做的一个最重要规划就是建设低碳城市。根据国家对上海的战略定位和要求，到2020年上海要基本建成与我国经济实力和国际地位相适应、具有全球资源配置能力的国际经济、金融、贸易、航运中心，基本建成经济繁荣、社会和谐、环境优美的社会主义现代化国际大都市。为此，上海在"十二五"规划中明确提出，积极应对气候变化，推动绿色低碳发展，着力推进节能减排、环境保护和生态建设，加快建设资源节约型和环境友好型城市，努力使上海成为更加生态宜居，并可持续发展的城市。从2008年开始，上海就着手建设低碳城市的试点。从针对建筑能耗情况调查、进行能源审计、提高大型建筑能效等推进绿色建筑发展的政策支持，发展到目前涵盖中心城区、城市近郊及远郊新城的诸多低碳城市试点区域。

上海在建设低碳城市方面具有比较好的基础。这集中表现在上海有着较其他地区实现产业结构升级更良好的基础。上海在经历了长期高速增长之后，不仅积累了雄厚的经济实力，而且技术进步和制度创新也走在全国的前列。因此，上海在实现低碳功能城市方面，选择以现代服务业和先进制造业为主体的多元化产业发展战略；促进产业结构向高级化、产品结构向低能耗转变，同时依赖技术性路径，增强第二产业内部结构调整力度，提高产品的技术含量，大力发展先进制造业，降低单位产品能耗；创新性地升级和调整某种产业的生产工艺，并淘汰落后技术和工艺；制订和规范了产业的能源消耗标准，减少二氧化碳排放。

上海市建设低碳城市的一个重要取向是构建气候智能型城市。上海的国际大都市地位和技术进步优势，已经呈现出信息化和全球化的全新特质，同时也呈现出构建气候智能型城市的可能。例如，通过构建信息高速公路提升城市流动空间的虚拟连通性，通过更有效地处理数字内容创作、分布式项目工作、远程办公和知识流程外包等，增强提供弹性与流动性工作的可能性。

（二）陕西省的碳减排行动

陕西省是我国西部一个重要省份。最近几年，陕西省经济发展速度比较快。在过去的"十一五"期间，陕西省实现了历史上最快、最长的高速增长。但在这个高速增长的过程中，陕西省的低碳经济发展成效明显。"十一五"完成后，一系列节能指标都按期实现。2010年陕西省万元GDP能耗1.18吨标准煤，比2005年万元GDP能耗1.48吨标准煤降低了20%。2010年能源消费弹

第八章 中国的碳减排行动及工业结构调整政策选择

性系数为0.66，比2005年下降了37.4%，初步实现了能源由"粗放型"消费向集约化、节约型发展方式转变，在保持经济较快增长的前提下实现节能降耗的目标。陕西省在节能降耗方面所取得的较好成绩，与其采取一些碳减排行动有关。

"十一五"期间，陕西省通过调整产业结构、工业内部结构、产品结构，达到节能降耗的目标。"十一五"期间，陕西省的产业结构实现了一定升级，三次产业结构由2005年的7.2∶60.5∶32.3升级到2010年的9.1∶52.7∶38.2，第三产业比重上升，拉动万元GDP能耗下降，实现节能582万吨标准煤。工业内部的结构也在"十一五"时期有所调整，淘汰钢铁、水泥、兰炭等落后产能5 524万吨标准煤，淘汰小火电154.8万千瓦，实现节能量1 000万吨标准煤。产品结构实现了高耗能产品的下降，实现节能量310万吨标准煤。

"十一五"期间，陕西省在碳汇方面也做了比较多的努力。5年间，陕西省共完成林业投资204.8亿元，完成造林2 461万亩，森林面积由1.15亿亩增加到1.28亿亩，森林覆盖率由37.26%提高到41.42%。同时，陕西省还通过对秦岭北麓生态环境专项治理、建立国家级自然保护区、建设国家植物园等举措，有效地遏制了生态环境恶化的趋势，减少了森林资源的消耗。此外，在"十一五"期间，陕西省借助国家退耕还林工程，共完成退耕还林3 500多万亩。林业的快速健康发展和森林植被的明显改善，为陕西省经济社会可持续发展奠定了良好的生态基础，陕西省的森林固碳水平进一步提高，为低碳经济发展开了一个好头。

"十一五"期间，陕西省出台一系列法规政策，初步形成了一个节能低碳法规政策体系，如《陕西省节能条例》、《陕西省建筑节能条例》等。同时，陕西省还编制了《陕西省新能源发展规划》、《陕西省能源装备产业发展规划》等。

陕西省在完成"十一五"节能降耗目标的基础上，在"十二五"规划中对低碳发展更加重视，特别是强调要创建低碳示范省，以大幅降低能耗强度和二氧化碳排放强度为目标，加快发展低碳产业和清洁能源，推广低碳产品和技术。这意味着，到"十二五"结束时，陕西省的低碳发展会有更大的进步。

（三）江苏省的碳减排行动

江苏省是我国经济发展最快的省份，也是全国碳排放大省，这决定了江苏省的碳减排行动更值得期待。鉴于碳排放随经济增长快速增加的态势，江苏省对碳排放问题高度重视，现已编制了《江苏省低碳经济发展战略》，"低碳省"成为江苏省未来规划的一个重要主题。在这样的目标下，江苏省已就发展低碳经济、实现碳减排开展了一系列的行动。

以建筑节能作为发展低碳经济和实现碳减排的突破口。江苏省社会总能耗的25%～35%属于建筑能耗，而建筑能耗中的60%左右集中在制冷、供暖即热水供应等方面，因此降低建筑能耗的重点在于降低建筑制冷、供暖及热水等方面的能耗。在建筑节能技术方面，江苏省努力打造一流企业，并通过这些企业开发先进技术，实现在建筑节能方面的突破。

以调整产业结构解决江苏省高碳产业集中问题。现阶段江苏产业结构的"二三一"特征，标志着江苏省仍以高碳产业为主导，而碳排放量的大部分来自这些高碳工业。针对这种现象，江苏省以产业低碳化为目标调整产业结构，重点是发展旅游业和物流业。江苏省独特的地理位置与历史文化为旅游业提供了丰富的资源，大力发展旅游业一方面可以带来可观的经济效益；另一方面通过旅游业的建设，绿化水平也将进一步提高，从而降低城市碳排放量。在物流业方面，江苏省的区域位置也为发展物流业提供了便利条件。物流业能耗量低于其他产业，发展物流业也成为发展低碳经济的一个重要方向。此外，江苏省还重视开发引进低碳技术，解决江苏省低碳技术落后、能源利用率低的现状。发展低碳技术主要通过技术人才的引进、鼓励科技创新、加强国内外技术合作三方面来实现。完善法律制度是发展低碳经济的重要保障，而江苏省在低碳立法方面还是个空白。为此，江苏省开始借鉴国外先进的低碳立法，力争在高起点上推进低碳法律体系的构建。

(四) 湖北省的碳减排行动

湖北省是中国内地中部省份，因为在发展低碳经济方面的积极努力，被国家列为低碳经济试点省份之一。湖北省的经济虽然在全国处于比较靠前的水平，但是其资源能源的外对依赖比较高，尤其是能源。湖北省是一个"缺煤、少油、乏气"的省份，经济快速发展不仅要消耗大量能源，而且也会伴有大量碳排放。因此，对于湖北省来说，实现碳减排不仅是发展低碳经济的需要，而且也是减少对外能源依赖的途径。

随着国家开展低碳试点工作以来，湖北省积极推进低碳试点工作，制定了

第八章　中国的碳减排行动及工业结构调整政策选择

《低碳试点工作实施方案》、《湖北省低碳发展规划》、《关于加强应对气候变化能力建设的意见》、《关于发展低碳经济的若干意见》、《湖北省应对气候变化行动方案》等一系列规划、政策和措施。在这些规划的指导下，湖北省在发展低碳经济的具体行动上，采取了优化产业结构、推进节能降耗；优化能源结构、发展清洁能源；加强技术研发、发展循环经济；构建生态湖北、增加森林碳汇；积极推进武汉城市圈"两型"社会建设试点、建设低碳城市；转变生活及消费理念、促进低碳消费模式等可以有效推进湖北省低碳经济发展的措施。

以上各个省份在碳减排方面所采取的行动、所实施的措施各有侧重，但体现出来的理念是共同的，即都把发展低碳经济作为其未来经济发展的一个重要方向。在发展低碳经济这一世界性潮流下，不仅中国作为一个经济大国需要积极参与，而且为了实现这一目标，各个省份也应该积极参与。只要能够形成一个全国上下一致认同，并协调推动的碳减排行动，中国发展低碳经济的目标是一定可以实现的，而且可能借此推动中国经济实现可持续发展。

第二节　中国发展低碳经济的政策建议

一、发展低碳经济的能源政策

发展低碳经济首先涉及的是能源结构调整，因此，在政策方面必须制定有利于能源结构调整的能源政策。调整能源结构体现在两个方面，一方面是对能源的节约使用；另一方面是开发可再生能源和新能源。

在能源节约方面，我国已经制定了一系列的法律、法规，以促进能源节约，如《中华人民共和国节约能源法》《重点用能单位节能管理办法》《节约用电管理办法》等相关的配套法规。这些法律、法规的实施对于推动节能工作向纵深方向发展，保障国民经济持续健康发展发挥了非常积极的作用。然而，适应低碳经济发展的节能目标的实现，除了继续完善相关法律、法规，构建完整的法律、法规体系外，还需要有一些引领低碳经济发展的配套政策。

在实现建筑节能方面，要制定政策向采用先进建筑物能效规范的省份或企业提供补贴，以提高新建建筑物的能源效率。此外，还可以对现有商业建筑和住宅的节能改造提供援助，以便提高现有建筑的能源效率。当然，为此还需要配套地采取建筑物能效评估办法。

在实现电器节能方面，应该制订关于照明能效标准的协议和其他电器的附加协议，并使之上升为法律条文。还应该由能源部门制定能效标准的过程，加强成本效益检测以便制定最低标准，并且完善披露程序。此外，还要对大量销售节能电器的零售商提供财政补贴。

在实现交通运输节能方面，这是一个具有巨大节能空间的领域，因此，需要更有力度的政策措施来实现该领域的节能目标。为此，需要制订我国的燃料效率标准、减排标准和重型汽车标准。特别是要针对机动车、船舶和非道路污染等其他可移动性污染制定减排标准。同时要制定目标，减少交通运输部门所导致的温室效应，并要求城市规划部门制订可以实现这些目标的交通运输计划。

在实现公共事业节能方面，制订能源效率标准，把配电公司和其他能源输送公司纳入新制订的能源效率标准下。如规定每个电力和能源输送公司都必须证明其用户达到了相对于常规水平的累计电力或能源节约水平。

在实现行业效能方面，制订行业能效标准，并要获得国家标准的认可。同时还要制订奖励方案，鼓励创新，提高各行业的能源使用效率。

为了实现各行业、各领域实现节能目标，还需改革行政管理制度。我国目前的节能政策多是以"命令—控制"类的行政手段推进的。这种政策实施尽管具有直接而有效的优势，但是也带来一些问题，如目标责任制的考核指标的确立和分解，缺乏科学依据；上有政策下有对策的执行程序；政策僵化等。改革行政管理制度重点是改革行政审批，把能耗标准作为项目审批、核准和备案的强制性门槛，遏制高耗能行业过快增长。在新上项目审批时，严格执行《能源节约法》、《环境影响评估法》，优先审批清洁生产项目，引导约束企业实行清洁生产。如2007年国家环保总局首次启动的"区域限批"措施，对4个行政区域和4个电力集团实行了"限批"。所谓"区域限批"是指如果一家企业或一个地区出现违反相关法律的事件，环保部门有权暂停这一企业或这一地区所有新建项目的审批，直至该企业或地区完成整改为止。这是一种新的改造，是一种控制环境污染和实现节能的有效措施。

第八章 中国的碳减排行动及工业结构调整政策选择

在新能源发展方面，中国在一些新能源发展发明已经有一定的积累，如在多功能燃料电池电源、汽车节能减排等项目建设方面，我国的一些企业已经走在了世界前列。然而，这些领域的发展有着巨大的空间，运用政策推动新能源的发展是一个重要选项。政府通过政策扶持新能源发展，需要把握三个关键点：一是营造新能源企业成长的良好竞争环境，重点解决国际、国内传统能源巨头对新能源企业发展空间的战略挤压和挑起恶性竞争。二是培育低碳能源市场，即初步建立、健全有利于低碳能源产业发展的市场体系。三是为新能源产业发展提供政策支持，即政府应对新能源产业给予适当的减税或财政补贴支持。

二、发展低碳经济的财政政策

发展低碳经济尽管具有广阔的前景，也是经济转型的明确方向，但这次的经济转型并不像之前的经济转型会带来即期效应。而且，发展低碳经济具有的溢出效应会增加各国之间的博弈。因此，发展低碳经济不仅需要树立一种理念，而且还要强大的政策支持。财政政策无疑是一种最重要，也最有效的政策。

（一）发达国家为发展低碳经济实施的积极财政政策

1. 财政投资

美国总统奥巴马上台之后，面对金融危机与美国整体经济实力下降的挑战，提出发展低碳经济是重振美国经济、实现经济转型、重新把握世界权力的契机。为此，推出一系列的低碳投资政策。2009年，美国政府提出了以发展新能源为核心的"绿色复兴计划"，该计划拟在两年内投资1 000亿美元，建设节能建筑、公共运输系统、智能电网、风电、太阳能发电、第二代生物燃料六大领域的绿色基础设施项目。到2020年，美国政府还将投入1 500亿美元资助替代能源研究，风能、太阳能和其他替代能源公司将有可能获得更多的政府资助。英国政府在2009年7月发布的《英国低碳转换计划》中，提出拨款32亿英镑用于住房的节能改造，并补偿那些主动在房屋中安装清洁能源设备的家庭。英国政府还计划到2020年逐步向能源技术研究部门提供55亿英镑的财政资金，用于节能技术的研究与开发。德国政府于2007年制定的气候保护高技术战略下，计划在10年内投入10亿欧元用于研发气候保护技术。

2. 财政补贴

发达国家运用财政补贴政策支持低碳经济发展。德国政府为支持热电联产技术的发展和应用，制定了《热电联产法》。该法主要规定了以热电联产技术生产出来的电能获得补贴额度。德国政府还计划到2020年将热电联产技术供电比例较目前水平翻一番。美国政府2008年对消费者购买减排的白色家电产品每台补贴50~200美元不等的购买补贴。英国政府出台一系列可再生能源补贴政策。2008年颁布的《能源法案》就规定了对可再生能源进行补贴。2010年2月2日，英国能源与气候变迁部宣布，从当年4月1日起，英国将推行新的"可再生能源电力强制收购补贴计划"，补贴对象规定为小于5 000千瓦的小型太阳能发电系统家庭用户，补贴金额为每年返还900英镑，补贴年限为10~25年不等。日本政府为了在家庭普及太阳能发电，从1994年就实施了家用太阳能发电设备的补贴政策。从2009年开始，日本政府向购买清洁柴油车的企业和个人支付补助金。自2010年起，日本经济产业省推出"低碳型创造就业产业补助金"制度，补助金额达到1 000亿日元。此外，发达国家为发展低碳经济推行的补贴政策还普遍存在贷款贴息的政策，即财政给予能效投资项目的贷款利息补贴。

3. 政府采购

政府采购是发达国家发展低碳经济实行的一种补充性财政政策。早在1992年美国环保署（EPA）就推出了"能源之星"商品节能标识体系，对符合节能标准的商品贴上带有绿色五角星的标签，并进入美国环保局的商品目录得到推广。美国《政府采购法》中，明确规定联邦政府采购的能耗产品，必须是能源之星认证或联邦政府能源管理办公室指定的节能产品，凡涉及用能产品的服务采购，包括公共建筑的设计、建造、改建或维修，供应上必须提供能源之星认证的节能产品。

4. 征收碳税或相关税

碳税是以减少二氧化碳排放为目的，对化石燃料按照其碳含量或碳排放量征收的一种税。这种税最早于20世纪90年代在北欧国家出现。在芬兰、丹麦、挪威、荷兰等国家先后推出碳税之后，1992年欧盟在内部对碳税进行推广，规定对排放碳的能源征收碳税。碳税主要根据化石能源燃烧后排放的二氧化碳征税，属于应对气候变化、发展低碳经济的税种。征收碳税使得使用污染

第八章　中国的碳减排行动及工业结构调整政策选择

性燃料的成本变高,促进公共事业机构、商业组织及个人减少污染性燃烧的消耗并提高能源的使用效率。此外,碳税提高了绿色清洁能源的成本竞争力,使它们能与价格低廉的污染性燃料相抗衡。碳税收入还可以用来发展低碳技术,开发低碳能源,促进就业与长期经济发展。

5. 税收优惠

发达国家根据项目性质以及行为主体的不同,可享受的税收优惠待遇也不同,主要包括:直接减免税、加速折旧、税前扣除、特别会计制度、免征进口关税等措施。如日本政府在 2009 财年预算中就有一些税收措施旨在鼓励低碳产业发展,包括环保车减免税、节能环保投资减税、中小企业减少等。日本的节能投资促进税制规定,企业购置政府指定的节能设备,并在一年内使用的,可按照设备购置费的 7% 从应缴所得税中扣除,以应缴所得税税额 20% 为限。法国 2007 年举办的"全国环境协商大会",颁布了一项法令,包括"可持续发展净纳税额免税优惠"、"生态零利息贷款"、"增值税减至 5.5%"等税收优惠措施。美国在税收优惠方面做得更为系统。2005 年美国政府提出的《能源政策法》为了鼓励公众使用太阳能,规定凡安装太阳能热水器的房主都可以获得最多 2 000 美元的减税待遇;对生产节能型家电的厂家也给予税收优惠。在发展节能环保汽车方面,美国对在 2005～2010 年购买柴油轿车和混合动力汽车的消费者给予最高 3 400 美元的税收返还。此外,在发展节能建筑、发展清洁能源等方面都给予不同程度的税收减免的优惠。

发达国家为发展低碳经济实施的一系列积极财政政策,具有手段多样、涉及面广、支持力度较大的特点。这反映出发达国家在发展低碳经济方面有着高度的政府层面的共识。这对于我国制定发展低碳经济的财政政策有着很好的启示。我国要发展低碳经济,一定离不开完备而有力的财政政策支持。

(二) 健全中国发展低碳经济的财政支持体系

1. 财政扶持

财政政策是政府进行宏观调控的重要手段,在发展低碳经济的过程中起着非常重要的作用。因此,我国必须建立起合理的财政政策体系,有效地支持、鼓励、推动低碳经济的发展。健全财政支出政策,加大财政预算资金投入是促进低碳经济发展最直接而有效的手段之一。第一,增列低碳经济发展支出预算项目。为了确保低碳经济发展资金的稳定来源，把低碳经济发展资金列入财政预算的支出项目，把低碳经济发展资金作为财政的经常性支出。不仅如此，还要建立政府低碳经济发展投资增长机制，通过立法形式确定一定时期内政府低碳经济发展投资占GDP的比例或占财政支出的比例，并明确规定低碳经济发展投资增长速度要高于国民经济的增长速度。在财政预算安排中，确保节能减排、清洁能源开发、低碳技术研发、低碳产业发展的投入，形成稳定的资金投入机制。第二，设立财政低碳基金。我国在加大财政资金对低碳经济发展的支持力度方面应设立专项基金，引导资本投入即流动方向。地方政府也可以通过设立低碳基金来促进本地区低碳经济发展。因此，低碳基金可以由中央专项和地方财政资金两部分组成，主要投向低碳或无碳能源的开发、碳中和技术推广、能源的高效利用等与发展低碳经济相关的项目，并建立一套完善的评估机制对基金扶持项目进行筛选。对于基金的运作可以聘请基金公司进行市场化运作，用于持久支持低碳经济的发展。第三，实施促进低碳技术创新的采购政策。政府低碳采购，又称绿色采购，是指政府购买和使用符合低碳认证标准的产品和服务的行为。在低碳新产品、新技术刚刚推向市场，产品发展的初期阶段，政府低碳采购是一种很重要的激励手段。为了促进低碳技术创新，政府应制订具有可操作性的低碳采购制度，科学规范地制订低碳采购标准、清单和指南，指导具体的低碳采购活动。而从长远看，有必要制定专门的《政府绿色采购法》，对政府实施绿色采购的主体、范围、标准、采购清单的制定和发布进行明确规定。第四，建立发展低碳经济财政补贴。为了引导和促进企业主动发展低碳经济，需要采取一些财政补贴措施，如对企业投入的环境治理费用给予补贴；对清洁生产、开发和利用新能源、废物综合利用等项目进行贷款贴息；对污染治理、低碳发展等项目给予贷款利率、还贷条件和折旧政策的补贴优惠；对使用清洁能源实行价格补贴；等等。

2. 税收调节

通过财政政策支持低碳经济发展，不仅要在财政支出方面对有利于低碳经济发展的项目给予扶持，而且还要利用税收政策为发展低碳经济提供激励。第一，对发展低碳经济的企业给予税收支持。企业是发展低碳经济的主力军，为了调动企业发展低碳经济的积极性，要对发展低碳经济的企业给予税收支持。如健全鼓励企业参与低碳经济发展的财税政策，强化财税政策的激励和约束作

第八章 中国的碳减排行动及工业结构调整政策选择

用,对从事低碳技术研发的企业给予一定额度的所得税减免;合理运用关税手段,保护国内环境和资源,提升国内企业产品的竞争力,包括抑制高能耗、高污染、资源性产品出口,支持高附加值产品出口,鼓励企业对其产品和技术进行升级,鼓励高新技术和产品的引进。第二,适应低碳发展启动主体税种的调整和改革。在增值税方面,对资源综合利用企业从外部购入或无偿取得的废渣等原材料、循环利用的内部废物等要纳入增值税抵扣范围;对农膜、化肥、农药等有害于环境的农业生产资料的使用要取消免征增值税的规定,以促进秸秆还田等生物技术的推广,促进生态农业的发展。同时,增值税改革还要有更大的倾向用以推动第三产业的发展。在企业所得税方面,对企业进行提高节能设备、低碳技术或产品研发费用给予税前抵扣的优惠;对单位和个人为生产低碳产品服务的技术转让、技术培训、技术咨询等所取得的技术性服务收入,可给一定所得税优惠;对企业购入环保节能设备在一定时期内实行投资抵免企业当年新增所得税的优惠政策。在消费税方面,增强和拓展消费税引导消费的功能。第三,健全环境税收政策。在气候变化形势越来越紧迫的情况下,我国应进一步健全现行税制,调整税收政策,加快研究开征环境税、碳税等新的环保税种,充分发挥税收政策对碳减排的调节作用。要增设可能引起环境污染产品消费的消费税税目,并逐步提高征税标准;要研究开征碳税,这是国际社会都在探索的一个旨在实现碳减排的有效途径;要研究开征环境保护税,这已有较长时间的酝酿,现也有了实施的条件,应加紧研究实施。第四,着眼于低碳经济发展的出口退税改革。出口退税是一种重要的税收调节手段,可以用来调节出口商品的结构,因此可以用来对有着不同碳排放强度的企业出口进行调节。事实上,我国在最近几年已经开始用出口退税政策对高污染、高能耗、高排放的企业缩小出口退税的范围、降低出口退税率,而对于相反出口倾向的企业出口扩大退税范围和提高出口退税率。第五,通过税收优惠政策鼓励清洁发展机制项目开发。2009年,由财政部、国家税务总局联合下发的《关于中国清洁发展机制基金及清洁发展机制项目实施企业有关企业所得税政策问题的通知》,首次明确了我国关于开展清洁发展机制项目的若干所得税优惠政策,并对清洁基金取得的四类收入免征企业所得税,即清洁发展机制项目温室气体减排量转让收入上缴国家部分。

三、发展低碳经济的金融政策

发展低碳经济除了有健全的财政政策体系支持外,还需要多样化的金融政策支持。因为,实现向低碳经济转型,是需要大量"研发式"投入的,这种投入的初始效应并不明显,如果没有大量的资金注入,那么低碳经济就不可能得到快速发展。

(一) 发达国家为发展低碳经济进行的碳金融创新

低碳金融是基于市场经济框架中的一种应对气候变化风险的金融工具。其核心是通过市场手段达到碳减排的目标。碳金融主要包括碳排放权及其衍生品的交易和投资、低碳项目开发的投融资以及其他相关的金融中介活动与金融市场化解决方案。

碳金融在发达国家最早的践行是从2003年6月由10家跨国银行宣布接受"赤道原则"❶开始的。2003年6月4日,7个国家的10家主要国际领先银行承诺支付大约145亿美元的项目贷款,约占全球项目银团贷款的30%,宣布采纳并实行赤道原则。荷兰银行是"低碳银行"的早期实践者之一。荷兰银行把碳市场列为具有战略利益的领域,推出一系列永续经营的全球性私募股权基金,并参与碳交易,以汇率为基础的碳交易结算,以及由欧洲企业买主预先支付碳信用的融资。

除了低碳银行外,低碳保险也是碳金融的一项重要内容。低碳保险是指从事转移气候变化给经济带来风险的保险公司的业务。低碳保险作为保险公司业务新的增长点,将低碳保险产品与生产经营相结合,采用不同的推广方式,利用保险产品对生态环境进行承保,从而促进环境的可持续发展。瑞士再保险最早于2008年推出绿色车险业务,车主可以根据汽车的排量和每年平均行驶千米数计算出一年的碳排放量,然后通过付费使用瑞士再保险购买的减排证,从而中和自己汽车排放的二氧化碳。

低碳投资是指投资于气候变化领域资产或开发气候变化相关的金融衍生品

---

❶ 赤道原则是一套国际先进的项目融资环境与社会风险管理和行业基准,旨在判断、评估和管理项目融资中的环境与社会奉行,是金融可持续发展的原则之一,也是国际金融机构践行企业社会责任的具体行动之一。

第八章　中国的碳减排行动及工业结构调整政策选择

的投资银行与资本管理业务。低碳投资在低碳经济发展中可以发挥的作用包括帮助企业消除低碳生产模式转变过程中所面临的技术、经济和管理障碍，帮助企业提高能源使用效率，减少二氧化碳排放；对具有市场前景的低碳技术进行商业投资，拓宽低碳技术市场；开发新的低碳领域金融衍生产品以规避气候变化带来的风险。设立碳基金投资与气候变化相关领域的资产、产品是低碳投资的一种重要形式。随着全球低碳金融市场的迅猛发展，碳基金的发展非常迅速，已成为国际低碳投资的重要工具。自2000年世界银行设立首个碳基金以来，10年间全球共有87只基金在运行，累计担保资金从零发展到890.8亿欧元。

（二）完善中国发展低碳经济的金融服务政策

在国际支持低碳经济的低碳金融发展的背景下，中国也必须努力构建自己的金融服务政策体系，以适应不断加快的低碳经济发展趋势，形成由银行贷款、直接投融资、碳指标交易、碳期权期货等一系列金融工具组成的碳金融体系。

1. 要引导商业银行把节能减排项目作为放贷的重点，并大力推进贷款管理机制的创新。商业银行在支持低碳经济发展方面可以发挥更大的作用。货币信贷政策在支持低碳产业发展上，包括节能减排项目生产、节能减排技术创新运用、碳捕获技术、森林碳汇方面的林木草发展、风能核能太阳能产能技术等等，应予以更多的倾斜。目前，我国商业银行尽管都在打"绿色信贷"牌，但对低碳经济的支持力度远远不够，节能减排贷款在贷款总额中的占比明显偏低。因此，需要通过一些优惠的政策引导商业银行将贷款的重点转向低碳企业或低碳项目。

2. 扩大直接融资，为低碳经济发展提供资金支持。在支持低碳经济发展方面，不仅商业银行不太积极，而且直接融资给低碳经济发展的融资空间更小。目前，两个证券交易所上市的具有低碳经济概念的公司尚不足10家。这一方面表明证券融资对低碳经济支持不够，另一方面也表明为低碳经济进行直接融资的潜力巨大。为了将这种潜力发挥出来，建议在公司上市条件中增加耗能和碳排放量标准，并作为公司上市需要达到的强制性指标。还应增加节能减排企业在主板市场的上市数量，以及鼓励、扶持低碳技术开发和应用企业进入创业板市场，为其发展壮大提供资金支持。应抓紧设立致力于减少碳排放的环境产业基金和面向节能减排企业的风险投资基金。还要允许符合条件的节能减排企业通过发行企业债券、中期票据和短期融资券进入企业债券市场。

3. 制订碳排放配额标准，推动碳排放权交易。在《京都议定书》中对碳排放实施许可证的配额管理，一个单位完不成碳排放指标，可以到其他单位购买达标，同时减排单位可以通过出售碳减排指标获得收入。我国可以借鉴这一机制，构建自己的排放权交易市场。目前，我国碳排放权交易的主要类型是基于项目的碳排放权交易，基于配额的碳排放权交易由于主体交易市场尚不完备而进展缓慢。根据欧盟碳排放权交易的经验，在发展以清洁发展机制项目为代表的基于项目的碳排放权交易的同时，应积极加快基于配额交易的主体市场建设，利用市场化的手段配置环境容量资源的使用。

4. 构建我国的碳交易市场，形成多层次的碳交易市场体系。我国是世界低碳产业链上最大供给方，提供的碳减排量已占到全球减排市场的三分之一左右。然而，如此巨大的供给资源因为缺乏完善的碳交易市场，并没有形成效益。我国必须尽快构建和完善碳交易市场，要研究借鉴国际上的碳交易机制，建立较为完善的市场交易制度，强化市场的价格发现功能，并在市场发展到一定阶段后适时推出碳交易衍生工具，逐步提高市场的规范化、层次化和国际化水平，以使我国获得在全球碳交易市场上的定价权。

5. 提供政策优惠，发展低碳技术风险投资机构。一项低碳技术成果从开发到大规模应用，其中存在着很大风险。科研单位或高等院校在低碳技术研究过程中投入了大量人力、物力、财力，但可能无法承受后续风险，而企业因无法预知这种技术的商业前景也不愿意承担更大的风险。因此，低碳技术创新与产业化都具有高风险性，这已成为制约低碳技术产业化发展的重要因素。因此，政府部门应该尽可能地提供优惠政策，扶持建立一批低碳技术风险投资机构，由这些机构承担低碳技术成果研究、开发和产业化过程中的风险。这样就可以推动低碳技术创新和低碳产业化发展。

第三节　中国实现工业结构调整的政策选择

适应低碳经济发展的趋势，给予我国碳排放的特征，实现工业结构调整成

第八章　中国的碳减排行动及工业结构调整政策选择

为我国发展低碳经济的突破口和关键点。如何实现工业结构调整，这不仅是一个工业结构自然演进过程，也是一个需要政策推动的过程。中国的工业结构调整正在谋求实现两个转变，一个是传统工业的信息化改造，即走新型工业化道路，另一个是发展战略性新兴产业。这两个转变不仅代表了工业化发展的方向，也是发展低碳经济对工业结构调整提出的要求。但是，就我国目前工业化达到的水平来看，实现这两个转变的来自工业自身的动力不足，因此，政府的推动，主要是政策推动就显得十分重要。

一、推动新型工业化的政策选择

我国的新型工业化，不仅需要科学技术进步的支撑，而且也需要政府制定相应的政策，为自主创新的发展创造一个良好的政策环境，以增强科研机构和企业自主创新的动力。我国新型工业化进程中需要对自主创新扶持的政策包括以下几个方面，即财税支持政策、金融扶持政策、政府采购政策、人力资源保护政策和自主创新服务平台政策。

（一）财税支持政策

对于自主创新，政府应该根据公共财政的要求，通过财政资源的合理分配，加大研究开发经费的投入，完善科研公共基础设施，减少企业技术创新的风险。同时，政府通过税收优惠，引导企业加大科研投入，建立研发中心，研究开发新技术、新工艺和新产品。具体地讲，政府为推动新型工业化和自主创新，应该采取如下的财政政策：提高政府对企业自主创新的财政扶持力度，如给予企业补贴或税收减免、税收优惠；建立推动自主创新的财政资金引导机制，对于在自主创新方面有意愿且努力的企业给予财政资金的直接支持；促进或扶持风险基金和风险投资公司的形成，引导它们进行创新投资；调整企业技术创新税收优惠的环节和对象，对高新技术的研究、开发和应用推广进行扶持。

（二）金融扶持政策

在推动新型工业化过程中，金融扶持政策具有是不可替代的作用。政府应该建立和完善各类金融服务市场及创新金融工具，努力拓展技术创新的投融资渠道，包括资金信贷、证券融资、风险投资、技术产权交易市场等。此外，政府还可以利用创新基金、贷款贴息、担保等方式，引导商业金融机构支持自主创新与技术产业化，尤其要加强政策性金融机构对自主创新的支持力度，积极拓展企业自主创新资金来源。大力发展风险投资和技术产权交易市场，促进风险资本与技术相结合，加快自主创新和科技成果的转化。尤其需要关注的是，通过金融政策支持中小科技企业在自主创新，进而在推进新型工业化中发挥更大的作用。具体要充分考虑中小科技企业的发展环境，要为它们的发展提供风险投资资金。

（三）政府采购政策

政府采购是扶持自主创新的重要政策，是激励企业开发拥有自主知识产权产品的重要政策导向。扶持企业成为自主创新主体是政府采购的核心目标。政府采购应该把扶持企业成为自主创新主体作为核心目标。政府采购对企业技术创新的激励应集中在培育和拉动创新产品的早期市场需求、引导市场发展方向、保护本国中小高新技术企业等方面。借助政府采购的支持，可以降低企业技术创新产品早期进入市场的风险，并且激励和引导企业增加技术创新投入，增强企业自主创新的信心，加速高新技术产品的市场扩散，促进创新型中小企业发展。为此，要建立优先支持自主创新产品制度，科技与财政部门要制订有关自主创新产品认定和政府采购自主创新产品管理办法方面的制度。

（四）人力资源保护政策

新型工业化进程离不开科技创新，而科技创新的基础是人才，因此，在推进新型工业化进程中，人力资源保护政策意义重大。特别是政府应该制定适用于高科技人才的特殊保护政策。科技人才是国家竞争力最重要的战略资源，对高科技人才取得创新成果应给予及时的物质和精神奖励。为了更好地发挥高层次科技人才的作用，国家应该在中心城市、国家级开发区和重点高校科技机构以及大型企业建立高科技人才创新平台，吸引高科技人才特别是滞留在国外的高科技人才回国开展科学研究和进行创业，调动和发挥他们的积极性和创造性。国家还应加强对科技领军人才和优秀创新团队的培养，加大引进海外高层次创新人才和科技领军人物的力度。此外，国家应进一步完善和落实加快科技创新的激励机制，努力吸引集聚高层次创新人才，营造加快自主创新发展的社会氛围。

（五）自主创新服务平台政策

新型工业化发展和科技创新需要一些特殊的服务。其中一项重要的服务就

第八章　中国的碳减排行动及工业结构调整政策选择

是为自主创新提供一个良好的创新平台。为此，政府应当积极推动建立"政府、高校、研究机构、企业"科研协作机制，加快建设以政府为主导、企业为主体、市场为导向、产学研相结合的科技创新体系，并建立与完善自主创新服务平台。政府还应当支持企业采用技术入股、股票期权等形式吸引稳定科技人才；鼓励企业与高校、科研院所建立创新共同体，并且加强企业与高校、科研院所的科研成果对接，加快科技成果向生产的转化，使创新成为引领产业的强大动力；大力发展科技中介服务机构，通过政府引导，支持和鼓励社会力量创办各种技术创新服务、专利服务、信息咨询服务等知识密集型科技中介服务机构；鼓励采取社会资金投资、政府集中扶持的多元化投资方式；建立科技企业孵化器，促进中小企业创新发展。

二、扶持战略性新兴产业发展的政策选择

适应低碳经济发展的工业结构调整除了用信息化改造传统工业的新型工业化道路外，另一个重要途径就是加快发展战略性新兴产业。或者说，大力发展新一代信息技术、新能源、新材料等战略性新兴产业是推进我国产业结构调整、加快产业升级的根本途径。从国际经验来看，政府扶持在新兴产业的形成、发展过程中有着不可替代的作用。新兴产业在我国还处于发展初期，选择怎样的政策促进新兴产业发展就成为一个突出的问题。发达国家或新兴工业化国家在发展新兴产业方面，其政府都通过制定公共政策推进技术创新、促进新兴产业发展。根据我国当前的形势，对新兴产业发展的政策支持必须是综合性的，包括产业技术政策、市场培育政策、国际合作政策、投融资政策、财政税收政策、专项政策等；而且这些政策的运用又要取决于新兴产业发展的阶段。

（一）战略性新兴产业的发展周期

新兴产业是一个相对概念，自第一次产业革命之后，在不同的发展历史时期，都经历了相应的新兴产业从形成到成长到成熟再到转型的周期。目前的新兴产业也将经历这样的周期。

1. 形成期

新兴产业的形成期一般是科技创新产业化时期。随着大规模的科技创新，再加上新的市场需求，或者是国内外竞争激化，这些都会成为新兴产业形成的动力。在这个阶段，通常是充满着创造性探索，新技术的经济价值和市场前景

都不确定或不明显,因此,存在着较大的风险,从而导致企业、科研机构等技术研发主体投入远低于预期。所以,新兴产业的形成期,是一个充满不确定性和高风险的时期。

2. 成长期

新兴产业的成长期是开始产业化并展现一定前景的时期。这个时期不断地有企业进入新兴产业投资,而且这些具有预见的企业,如一些资金实力雄厚的大型企业,通过技术转让、并购等方式进入新兴产业领域,还有一些高科技中小企业也凭借其自身技术优势迅速占领市场。这些企业进入新兴产业后,往往会获得较高利润,这会形成一定示范效应,因此推动新兴产业进入一个快速成长的阶段。

3. 成熟期

随着大量的企业进入新兴产业领域,最早进入的企业会面临越来越激烈的竞争,过去获得的超额利润也因为这种竞争逐步减少。产业内的企业所能获得利润也逐渐被稀释为正常利润或平均利润。但是,这个时期的产业也得到最大限度的扩张,并且成为主导产业,在推动国民经济增长方面起着重要作用。

4. 转型期

新兴产业在经历了成熟期发展后,产业的经济效益不断下降,并且很难再起到推动国民经济持续增长的作用。经济社会也在酝酿新的产业发展。这时,曾经的新兴产业开始走向衰退。产业面临着转型,或者通过新技术加以改造,或者被新兴产业所代替。因此,新兴产业在整体上处于转型时期。

针对新兴产业发展的不同时期,所采取的政策措施也有所不同。对于当下的新兴产业发展,由于还处于发展周期的第一和第二个阶段,因此,有针对性地选择政策扶持,对于新兴产业的周期推进有着重要意义。

(二)战略性新兴产业发展的财政政策

在战略性新兴产业发展初期,政府需要利用直接财政支持促进新兴产业发展。根据财政政策具有的功能,发挥财政政策推动战略性新兴产业发展需要采取两个方面的措施。

1. 发展战略性新兴产业的财政支出政策

增加财政对基础科研的投入力度。在战略性新兴产业发展初期,基础研究对于技术创新的意义非常突出,为此,加大对基础研究的财政投入是实现技术

第八章　中国的碳减排行动及工业结构调整政策选择

创新的前提条件。2012年，我国全社会研究与试验发展经费支出占国内生产总值的比例达到1.97%，比2007年的1.4%增长了40.7%，其中，企业研发活动支出占比超过74%。这表明我国的研发投入增长比较快，不过，基于历史欠账和相对于科技创新加快需要的资金投入依然有较大缺口。因此，增加财政投入比重还是值得期待的。

增加对科技创新的激励性财政支出。通过财政补贴扶助创新企业在发达国家比较普遍。我国应该对高等教育、科研机构在与企业合作基础上进行研究给予资助，同时对企业的技术进步进行财政扶持。另外，政府还可以在融资方面为战略性新兴产业提供担保和贴息。

建立财政资金引导的风险融资平台。科技成果产业化离不开风险投资，多渠道的风险资本来源已成为发展战略性新兴产业的重要条件。目前，我国风险投资存在着资金规模小、结构单一的问题，难以适应战略性新兴产业不断加快发展的需要。我们建议要拓宽融资渠道，建立"多方投入、风险共担、利益共享"的风险投资机制。为此，政府可以投入一部分财政资金作为"种子基金"，吸引民间资本有效参与；也可以通过政府融资担保资金等形式推动早期风险投资发展，充分发挥不同投资主体的作用，构建我国的风险融资平台。

增加政府采购对战略性新兴产业及相应的技术创新的支持。美国在发展信息产业的实践中，通过政府采购来促进信息产业发展的成果显著。我国财政收入不断增长以及目前达到的规模将会产生庞大政府采购效应。而将这种政府采购向战略性新兴产业倾斜，无疑会极大地推动战略性新兴产业加快发展。

2. 发展战略性新兴产业的税收政策

完善相关税收制度，为战略性新兴产业发展创造更大利益空间。在增值税方面，提高战略性新兴产业企业产品的增值税出口退税率；在营业税方面，对战略性新兴产业企业对外转让的专利技术或非专利科技成果所获收入免征营业税，若出口应该实行零税率；在所得税方面，对高科技人才技术转让和技术服务收入可实行所得税减免的政策；对企业科研人员从事研究开发取得的成绩予以奖励，可以比照国家统一规定的发放补贴和津贴免征个人所得税；对从事科研开发人员以技术入股所获得的股权收益可以规定一定时间内免征个人所得税。

完善有关风险投资的税收政策，推动更多企业或个人从事科技创新和发展战略性新兴产业。我国风险投资行业起步较晚，体系尚不完善，各种相应的税收扶持政策尚未健全，可借鉴国外的成功经验，不断创新体制机制，对风险投资给予税收政策上的支持。具体可以将企业风险投资损失直接用于抵减其他投资收益；还可以对投资于战略性新兴产业领域的企业给予关税优惠并对创业投资企业实行再投资退税政策。

(三) 战略性新兴产业发展的其他政策

战略性新兴产业及其基础的科技创新都会因为高风险，面临融资方面的困难。根据发达国家的经验，以及金融理论的一般原理，这些产业发展所需的融资问题，多通过风险基金、政府的融资担保和补贴、证券市场直接融资等手段来解决。我国在对战略性新兴产业融资支持方面，比较突出的一个问题是对中小企业的科技创新支持不足。不仅缺少对中小企业创新支持的风险投资，而且在直接融资方面，中小企业也缺乏机会。因此，今后必须改变这种局面，加大对中小企业科技创新以及发展战略性新兴产业的各种融资支持，尽力为中小企业开拓更多的融资渠道。

战略性新兴产业发展还需要国家在产业政策方面给予倾斜和重视。我国经济发展的特征与西方发达国家有所不同。西方典型的市场经济国家不倡导政府对新兴产业发展采取直接的政策干预，而更多地通过间接手段来推动新兴产业发展。我国的经济体制虽然也是市场经济，但在运行上与典型的市场经济国家不同，我们强调一定程度上政府对经济的直接干预。如产业政策是我国推动产业发展和产业升级的一项重要政策。对战略性新兴产业发展的政策支持，需要进行产业规划，为战略性新兴产业发展提供系统的保障。

战略性新兴产业发展需要借助于国际合作，不仅在技术方面，由于我国与发达国家有着一定差距，通常需要与发达国家进行技术合作；而且在产业运行方面，我国发展战略性新兴产业也离不开与国际市场的联系。因此，开展国际合作是我国发展战略性新兴产业必需的环境。在推进战略性新兴产业发展的国际合作上，需要政府给予必要的政策支持，除了相关的税收政策外，还要技术引进创新、人才引进并发挥作用、新兴产业产品的进口和出口，都可以选择一些支持和激励政策，以使发展战略性新兴产业的国际合作顺利进行。

发展低碳经济和进行工业结构调整，是两个具有紧密联系的领域。从我国

第八章 中国的碳减排行动及工业结构调整政策选择

目前的经济结构来看,发展低碳经济的主要突破口就在工业结构的调整和升级。而工业结构调整给我们提供的空间和机会又主要是新型工业化和战略性新兴产业。通过有效的政策推动和扶持,工业结构适应低碳经济发展的调整步伐会加快,最终可以通过工业结构调整和升级为我国未来的低碳经济发展奠定坚实的基础。

结　论

　　全球气候变化越来越严峻的形势，把全世界的注意力集中到关注气候变化这一主题上。在寻求应对气候变化的探索中，人们发现了一种新的经济发展方向，即发展低碳经济。而且，低碳经济已被人们认为是继第三次产业革命后又一新的经济形态。发展低碳经济不仅是对世界所有国家在新的历史时期提出的一个挑战，而且也是人类社会实现经济可持续发展的一个机会。哪个国家能够积极应对这一挑战，把握这一巨大机会，该国家就会引领未来世界经济发展的方向。发达国家基于这一共识都在积极探索发展低碳经济途径，在战略安排、制度创新、技术创新、政策选择等方面都做出了一些具有前瞻性探索工作。中国作为一个发展中大国，长期憧憬着中华民族伟大复兴的梦想，在目前已经成为世界第二大经济体的基础上，绝不能在新的经济转型中再落在后面。可以说，发展低碳经济对于中国来说是一个更大的挑战，也是一个更大的机会。发展低碳经济围绕的一个中心问题就是实现碳减排。

　　中国的碳排放主要集中在工业，因此，实现碳减排的重点就是降低工业的碳排放。如何降低工业的碳排放？在理论上无非有两种途径，一是降低工业的比重，因为在产业结构中，工业相对于农业和服务业属高碳排放行业；二是调整工业自身结构，因为在工业内部各行业的碳排放也有较大差距。降低工业在产业结构中的比重，或者说实现产业结构升级，这自然是实现碳减排的一条重要途径，也是我国发展低碳经济努力的一个方向。不过，就中国目前的实际来看，工业化的任务尚未完成，工业比重在短时间内不会有大幅度的降低。因此，如何在短时间内无法降低工业比重前提下实现碳减排成为我国发展低碳经济的最大考验。

　　要降低工业的碳排放，第一，调整能源结构。包括二氧化碳在内的温室气体排放的人为因素主要是能源消费。而不同能源消费的二氧化碳排放系数有着

结 论

较大差别。从能源分为不可再生能源和可再生能源来看，不可再生能源是二氧化碳等温室气体的主要排放源头，可再生能源直接的二氧化碳排放很少甚至是零排放；从不可再生能源来看，不同的能源的二氧化碳排放也有较大差距，如煤炭较其他能源的二氧化碳排放最大。因此，调整能源结构有着较大的碳减排空间。首先是增加可再生能源的比重，其次是降低不可再生能源中高碳排放能源的比重。第二，发展战略性新兴产业。这是工业结构调整的方向。我国发展战略性产业必须有自己的特点，这与我国工业化发展的阶段和特点有关。到目前为止，我国还没有最终完成工业化，因此，我们必须走一条新型工业化道路，也就是用信息化带动和改造传统工业，而在这条新型工业化道路上要合理规划发展战略性新兴产业，也就是说我们的新型工业化既要有次序推进，又要统筹发展。第三，建设创新型国家。无论是调整能源结构，还是发展战略性新兴产业，都要系于技术创新，而且这一次技术创新还不是一般的技术进步，而是可以推动实现经济长周期转型的技术创新。因此，这需要在国家的层面上，甚至在世界的层面上的技术创新。第四，实现制度和政策创新。调整能源结构和发展战略性新兴产业，对于我国来说，并非是一个经济自然演进所要实现的阶段，而是一个需要跨越和超前发展的问题。因此，我们常常愿意用来比对的发达国家发展模式并不能拿来在我国现成地使用，而是需要在符合我国国情的前提下创新一种新模式。其中，要实现跨越和超前必须有制度创新的基础和政策方面的支持。如继续深化体制改革，加大财政、货币和产业政策对低碳经济的支持，以及对工业结构调整的支持，这都是我国在立足未来所必须探讨的问题。

世界潮流浩浩荡荡，任何一个国家或经济体只有顺应这种潮流，才可能在世界经济中占有一席之地。中华民族曾经创造过古代经济的辉煌，但是在近代以后，由于我们没有顺应世界发展的潮流，甚至逆世界历史潮流，在西方国家开始努力开辟世界市场的时候，我们却将自己的国门紧紧关起来，因此使中华民族经历了长达100多年内忧外患的煎熬。目前，世界经济又到了一个新的转折关口，我国一定不能失去这一机会，否则我们努力实现民族复兴或"中国梦"的理想会再次遭遇困境。发展低碳经济已经成为一个世界性共识，它承载着一个新的经济时代实现的重任，也为世界各国所认同。我国作为世界第二大经济体，已经具备发展低碳经济的能力，也有获取这一发展机会的资格。当然，对于我国来说，这绝不是容易实现的一个目标，它对我们提出的挑战是巨大的。而就我国尚没有完成工业化这一现实来看，发展低碳经济的关键在于工业的低碳发展。本课题就是基于这样的认识，并建立在一种使命感基础上所进行的研究。当然，这也只是一个尝试性或探索性研究，无论是我们，还是其他人，都需要在这一探索的道路付出更多的努力，做出更深入的研究。

参考文献

[1] 汪海波等. 中国现代产业经济史 [M]. 太原：山西经济出版社，2010.

[2] 汪海波主编. 新中国工业经济史 [M]. 北京：经济管理出版社，1986.

[3] 简新华. 中国经济结构调整和发展方式转变 [M]. 济南：山东人民出版社，2009.

[4] 杨龙主编. 新型工业化背景下的政府职能研究 [M]. 天津：天津人民出版社，2011.

[5] 杨世伟. 国际产业转移与中国新型工业化道路 [M]. 北京：经济管理出版社，2009.

[6] 吴敬琏. 中国增长模式抉择 [M]. 上海：上海远东出版社，2006.

[7] 伍华佳，苏东水. 开放经济条件下中国产业结构的演化研究 [M]. 上海：上海财经大学出版社，2007.

[8] 胡培兆主编. 科学发展观与中国新型工业化 [M]. 厦门：厦门大学出版社，2006.

[9] 叶连松，靳新彬. 新型工业化与能源工业发展 [M]. 北京：中国经济出版社，2009.

[10] 杨云龙. 中国经济结构变化与工业化 [M]. 北京：北京大学出版社，2008.

[11] 王金照. 典型国家工业化历程比较与启示 [M]. 北京：中国发展出版社，2010.

[12] 陶良虎主编. 中国低碳经济——面向未来的绿色产业革命 [M]. 北京：研究出版社，2010.

[13] 樊纲主编. 走向低碳发展：中国与世界——中国经济学家建议 [M]. 北京：中国经济出版社，2010.

[14] 杨志等. 低碳经济——中国用行动告诉哥本哈根 [M]. 北京：石油工业出版社，2010.

[15] 杨志等. 中国低碳经济年度发展报告（2011）[M]. 北京：石油工业出版社，2011.

[16] 杨志，刘丹萍. 低碳经济与经济社会发展 [M]. 北京：中国人事出版社，2011.

[17] 薛进军等主编. 中国低碳经济发展报告（2012）[M]. 北京：社会科学文献出版社，2011.

[18] 熊焰. 低碳之路——重新定义世界和我们的生活 [M]. 北京：中国经济出版社，2010.

[19] 蔡林海. 低碳经济大格局：绿色革命全球创新竞争 [M]. 北京：经济科学出版社，2009.

[20] 张坤民等. 低碳经济论 [M]. 北京：中国环境科学出版社，2008.

[21] 莱斯特·R. 布朗. 建设一个可持续发展的社会 [M]. 北京：科学技术文献出版社，1984.

[22] D. 梅多斯等. 增长的极限 [M]. 北京：商务印书馆，1984.

[23] 莱切儿·卡逊. 寂静的春天 [M]. 北京：吉林人民出版社，1997.

[24] 巴巴拉·沃德，内雷·杜博斯. 只有一个地球 [M]. 北京：石油化学工业出版社，1976.

[25] 王卉彤. 应对全球气候变化的金融创新 [M]. 北京：中国财政经济出版社，2008.

[26] 唐建荣主编. 生态经济学 [M]. 北京：化学工业出版社，2005.

[27] 穆献中. 中国低碳经济与产业化发展 [M]. 北京：石油工业出版社，2011.

[28] 薛进军. 低碳经济学 [M]. 北京：社会科学文献出版社，2011.

[29] 王宁寰. 节能减排：低碳经济发展的必由之路 [M]. 济南：山东教育出版社，2010.

[30] 彭建平. 自主创新与工业结构升级研究 [M]. 北京：中国社会科学出版社，2011.

[31] 陈诗一. 节能减排、结构调整与工业发展方式转变研究 [M]. 北京：北京大学出版社，2011.

[32] 乔榛. 世界碳减排博弈困局及出路探析 [J]. 北方论丛，2011，(5).

[33] 乔榛，魏枫. 世界性碳减排合作的出路 [J]. 税务与经济，2011，(9).

[34] 乔榛. 发展低碳经济与加快经济增长是否冲突？[J]. 苏州大学学报，2012，(7).

[35] 孙作人，周德群，周鹏. 工业碳排放驱动因素研究：一种生产分解分析新方法 [J]. 数量经济技术经济研究，2012，(5).

[36] 国务院发展中心课题组. 国内温室气体减排：基本框架设计 [J]. 管理世界，2011，(10).

[37] 申萌，李凯杰，曲如晓. 技术进步、经济增长与二氧化碳排放：理论和经验研究 [J]. 世界经济，2012，(7).

[38] 何小钢，张耀辉. 中国工业碳排放影响因素与CKC重组效应 [J]. 中国工业经济，2012，(1).

[39] 姚西龙，于渤. 技术进步、结构变动与工业二氧化碳排放研究 [J]. 科研管理，2012，(8).

[40] 杨全社，付强. 全球化背景下我国低碳经济财税政策支撑体系：演变、协整与创新 [J]. 国家行政学院学报，2010，(1).

[41] 张赛飞. 促进我国低碳经济发展的财税政策研究 [J]. 学术研究，2010，(1).

[42] 文宗瑜. 支持经济转型及产业升级的财税政策 [J]. 地方财政研究，2010，(1).

附录1 基于环境效用的世界性碳减排博弈困境分析

一、引 言

"碳排放"已经成为威胁人类生存环境的最大隐患,在一份由众多科学家参与撰写的研究报告中宣称,按照目前的"碳排放"进度,20年内会使地球达到升温2℃这一生态警戒线。面对如此严重的挑战,人类几乎拿不出有效的方案来应对。因为解决"碳排放"需要的是世界性行动,而在世界范围内取得一致的行动十分困难,2009年年底召开的哥本哈根气候变化大会就没有形成一个统一的行动纲领。出现这种结果的一个重要原因是各国甚至各种利益集团围绕"碳减排"的博弈面临一种困境,具体表现为基于各国的环境效用不同,难以形成一种博弈的均衡解。

全球气候变暖以及灾难性天气现象频发,被指向为"碳排放"导致的结果。从"碳排放"的自然或技术属性来看,它具有三方面的特点,第一,由于大气层的流动性,无论哪一国的碳排放,都使地球上所有的人成为受害者;第二,二氧化碳在大气层中的留存和危害期很长,因此"碳排放"涉及一个历史问题;第三,"碳排放"具有典型的负外部性特征。"碳排放"的这些特征决定了解决"碳排放"问题、控制全球气候变暖,不仅仅是一个技术问题,而且会给经济和政治带来巨大的挑战(张志强等,2009)。

《京都议定书》是应对全球气候变化的第一个全球温室气体减排国际行动方案。贯穿于该协议的"共同但有区别的责任"原则,尽管不要求发展中国家承担减排义务,但由于发展中国家的正当权利难以在该协议中得到充分保护,使得发展中国家参与全球减排的激励很小。发达国家虽然承诺要承担更多的责任和义务,但在实际行动中也没有多少积极性去贯彻自己的承诺,甚至出现了像美国一开始就拒签《京都议定书》的现象。目前,《京都议定书》的执行期就要结束,而联合国为寻求一个更有效的替代方案的努力,在2009年年底的哥本哈根气候大会上因谈判无果而宣告失败。这表明,实现"碳减排"的目标是一个非常艰巨的任务,其背后包含的经济和政治因素使该问题变得十分复杂。为此,对"碳减排"的研究形成了多种角度,提出了不同的观点。

  对"碳减排"的讨论首先涉及两个核心问题,一是如何界定各国的碳排放责任;二是如何界定或分配各国碳排放权。前者属于认识问题,需要达成一种共识;后者属于行动问题,会出现一种博弈,需要找到一个博弈的均衡解。然而,不管是认识问题,还是行动问题,都远远没有达成统一,也难以达到博弈的均衡。在"碳排放"的责任问题上,各国的认识相差甚远,如印度提出人均排放的概念,即以人均碳排放来测算,发展中国家的人均排放要大大低于发达国家,因此,发达国家应该是造成温室效应的最大责任者;巴西提出应准确测量"碳排放"的历史责任,发达国家在工业化以来大量化石能源的燃烧是导致气候变暖的主要原因;发达国家则强调"碳排放"的总量或增长,由此,把碳排放的责任归咎于快速增长的发展中国家。在各国都在努力推卸自己"碳排放"责任的同时,学者们也参与到这一讨论中。把"碳排放"与生产或增长联系起来,是学者们普遍坚持的一个角度。Ang et al.(1998)对中国工业部门的"碳排放"进行了研究,得出的结论是,工业部门总产出的变化对1985~1990年该部门碳排放产生了比较大的正向效应。不过,这一研究涉及的行业只有8个。在2007年,Ang et al. 把对中国工业部门的碳排放研究扩大到36个行业,就1998~2005年的中国工业部门碳排放进行了测算,其结论认为工业经济发展与工业终端能源强度是推动碳排放变化的最重要因素,工业部门结构变化减少了35.14%的碳排放。Stern(2008)认为,尽早采取有力的减排行动所带来的成本将远远低于不采取行动所带来的经济损失,而且在气候变化这个问题上,因为存在太多不确定性和伦理因素,对于总量控制的政策也许比从价格出发的政策效果更好。Nordhaus(2007)认为Stern采用的接近于零的折现率,即意味着今天的决策者对于后代的福利重视程度非常高的假设不现实,在采用更为常规的贴现率后,Nordhaus发现最优的碳减排路径是短期内开始小幅度削减,而在中、长期中应等待经济和技术进一步发展后再进行较大幅度削减。Weitzman(2007)则质疑了Stern把应对气候变化的措施看作是人类

附录1 基于环境效用的世界性碳减排博弈困境分析

社会长期消费的手段的观点，认为应对气候变化的措施应被视作人类为一个不可承受的潜在自然灾害所购买的保险。王锋、吴丽华、杨超（2010）对中国经济发展中碳排放增长的驱动因素进行了研究，其结论认为中国的人均GDP增长是碳排放增长的最大驱动因素，中国的碳排放与经济发展和居民生活水平提高密切相关。此外，研究还认为，中国碳排放出现下降的主要驱动因素是工业部门能源利用效率的提高，而深层原因是研发经费支出大幅度提高所推动的技术进步和工业企业所有制结构的变化。不过，也有学者从消费的角度来厘清碳排放的责任。樊纲、苏铭、曹静（2010）提出根据最终消费来衡量各国碳排放责任的理论，并且因此得出结论，认为是最终消费而不是生产导致温室气体大量排放、气候变化加剧的根本原因，而发达国家为了维持高消费而在全球配置资源、投入更多能源进行生产更进一步加剧了该现象。

在如何分配各国的碳排放权方面，其分歧更为突出，不仅一系列已有的国际性条约得不到严格执行，而且急需制订的新的国际减排行动方案又是待定难产。目前表现出来的争论主要有，发达国家尽管承认《京都议定书》的"共同但有区别的责任"原则，但是，它们在完成减排目标方面和承诺新的减排目标上都表现得不够积极。发展中国家基于自己对发展权的追求则在努力争取更多的未来碳排放权。而一些最不发达国家还没有把碳减排问题提上日程。这种分歧使得未来的碳排放权分配变得非常困难。2009年年底召开的哥本哈根世界气候大会的无果而终正是这种困难的表现。不过，学者们倒是饶有兴趣地提出一些分配碳排放权的方案。国务院发展研究中心"应对全球气候变化"课题组（2009）发表研究报告提出一个全球温室气体减排的理论框架，核心是解决各国排放权分配问题。具体的分配分三个步骤：第一步是对各国的排放先算一个历史总账。根据各国对现有大气层中留存的温室气体的贡献，确定各国自工业革命以来累计实际排放是否超过其应有的排放权。如果超过，则其当期的排放权余额就是赤字；反之则为盈余。这就可以为各国建立起"国家排放权账户"。第二步是科学设定自现在起到未来某个时点上全球新增总排放额度，并将这一额度分配给各国。这一新增额度加上各国当前时点的排放权余额，即为各国到未来某个时点总的排放额度。第三步是各国在各自的排放额度下提出自己的减排路线图，自行决定当前至目标时点每年的实际排放，并可以进行国际间温室气体排放权交易。樊纲、苏铭、曹静（2010）在提出"消费排放"概念的基础上将"共同但有区别的责任"原则扩展为"共同有区别的碳消费权"原则,并计算了 1850~2005 年的人均累积消费排放,结果是大部分发展中国家的排放水平远远低于主要发达国家。因此,发展中国家的发展权应得到充分体现,可以在将来一段时间消费更多的含碳产品,而发达国家不仅要在本国立即展开减排行动,而且应通过国际间的资金和技术转移,提高落后国家产品的技术水平。

以上集中于碳排放责任界定和碳排放权力分配方面的方案设计和研究结论都有一定的道理,并且任何一种方案严格执行都会有利于未来全球的碳减排目标实现。不过,实现"碳减排"更需要一致的行动,而不是一个看似合理的方案。而这需要研究清楚的是各个发展程度不同的国家在实施碳减排时的行动动机以及在此基础上的各国之间的博弈。

有鉴于此,本文通过引入环境效用这一概念,分析碳减排的世界行动中面临着怎样的博弈困境。以下各部分的安排是,第二部分对碳排放与环境效用的关系予以分析,重点分析在碳排放的背景下,环境效用的变化;第三部分是建立在环境效用概念基础上对世界性碳减排的博弈困境进行分析;第四部分是为世界性的碳减排合作博弈寻找出路。

二、碳排放与环境效用

"碳排放"对生态和环境的影响越来越受到人们的关注。工业革命以来的"碳排放"随着工业化进程不断积累,其规模已经超出了地球生态自平衡系统所能消化的程度,由此导致了一系列的地球生态危机和异常气候频发。根据科学家测算,如果气温上升 2℃,地球上将出现大面积的农作物歉收、水资源枯竭、疾病肆虐、海平面上升等恶果;格陵兰岛的冰盖将彻底融化,从而使得全球海洋的水平面上升 7 米;1/3 的动植物种群会因为天气变化而灭绝;1 亿人处于缺水中;同时世界上绝大多数的珊瑚将会消失。如此表明,这种没有节制的碳排放会使人类陷入一次生存的挑战。因此,环境状况也开始进入人们的效用函数,也就是人们越来越重视环境优劣给自己带来的效用。这种变化使得碳排放与环境效用建立起一定的关系,人们在关注碳排放时就会从环境效用的角度加以考虑。

环境效用反映的是环境质量对人们追求生活质量满足的程度。环境能够给

附录1 基于环境效用的世界性碳减排博弈困境分析

人们带来生活的满足程度并不是一开始就受到人们关注的。在环境并未遭到破坏时，环境如同空气一样，尽管是人们不可缺少的，但是人们并没有去考虑或衡量环境的效用问题。而到了环境开始恶化时，人们才开始对新鲜的空气、干净的饮用水、优美的环境才产生需求。当然，使环境进入人们的效用函数，还有一个因素是必须考虑的，就是人们的生活水平或收入水平。在人们的生活水平或收入水平极低时，人们很少考虑环境的优劣，因为这时对人们最重要的是如何生存的问题，当人们的生活或收入水平提高到一定程度，环境优劣就会受到人们的关注，并且随着人们生活或收入水平不断提高，环境受到人们的关注程度也相应地增强。这意味着收入水平越高的人们，其环境效用也越高，不同收入水平的人们，其环境效用也不同，这一思想最早由美国经济学家 Simon Kuznets 于 1955 年在研究收入分配差距与经济发展的关系时提出。1991 年，环境经济学家 G. Grossman 和 A. Kureger 通过 42 个国家的面板数据分析发现环境污染与经济增长的长期关系呈倒 U 形，这一结论被 Panayotou 进一步证实。1993 年，Panayotou 等人借用库兹涅茨曲线来描述环境质量与经济发展的关系，提出了环境库兹涅茨曲线（EKC）假说，认为环境质量与经济发展存在倒 U 形关系，即环境质量随经济发展先恶化后改善；在发展初期，经济增长不可避免导致环境破坏，但发展到一定程度后，经济体会向经济与环境和谐一致的方向发展。Panayotou（2003）等人从人们的"环境服务消费倾向"角度开展环境库兹涅茨曲线的理论分析。他们认为，在经济发展初期，人均收入水平低，人们关注的焦点是如何摆脱贫困、如何加快经济发展，加上初期环境污染程度低、人们对环境服务需求低，从而忽视了环境保护，导致环境质量趋于恶化；伴随着经济不断发展引发的环境质量下降，环境服务呈现稀缺状态，而生活水平提高了的人们对环境质量的需求也提高了，于是人们开始关注环境保护问题，环境恶化的现象逐步得到缓解，从而形成倒 U 形曲线。李稻葵、汪进和冯俊新（2009）从消费者对最终产品的需求结构角度出发，构建了一个模型来证明能源消费和经济发展之间存在 S 形关系。该理论模型的原理是：随着经济发展和收入的增加，消费者对最终产品的需求结构会不断变化。在经济发展初期，消费需求增长主要来自衣、食等低能源强度的产品，这个时候的能源消费增速较慢，能源消费对于经济增长的弹性不大。当经济发展到一定阶段时，消费需求发生了变化，住、行等能源密集型产品在最终产品中所占比重上升，这一阶段经济发展对能源的需求较高（即快速工业化和城市化的阶段），经济发展的能源需求弹性提高。而当经济发展进入成熟期，人们已经基本上享有完善的基础设施，最终消费需求增长主要来自现代服务业等能源密度较低的产品，于是能源总消费量增长速度也将会降低。需要强调的是，即使在经济发展的成熟期，当人们的消费增长主要来自低能源密度产品时，也只是意味着人们的能源需求增长率下降，总能源消费需求并没有下降。于是，能源消费需求和经济发展水平之间将呈现一个 S 形关系曲线。

基于对环境效用的这些认识，我们可以对环境效用进行如下的描述：

环境效用受到两个因素的影响，即环境的优劣程度和收入水平的高低。由于环境的优劣受碳排放的影响，因此，环境效用与碳排放和收入水平有关。我们用 U 表示环境效用，用 CE 表示碳排放（Carbon Emission），用 IL 表示收入水平（Income Level）。把这三个因素用一个函数式表示，可以写为

$$U = U(CE, IL)$$

当 CE 的量较少时（假定此阈值为 $\overline{CE}$），也就是碳排放还不足以对环境的自我平衡系统产生影响时，这意味着环境并没有对人们的生活产生影响，或者人们并不会把环境纳入自己的效用函数中。同时，也表明人类的生产能力还很低，人们主要关注的是如何获得满足自己基本生活所需要的物质财富，环境本身并不是人们关注的对象。如果说这时人们也注意环境，那只是关心环境能否给人们提供生活资料或生产生活资料的条件。因此，当 CE 很小，同时收入水平很低时，环境效用为零，即

$$U'_{CE} = 0, if CE \leq \overline{CE}$$

当 CE 的量不断增加，突破阈值 $\overline{CE}$，最终影响到环境的自我平衡系统，并且引起环境恶化，进而给人们的生活带来诸多不便。这时，环境开始进入人们的效用函数，良好的环境会给人们带来正的效用，环境恶化会给人们带来负的效用。如果与这一进程相应的是人类的生产能力提高，并带来人们的收入水平提高，那么人们对环境本身再不是漠不关心了，而是开始关注环境给自己带来的效用。在人们生活无忧的情况下，一个优美的环境无疑是提高生活质量的重要决定因素。因此，在 T 增大，同时人们的收入水平提高时，环境效用变为正数，即

附录1 基于环境效用的世界性碳减排博弈困境分析

$$U'_{CE} > 0, if CE > \overline{CE}$$

环境效用变为正数后，人们的效用函数就增加了用以提高效用的因素，即通过改善环境来增加自己的效用。而改善环境的主要途径是减少碳排放，因此，人们提高环境效用的一个重要途径就是进行碳减排。当然，选择这一途径会遇到一个矛盾，在没有必要的技术进步的前提下，碳减排意味着要牺牲经济增长速度，从而降低人们的收入水平，这又会降低人们由收入带来的效用。因此，没有技术进步的重大突破为提高环境效用的碳减排，可能会导致收入减少和效用损失的结果。而且，在人们的收入水平并不是很高时，这种碳减排对于人们的总效用来说是十分不利的，因此，要使人们进行碳减排是件较为困难的事情。只有当人们的收入达到比较高的水平，技术进步也有较大的突破，这时随着人们收入水平提高的效用递减和环境效用递增，人们才会有积极性进行碳减排。

以上讨论的环境效用与碳排放的关系，是把二者的相对主体作为一个统一的人群来看待。但实际上，不同人群所处的发展水平不同，这在不同发展程度的国家之间表现得尤为突出。如果我们把众多的国家简单化为穷国和富国，它们各自的环境效用表现的不同，决定了它们对待碳减排的态度也完全不同。穷国因为经济落后，收入水平较低，生活的压力较大，因此，环境还没有进入它们的效用函数，环境效用为零。即使处于环境恶化的情况下，它们对环境的关心也是很低的，并不足以改变环境效用为零的状态。富国由于其达到了较高的发展程度，收入水平很高，生活的压力较小，这不仅使得环境进入它们的效用函数，而且环境效用变成正数，因此，它们对环境给予更多的关注。由于富国有能力推动技术进步，所以，它们会选择用技术进步推动经济增长和提高人们的收入水平，并由此减少碳减排，最终达到提高总效用的目的。

不过，穷国和富国各自在是否选择碳排放时，并不是在一种封闭的状态下进行的。由于碳排放具有典型的经济负外部性，即碳排放的行为在使环境遭受破坏的同时可以获得一定收益，但是碳排放者自己并不一定承担全部的成本。这意味着在穷国和富国之间会出现一种围绕碳排放的博弈。但是，考虑到碳排放在穷国和富国间有着不同的环境效用，因此，穷国和富国在是否进行碳减排选择时面临的约束不同，穷国会选择碳排放以增加收入效用，而富国则会选择碳减排来增加环境效用并同时尽量保持经济增长来获得收入效用。如此决定了穷国和富国在碳排放方面的博弈有着鲜明的特点。

三、世界性碳减排的博弈困境

博弈是对战略相互作用的描述，它包括对参与人所能采取的行动的约束和参与人的兴趣，但不强调参与人实际采取的行动。博弈的结果将形成一定的解，这种解是对博弈结果的系统描述，它可能产生于一组博弈。在博弈的多种形式中，战略博弈属于一种经典的形式，进行博弈的每个参与人选择且仅选择一次行动计划，并且所有参与人的决策是同时做出的，也就是在选择行动计划时每个参与人并不知道其他参与人的行动计划。如果我们把每个国家作为一个参与人看待，那么在碳减排方面的博弈就属于一种战略博弈。不过，再从战略博弈的条件来看，各国围绕碳减排的战略博弈表现得较为复杂。

首先，博弈的参与人都是"理性的"，这种理性是指参与人作为决策主体知道他的选择内容，对未知的事物形成预期，具有明确的偏好，并在经过一些最优化过程后审慎选择他的行动。各国进行碳减排的博弈时，都是在进行理性选择，即各国都想使自己国家在碳排放中获得更多的份额，以为自己国家的经济增长争取更大的空间。不过，各国在争取更大的碳排放指标时的考虑或利益指向是不同的。发达国家基于较高的环境效用以及由此决定的对环境效用更高的要求，在国内是大力推进碳减排计划的，不仅在节能技术上大量投入，而且有严格的环境管制以及配套的政策法规。但是，在国际上它们还是积极争取更大的碳排放指标，并且极力规劝其他国家加大碳减排的力度。这样做不仅可以保持自己的经济增长，而且还可以通过减少其他国家的碳排放为自己争取更大的环境效用。发展中国家由于更重要的目标是实现经济高速增长，而就其实现经济增长的方式来看，碳排放又是实现经济高速增长难以避免的一个结果，再加上环境效用相对较低使得这些国家在碳减排方面没有多少激励，因此，发展中国家的理性选择是更多的碳排放，不仅在自己国内难以控制碳排放，而且在国际上也积极为自己争取经济高速增长所需要的碳排放空间。由此可见，在碳减排的博弈上，尽管发达国家和发展中国家都是理性的，但是这种理性的取向是不同的——发达国家在碳减排中追求的是更大的环境效用，而发展中国家则以碳排放获得较高的经济增长。

附录1 基于环境效用的世界性碳减排博弈困境分析

其次,博弈的参与人独立进行决策且所有参与人在做决策前并不知道其他参与人的选择。各国进行碳减排的博弈时,其决策是独立的,但是在做决策之前是知晓其他国家态度的。发达国家基于自己较高的环境效用,具有实施碳减排的积极性,不仅在国内,而且在国际都倡导加大碳减排的力度。相应地,发展中国家特别是经济十分落后的国家则对碳减排并没有采取积极的行动。这意味着各国在碳减排问题上并不会隐瞒自己的观点,当然,各自无论对碳减排有何态度,都会找到一定的理由。这样做的原因是在各国之上并没有一个权威的组织制订一种认识的标准,并对各国的行为加以制约。因此,各国之间在围绕碳减排进行博弈时缺乏一种统一的博弈规则。

最后,博弈的参与人只对应一个偏好关系,而且参与人的这种偏好关系可以只是简单地反映参与人对可能结果的感受。各国进行碳减排的博弈时,其表现出来的偏好比较复杂。发达国家在进行碳减排行动时包括国内国外两种选择,在国内对碳排放予以严格的限制,并且采取各种规制手段限制碳排放;在国际力主进行碳减排,并且努力促成其他国家遵守世界性的碳减排目标。相应地,发展中国家特别是经济较为落后的国家虽然在进行碳减排行动时也包括国内国外两种选择,但是这种选择与发达国家形成鲜明的对照。在国内进行碳减排的动力远远小于实现经济增长的动力,因此碳减排往往不能成为其主要努力的方向;在国际为争取自己更大的经济增长空间并没有进行碳减排的积极性,因为它们更为关心的是如何获得自己失去的发展机会。

对以上各国围绕碳排放的博弈可以进行如下的数理描述。假设世界只存在两类国家,即发达国家和发展中国家。发达国家作为参加碳减排博弈的一个个体,发展中国家作为参加碳减排的另一个个体。此外,还假设两类国家都在追求效用最大化。如此,就可以在一种战略博弈的框架下讨论该博弈的纳什均衡问题。

世界存在两个国家,一穷一富。两国各自追求本国国民的福利最大化,社会福利函数由本国的经济增长情况和世界所处的环境情况共同决定。形式如下:

$$U_{R_P} = U(EG + EV)$$

式中 U 为总效用,R 表示穷国,P 表示富国,EG 表示经济增长,EV 表示环境状况。

EG 和 EV 分别为碳减排量的函数,探监来比重记为 C_i,表示各国碳减排的目标完成比重,取值在 0 到 1 之间。

$U'_{EG} > 0$;$U'_{EV}(P) > 0$;经济增长水平越高,速度越快,则该国福利水平越大;环境状况越好,则该国福利水平越大。

$U''_{EG}(P) < 0$;$U''_{EG}(P) > 0$;对于富国而言,经济增长率对该国福利水平的边际贡献递减,这是由于收入水平提高到一定程度以后,进一步提高增长率,受边际效用递减规律的制约,国民对于经济增长赋予的偏好权重下降;而对于穷国而言,由于该国国民人均收入处于较低水平,因而在增长与环境之间选择,会更偏好于前者,而且在其他条件保持不变的前提下,更快的增长率会更快提升该国福利水平,所以其二阶导数大于零。

$EG'_C;EV'_C;EV = EV(C(R)+C(P))$ 一国的经济增长率随着碳减排比重的增加而下降;而该国的环境状况则随着世界范围内的碳减排量的增加而增加,所以存在着一国实施碳减排后,为世界所带来改善环境进而提高别国国民福利水平的正外部性。

$$EG''_C(R) > 0; EG''_C(P) < 0$$

按照马斯洛的需求层次分析,随着人们收入水平的提高,在满足基本生存需求以后,人们会提高对于生存环境,特别是自然环境在人们效用函数中的期望,会赋予它们更大权重。所以尽管随着碳减排比重的增加,各国经济增长速度均会下降,但穷、富国之间经济增长下降变化速度存在差异。富国由于产业结构(工业化后期)、生产技术等方面的优势,随着提高碳减排的比重,经济增长速度下降得比较慢;穷国则完全相反,一旦提高碳减排比重,经济增长速度就会大幅下降。

下面主要是从静态离散情况展开的分析:

各国均有两种策略选择:不做任何减排 $C=0$,足额减排 $C=1$。则得如下博弈矩阵:

	$C(P)=0$	$C(P)=1$
$C(R)=0$	$U_R(0,0),U_P(0,0)$	$U_R(0,1),U_P(0,1)$
$C(R)=1$	$U_R(1,0),U_P(1,0)$	$U_R(1,1),U_P(1,1)$

首先讨论穷国 P,

附录1 基于环境效用的世界性碳减排博弈困境分析

$$QU_P(j,0) = EG_P(C_P = 0) + EV_P(C_P + C_R = 0 + C_R)$$
$$U_P(J,1) = EG_P(C_P = 1) + EV_P(C_P + CmR = 1 + C_R)$$
$$U_P(j,0) > U_P(j,1)$$

其中第一项随着碳减排比重增加,增长速度下降;第二项随着碳减排比重增加而增加。一般地,

$$\frac{\partial U_P(j,C)}{\partial C} = \frac{\partial EG_P}{\partial C} = \frac{\partial EV_P}{\partial C}$$

对于富国

$$QU_R(0,i) = EG_P(C_R = 0) + EV_R(C_P + C_R = C_P + 0)$$
$$U_R(1,i) = EG_R(C_R = 1) + EV_R(C_P + C_R = C_P + 1)$$
$$\frac{\partial U_R(C,i)}{\partial C} = \frac{\partial EV_R}{\partial C} + \frac{\partial EV_R}{\partial C}$$

一般地,一国的碳减排比重对于该国福利函数的影响会受到两方面的影响,即 $\frac{\partial U(C)}{\partial C} = \frac{\partial EG}{\partial C} + \frac{\partial EV}{\partial C}$,其中前者是由于碳减排所致的经济增长速度减缓,对福利水平的负面影响;后者是由于碳减排改善了环境而对福利水平产生的正面影响。当经济发展水平较低时,碳减排的经济减速效应对福利的负面影响更为显著;而当经济发展到一定时期以后,碳减排的环境效应对福利的正面影响变得更为强劲。如果,假定人均收入水平 y 表示一国经济发展水平的高低,y^* 为两种效应强度转折点,在此人均收入水平之前,$\frac{\partial U(C)}{\partial C} < 0$;在此人均收入水平之后,$\frac{\partial U(C)}{\partial C} > 0$。针对世界中穷、富国的发展程度,共存在三种可能的发展状态:

1. 穷、富国均在 y^* 左边,对应着世界总体的发展水平较低的阶段,此时即使是富国人均收入也没有突破碳减排量对于社会福利函数贡献的转折点,所有国家面对碳减排与否的选择时,都会选择将碳减排数量控制在最小额度内,在基准模型中,就是选择碳减排零比重,此时博弈的结果是穷、富国均选择不做任何碳减排的工作。

$$\xrightarrow{\quad \bullet \quad \bullet \quad \quad \bullet \quad \quad}$$
$$\quad\; y_P\; y_R \quad\; y^*$$

2. 穷、富国均在 y^* 右边，对应着世界总体的发展水平较高的阶段，此时穷、富各国人均收入均已突破碳减排量对于社会福利函数贡献的转折点，所有国家在面对碳减排与否的选择时，都会选择将碳减排数量控制在最大额度，在基准模型中，就是选择碳减排比重为一，此时博弈的结果是穷、富国均积极从事碳减排的工作。

$$\xrightarrow{\quad y^* \quad y_P \quad y_R \quad}$$

3. 穷、富国分别在 y^* 两边，此时只有富国人均收入突破了碳减排量对于社会福利函数贡献的转折点，而穷国尚未达到此发展阶段。当各国面对碳减排与否的选择时，富国会选择降低碳排放量，而穷国则不会选择任何为正比重的碳减排量。此时博弈的结果是富国选择碳减排，而穷国则选择不做任何碳减排的努力。此时博弈的结果是富国单边碳减排，而穷国搭便车。

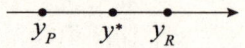

$$\xrightarrow{\quad y_P \quad y^* \quad y_R \quad}$$

解决方案：

1. 等待发展中国家跨越 y^*，自发地解决碳排放引发的环境问题。但这涉及地球的自然环境是否还可以有充分的耐心等待，而且发展中国家是否具有跨越特定收入水平的能力，目前也尚未确定。

2. 通过发达国家的转移支付，或者通过转移先进生产技术，直接提高发展中国家的收入水平至 y^* 右边，实现第二种情况的博弈均衡。

事实上，如果发达国家和发展中国家都选择没有节制的碳排放行动，那么在不久的将来我们生存的环境将会恶化到威胁人类生存的程度，说得严重点那将是全人类的毁灭。而这样的结果是所有国家都不愿意看到的，因此，各国并不都会选择无节制的碳排放。事实上，所有发达国家都在自己国家内部进行较为严格的规制以减少碳排放，发展中国家则由于更加关注经济增长，因此在碳排放方面的规制不够严格，进行碳减排有些难度。这样看来，把发达国家和发展中国家作为参与人在碳减排上的博弈不会形成纳什均衡，即发达国家和发展中国家不会都选择不加限制的碳排放来实现自己经济增长的目标。因为发达国家和发展中国家的最优反应函数不同。发达国家反应函数的因变量包括环境效用和经济增长两个因素，从发达国家的偏好来看，环境效用更受关注，经济增长相对地处于次要地位。发展中国家反应函数的因变量虽然也包括环境效用和

附录1　基于环境效用的世界性碳减排博弈困境分析

经济增长两个因素,但是发展中国家对二者的偏好与发达国家正好相反,实现经济增长是其最大的利益,环境效用所受到的关注要小得多。发达国家与发展中国家这种不同的反应函数决定了它们二者之间的博弈不会形成纳什均衡的解。而这样的结果有利于避免人类的灾难。不过,这并不是博弈的均衡,即发达国家倾向于进行碳减排,而发展中国家则继续保持碳排放增长。发达国家并不会接受这样的均衡,但是也不会采取报复性的碳排放策略,因为这样会使它们的损失更大。它们会采取进一步的行动,或者较为积极地援助发展中国家,以资金和技术等手段来支持发展中国家的碳减排行动;或者较为消极地采用技术和环境标准以限制发展中国家的产品进口。对于发达国家的前一种行动,发展中是比较欢迎的,不过,发达国家往往是承诺大于行动,结果是发展中国家很难得到应有的援助。对于发达国家的后一种行动,发展中国家则会激烈反对,因为凡是实施开放的发展中国家,其经济发展在很大程度上要依赖发达国家的市场,发达国家如果采取这种贸易保护主义的政策,那无疑会大大限制发展中国家的经济发展。如果发展中国家不能改变自己的落后面貌,其环境效用将进一步地降低,这对于促使发展中国家实现碳减排目标更为不利。如此,在发达国家与发展中国家之间,由于发展程度的差距,各自面临的经济发展目标不同,即发达国家对经济发展的追求在于提高包括环境效用在内的生活质量,而发展中国家在经济发展中还是以改善生活为主旨,着重于加快经济增长。这种差距使得它们在为实现碳减排目标进行的博弈中,难以达成一种均衡解,不仅最优的可以实现效用最大化的解难以达成,而且其他的均衡解也难以达成。所以,世界性的碳减排在各国之间的博弈面临着一个难解的困境,即无法达成一种均衡,即使各国都意识到碳减排的意义,也不会形成一致的行动,不仅在各国间的博弈过程中不能形成一致行动,而且在各自的行动中也不一致。然而,面对碳排放的现实,世界各国必须达成一个碳减排目标并为此去行动。为此提出的一个挑战就是,一定要改变目前世界各国在碳减排上表现出来的博弈困境。

四、世界性碳减排的合作博弈的出路

我们把世界各国分成发达国家和发展中国家,并分析它们之间围绕碳减排进行的博弈。这是基于各国在碳减排和国内利益还无法协调而进行的博弈,这

种博弈与标准的战略博弈有着比较大的差距，分析这样的博弈必须有新的角度，寻求这种博弈的有效均衡解必须有新的思路。

发达国家与发展中国家在碳减排博弈上的困境主要源于它们之间经济发展的巨大差距，以及由此引起的环境效用的不同。因此，改变各国之间经济发展的不平衡是达成碳减排一致行动的最根本的条件。不过，这使得问题变得更加复杂，虽然自近代以来世界的联系越来越紧密，但世界各国的差距也在不断扩大。在这几百年中，各国都在寻求发展自己的机会，探索发展自己的道路，但是这种努力似乎没有尽头，世界上只有很少的国家在缩小与发达国家的差距方面有所作为，其他广大的发展中国家面对与发达国家的差距还是一筹莫展。这是否意味着要想通过缩小发达国家与发展中国家经济发展差距来达成碳减排的一致行动非常渺茫？从目前的事实来看，这样的怀疑是有根据的，但是，从人类社会发展的阶段性特征来看，人类社会要达到一个更高的阶段，必须改变过去的发展模式并打破过去的格局。就现在世界经济发展的形势来看，历史似乎又向我们提出了这样的要求。世界金融危机和环境问题凸显都把焦点引向世界的不平衡。世界金融危机的根本原因就是世界性的结构失衡，而环境问题也与世界性不平衡有很大关系。因此，不管我们愿意与否，也不管消除世界性不平衡有没有现实性，现在我们是在一个对未来进行选择的时刻，如果要继续保持这种失衡局面，那么失去的将是未来。

由于博弈均衡的实现需要一套统一的博弈规则，而这套规则需要一个权威的机构来维护。同样，世界性的碳减排博弈也离不开一套统一的规制，也需要一个权威的全球性治理结构来有效地执行这套规则。在目前以主权国家为主体的全球格局下，这样一个权威性的治理结构的形成确实面临不少难题。从第二次世界大战之后世界为此做了一系列的探索，包括联合国等机构的建立，虽然为维护世界和平方面起了较大的作用，但是在一些涉及各个主权国家发展问题上的协调还是遇到不少困难。如目前急需解决的世界性碳排放问题，由于缺乏一个有效且权威的全球性治理结构，各国在碳减排目标上难以取得一致的认识，并且都在为自己的发展争取更多的碳排放空间。然而，目前这种权威性的治理结构的形成已不是一个是否现实的问题，而是一个关乎人类未来的问题，必须找到一种方法来建构一个有效且权威的治理结构。

按照上述的分析，如果世界性碳减排博弈的有效均衡需要世界各国发展差

附录1 基于环境效用的世界性碳减排博弈困境分析

距的缩小和全球性治理结构的形成,那么现在我们需要探索的是为实现这样的结果而采取哪些对策。

要缩小世界各国发展的差距,特别是发达国家和发展中国家的差距,可以采取的对策已经有很多理论和实践层面的探索了,而且在这种探索中也提出许多具体的建议。除了自己国家努力寻求适合自己的发展模式外,在一个开放的国际经济发展环境下,发达国家向发展中开放市场、增加投资、转移技术和经济援助是发展中国家实现经济快速增长的必要条件。当然,发达国家对此并不是积极主动的,许多发达国家对发展中国家的支持更多地停留在一种道义的层面上,对发展中国家的经济并不会带来实质性的影响。如果说过去的这种经济支持只是单向度的,因此难以调动起发达国家的积极性,那么在新的形势下,特别是在环境问题越来越突出的背景下,发达国家为发展中国家提供发展条件和进行经济援助已经不单单是有利于发展中国家的发展问题了,而这种发展更是发达国家继续保持发展的条件。这种历史性的条件或许可以成为发达国家支持发展中国家发展的重要根据。而且具体的突破可以是在支持发展中国家实现碳减排目标上进行技术、资金方面的转让和支援,以及向发展中国家开放市场而不是实施贸易保护,通过一种贸易的方式来平衡发达国家与发展中国家在碳排放方面的不平衡。而对于发展中国家来说,减少碳排放也不是一个等待的问题,即不能等到经济发展到一定阶段后再考虑碳减排问题。在这样的一个历史时刻,发展中国家也应该努力改变自己的发展方式,在碳减排方面有更大的作为。发展中国家从发展的角度讲,对碳排放有着更大的依赖,但从碳减排的潜力来看也是最大的,因此发展中国家可以在取得发达国家较为公平的支持下,在碳减排方面加大力度。

总之,无论是碳减排目标的实现,还是最终的环境问题解决,都必须在世界性碳减排博弈中达成一种合作均衡的状态。

附录 2　工业技术进步的碳减排效应：基于 2001~2008 年中国工业行业数据的实证分析

一、引　言

全球性气候变暖以及由此引起的自然灾害频发，已经成为世界各国面对的严重挑战。而实现碳减排被普遍认为是应对这种挑战的最有效对策。为此，世界各国早在 1992 年就通过了一个《联合国气候变化框架公约》（简称《公约》），并在此框架下探索控制二氧化碳等温室气体排放的国际合作路径。1997 年，《公约》各缔约方在日本京都召开第 3 次缔约方大会，通过了一个旨在减少碳排放的《京都议定书》，其中对 2012 年前主要发达国家减排温室气体的种类、减排时间表和额度等做出了具体安排。2009 年在《京都议定书》规定的减排期限即将到来之际世界各国首脑又聚集丹麦首都哥本哈根，商讨形成一个替代《京都议定书》的新协议。然而，面对如此紧迫的问题，世界各国特别是发达国家都不愿在未来的碳减排中承担更多的责任，因而放弃了这次可以达成新协议的机会。在会上，中国作为一个碳排放大国，受到了来自发达国家的压力。而中国作为一个负责任的大国，在发展权依然是中国当下应选择的首要权利的情况下，时任总理温家宝代表中国政府承诺到 2020 年单位 GDP 二氧化碳排放比 2005 年降低 40%~50%。这虽然对于中国来说，是一项十分艰巨的任务，但是我们必须为完成这一任务而努力。因为，这不仅是我们需要向世界做出的承诺，而且也是我国转变经济发展方式的要求。如何实现我国的碳减排目标？实现这一目标的突破口在哪里？

长期以来，我国的能源耗费主要集中于工业部门，统计数据表明，改革开放后工业作为中国的主要实体经济部门平均消费了全国能源的 80%，排放了

附录2 工业技术进步的碳减排效应：基于 2001~2008 年中国工业行业数据的实证分析

全国二氧化碳的 84%，到 2008 年这两个数据更是上升到 87% 和 96%。[1] 因此，实现我国的碳减排目标的突破口应该是加快工业部门的技术进步，并以工业部门的结构调整来挖掘碳减排的潜力。

碳排放对环境的特殊影响凸显了碳减排的重要性，而寻求碳减排的实现途径，不仅困扰着中国这样的碳排放大国，而且也在挑战各国学者们的智慧。碳排放具有典型的外部性特征，因此，信奉新制度经济学的学者很容易把实现碳减排的途径锁定在产权的界定上，如 Grossman and Hart（1986）和 Hart and Moore（1990）研究了存在交易费用的条件下，不同的产权结构会有不同的效率，从而会有一种产权结构是最有效率的，这意味着界定各国或各个地区的碳排放权对于实现碳减排目标是有一定意义的。碳排放是一个随经济增长而变化的现象，因此，把碳排放与经济增长联系起来考察成为经济学研究的一个重要取向，环境库兹涅茨曲线便成为研究该问题的经典性成果，以这一理论为基础对中国的碳排放与经济增长关系进行的研究也取得许多成果，如林伯强等（2007，2009）预测了中国煤炭需求增长带来的二氧化碳排放量的增加，即中国二氧化碳排放的环境库兹涅茨曲线。陈诗一（2009）利用绿色增长核算分析了能源消耗和二氧化碳排放对中国工业增长方式转变和可持续发展的影响。徐国泉等（2006）对 1990~2004 年间中国人均碳排放的影响因素进行了分析，结果表明，经济发展对拉动人均碳排放的贡献率呈指数增长，而能源效率和能源结构对抑制中国人均碳排放的贡献率都呈倒 U 形趋势。碳排放还是一个受到许多因素影响的现象，因此，厘清这些影响碳排放的因素，对于探索碳减排的途径具有重要的意义。王锋等（2010）把驱动中国经济发展中的碳排放增长因素归结为 11 种，并划分为 4 个类型，即能源强度效应、结构效应、活动强度效应和规模效应，而这 4 类效应涵盖了包括生产部门能源强度、运输线路单位长度能耗、居民生活能源强度变动的贡献；燃料结构、经济结构、人均 GDP 变动的贡献；交通工具平均运输线路、家庭平均年收入变动的贡献；人口总量、交通工具数量、家庭数量变动的贡献。如此复杂的碳排放影响因素，把我们带到了一个理解碳排放的非常广阔且细微的领域，而作为变通的选择，还可以集中于某个碳排放的重要领域以寻求一种相对简单化的思路，对此，

---

[1] 陈诗一. 节能减排与中国工业的双赢发展：2009~2049 [J]. 经济研究，2010 (3).

Ang et al.（1998）运用新提出的对数平均 Divisia 指数（LMDI）分解法，对中国工业部门消费能源而排放的二氧化碳进行了研究。Liu et al.（2007）又进一步把对中国工业部门二氧化碳排放的研究扩大到 36 个行业，并且运用 LMDI 分解法，集中研究了中国 1998~2005 年之间工业部门的二氧化碳排放，其结论认为工业经济发展和工业终端能源强度是推动二氧化碳排放变化的最重要的因素。这也许是我们选择对中国工业技术进步的碳减排效应研究的重要出发点，因为我们在这一研究的基础上，可以把关注的焦点集中于工业本身的能源强度和二氧化碳排放所受到哪些因素影响的问题上。而与此相关的研究还有产业结构与碳排放强度的研究，如虞义华等（2011）运用中国省级面板数据分析了经济发展水平、产业结构与碳排放强度的关系，认为碳排放强度同 GDP 之间存在三次幂关系，碳排放强度随着 GDP 的提高有一个先下降再上升然后下降的趋势，而第二产业比重同碳排放强度存在正相关关系，即第二产业比重越高，单位 GDP 的二氧化碳排放量越高。

调整产业结构，特别是产业结构升级无疑是实现碳减排的根本途径，然而，我国工业在国民经济中的特殊地位，以及在国际分工中的优势，这些都决定了碳减排的产业结构升级之路还很漫长，立足于工业技术进步和结构调整可能具有更为现实的意义。因此，本文确定研究中国工业技术进步的碳减排效应这一主题后展开的研究安排如下，第二部分是模型设定、变量说明及数据来源和测算；第三部分对设定的模型加以估计并予以稳健性检验；第四部分是结论并提出可行的政策建议。

二、模型、变量及数据

（一）模型设定

由于我们在估计工业的碳减排效应时所采用的是工业各行业从 2001 年到 2008 年的数据，因此，这里首先选择的是固定效应模型。其基本设定如下：

$$Y_{it} + \alpha_0 + \beta TA_{it} + \gamma X_{it} + \alpha_i + \alpha_t + \varepsilon_{it} \tag{1}$$

式中，i 表示行业；t 表示年份；Y 为行业的单位 GDP 碳排放（碳排放强度）或单位 GDP 能源消耗（能源消耗强度）；TA 为技术进步指标，具体用全要素生产率的变动率和全员劳动生产率的变动率来反映；X 表示一组影响碳排放或能源

附录2　工业技术进步的碳减排效应：基于2001~2008年中国工业行业数据的实证分析

消耗的控制变量，包括国有经济比重、贸易开放度、行业垄断程度、资本密集程度等；α_0、α_i 和 α_t 分别为截距项、不可观测的行业特殊效应和时间效应；ε_{it} 是其他可能起作用但没有被模型所捕获的因素；β 和 γ 为待估参数。

方程（1）是分析工业行业技术进步的碳排放效应的一种思路，考虑到行业异质性和宏观经济波动（如政府政策、国际环境等），这里采用了双固定模型。对于静态面板数据来说，其估计方法可以有固定效应和随机效应两种选择。二者的区别在于，如果随机误差项与主要解释变量不相关，那么选择固定效应模型较为合适，相反，如果随机误差项与主要解释变量是相关的，那么采用随机相应模型更为合适。但是，当这种相关性难以确定时，一般可以用Hausman检验来决定。不过，由于我们采用的全要素生产率实际上考虑了一切影响技术进步的因素，因此，采用固定效应模型具有更多的依据。不过，这一固定效应模型尽管控制了一些变量，但是难以穷尽，仍然可能有一些影响工业行业碳排放的因素没有被考虑进去而造成内生性偏差，所以我们还选择了Arellano and Bond（1991）所建立的动态面板数据模型作为另一个实证策略，它采用广义矩估计法（GMM）以提供足够多的工具变量进行估计，其基本设定如下：

$$Y_{it} = \alpha_0 + \alpha Y_{it-1} + \beta TA_{it} + \gamma X_{it} + \alpha_i + \alpha_t + \varepsilon_{it} \qquad (2)$$

与模型（1）相比，模型（2）增加了滞后一期的被解释变量，其余变量的含义不变。对于广义矩估计法来说，目前共有两种估计方法，其一是差分广义矩估计（Difference - GMM, Arellano and Bond, 1991）；其二是系统广义矩估计（System - GMM, Blundell and Bond, 1998）。一般来说，后者更加有效。但是，考虑到我们的样本，由于分组数（Number of Groups）较少，内生变量较多，如果使用系统广义矩估计将会产生超过分组数的过多的工具变量，而这时会损失模型工具变量有效性检验的效率（Roodman, 2009）。因此，在本文中我们报告的是差分广义矩估计的结果。

（二）变量说明

在以上设定的模型中，我们选择碳排放强度、能源消耗强度作为被解释变量，同时选择全要素生产率的变动率和全员劳动生产率的变动率作为主要的解释变量，另外还控制了国有经济比重、贸易开放度、行业垄断程度、资本密集程度这四个变量，以及加入两个固定效应，即不可观测的行业特殊效应和时间效应。为什么要选择这些变量来估计工业行业技术进步的碳减排效应？这除了考虑数据的可获得性之外，更重要的是考虑了解释变量影响被解释变量的机理。

1. 被解释变量

把碳排放强度作为工业行业技术进步的碳减排效应指标，其最大的优势在于，这一指标本身就包含了技术进步的要求。因为，碳排放强度是用工业行业的碳排放量除以其增加值来表示的，这是一个表示碳排放的标准性指标。中国政府在哥本哈根气候大会上承诺的碳减排目标就是到2020年实现单位GDP的碳排放比2005年降低40%~50%。对于我国来讲，经济发展的任务依然很艰巨，我们还没有能力承受经济停滞甚至是缓慢增长引起的经济和社会问题，因此，技术进步是我们实现碳减排目标不可替代的选择，而选择碳排放强度作为工业技术进步的碳减排效应指标是一个具有很强被解释意义的变量。

能源消耗强度是与碳排放高度相关的一个变量，在许多碳排放的分析中把它作为影响因素来看待，而我们这里把它引入模型并作为另一个被解释变量，不仅可以作为检验工业行业技术进步的碳减排效应稳定性的指标，而且其本身也具有较强的被解释意义，因为我国工业是整个碳排放最集中的产业，对工业行业的能源消耗进行结构性估计可以为探求碳减排途径提供必要的准备。

2. 解释变量

（1）全要素生产率和全员劳动生产率。技术进步对于碳减排的作用，这是一个在逻辑上很容易被认同的关系。而如何估计技术进步对碳减排的效应，这首先需要确定的是衡量技术进步的指标。在可以检索到文献中，技术进步可以用不同的指标来衡量，如资本有机构成、全要素生产率、全员劳动生产率、综合指标、生产率指数等都可以用来衡量技术进步，而这些指标所具有的意义是可以从不同角度来反映技术进步的程度。这里我们选择全要素生产率和全员劳动生产率来表示技术进步，主要考虑了这两个指标具有的特点。全要素生产率是衡量技术进步惯常使用的指标，其来源可以分为技术进步、组织创新、专业化和生产创新，因此，这是一个全面考察技术进步的指标。全员劳动生产率是根据产品的价值量指标计算的平均每一个从业人员在单位时间内的产品生产量。这一指标是用来考核企业经济活动的重要指标，同时也是企业生产技术水平、经济管理水平、职工技术熟练程度和劳动积极性的综合表现。我国目前的

附录2 工业技术进步的碳减排效应：基于2001~2008年中国工业行业数据的实证分析

全员劳动生产率是用工业企业的工业增加值除以同一时期全部从业人员的平均人数来计算的，因此，用全员劳动生产率可以更好地衡量工业行业的企业技术进步水平。同时，从我们初步进行的统计描述来看，工业行业的全要素生产率和全员劳动生产率之间具有非常稳定的相关性（见图1）。所以，选择全要素生产率和全员劳动生产率不仅可以相对准确地衡量工业行业的技术进步，而且从计量估计来看，这会增加估计的稳定性。

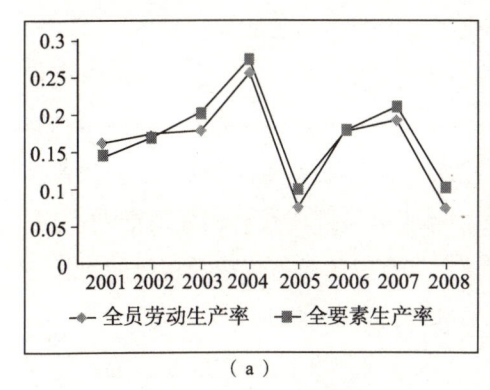

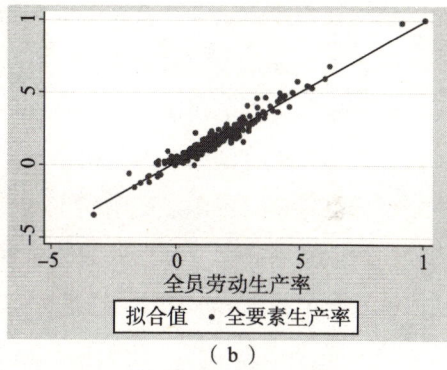

图1 工业部门全要素生产率与全员劳动生产率变动趋势及相关关系

说明：(a) 36个工业行业年平均值；1999年为可比价格。(b) OLS结果显示，二者的斜率系数为0.9675，调整后的拟合优度为0.9409。

数据来源：作者自测和《中国统计年鉴》、《中国工业经济统计年鉴》和《中国经济普查年鉴(2004)》中的数据。

（2）国有经济比重。在模型中控制国有经济比重，是因为我们用国有经济比重表示市场化的程度，而中国改革开放之后，最重要的就是经济体制的市场化，这对中国经济产生了深远的影响，可以说，在这个过程中探讨任何经济变化都不能忽视市场化这一重要因素。现在，我们分析工业行业的碳排放问题也不能不考虑市场化这一因素，而选择国有经济比重来表示市场化并分析它对工业行业碳排放的影响，是因为工业行业的国有经济主导地位更为突出，以此来分析它对工业行业碳排放的影响更能反映市场化程度的效应，而且对政策选择来说，分析清楚这一关系所具有的政策意义更为重大。

（3）贸易开放度。在模型中控制贸易开放度，是因为我国工业行业成就了一个"制造业大国"的地位，因此，在我国巨大的进出口总额中，工业产品占有很大的比重，如2009年我国货物出口总额中工业制成品的比重高达

95%。这样的结构决定了我国工业行业的碳排放具有很强的出口效应,虽然这不会改变我国工业行业碳排放的强度,但工业行业的贸易开放度无疑起到了引致碳排放的作用,目前的主要问题是,关于碳排放的核算问题还没有形成统一的认识,有的主张从生产的角度来核算碳排放,有的主张从消费的角度来核算碳排放(樊纲等,2010)。当然,我们的分析是从生产的角度进行的,但如果我们估计的贸易开放度不显著,则可以说明从生产的角度来核算碳排放有失公允,这为我们进行国际性碳减排谈判提供了一个有意义的支持。

(4) 行业垄断程度。在模型中控制行业垄断程度,是因为行业垄断程度可以在一定程度上削弱市场竞争,其中包括对资源价格的控制,一个基本的事实是,长期以来我国的资源价格由于受控而不能反映市场供求状况,因为资源价格较低而导致的资源过度消费,对工业行业的碳排放具有较大的推动作用。此外,行业垄断还会降低行业的竞争程度,这容易使该行业选择粗放的增长方式以实现利润最大化,结果导致能源消费和碳排放的增加。

(5) 资本密集程度。在模型中控制资本密集程度是一个有着一定计量风险的选择,其原因在于资本密集程度也可以作为衡量技术进步的一个指标,这里之所以还要控制资本密集程度是因为它虽然属于一个技术进步的指标,但是这一指标可以比较好地反映工业内部的结构高级化程度。所以,控制资本密集程度有利于估计工业内部结构对碳排放的影响。

(6) 不可观测的行业特殊效应和时间效应。考虑到影响工业行业碳排放的因素较为复杂,在模型中加入两个虚拟变量组。不可观测的行业特殊效应表示的是不随时间变化而影响工业行业碳排放的因素,而时间效应考虑的是一些不确定的因素,比如政策环境变化而产生的影响。

(三) 数据来源

以上变量的数据获取,主要参考了《中国统计年鉴》、《中国工业经济统计年鉴》、《中国经济普查年鉴(2004)》和《中国能源统计年鉴》,还有一些数据引用自公开发表的文献。由于考察期为2001~2008年,而国家统计局自2003年始在行业分类上进行了调整。为了保持数据的完整性和可比性,我们剔除了"其他采矿业"(木材及竹材采运业)、"工艺品及其他制造业"和"废弃资源和废旧材料回收加工业",从而得到了36个工业细分行业样本。而在对工业行业的碳排放进行分类考察时,我们参考李钢(2009)的分类将中

附录2　工业技术进步的碳减排效应：基于2001~2008年中国工业行业数据的实证分析

国工业行业划分为资本密集型和劳动密集型。[1] 其中，对于主要被解释变量和解释变量，我们进行了如下的测度。

1. 碳排放量的测度

中国并没有 CO_2 排放量的相关官方公布数据，因此如何测算工业细分行业的碳排放量是首先要解决的问题。这里根据 Kaya 恒等式，利用《中国能源统计年鉴（2009）》提供的 2001~2008 年工业分行业能源消费标准量，并采用国家发改委能源研究所给出的碳排放系数进行估算。[2] 在实证过程中，本文采用的是单位 GDP 碳排放量指标，同时还选取行业的单位 GDP 能源消费量指标作为替代变量进行估计结果的稳健性检验。

2. 全要素生产率的测算

作为度量技术进步的核心指标之一，全要素生产率的估算是本研究的一个重点。我们采用柯布—道格拉斯生产函数（C—D 函数），利用索洛残差来表示全要素生产率。陈勇等（2006）给出了"投入—产出"两种不同的指标组合，这里选取工业增加值 = F（资本，劳动）的方法进行具体的估算。限于原始数据获得的困难，我们按照徐杰等（2010）提供的部分工业行业 1978 年不变价格的资本存量数据进行转换和补充，最终获得工业 36 个行业 1997~2008 年的资本存量面板数据。对于工业增加值，我们利用工业品出厂价格指数以 1999 年为基期做了价格调整。但相关统计资料并没有提供 2008 年的数据，对此我们取 2006 年和 2007 年工业增加值增长率的平均值来替代 2008 年的增长率。劳动投入的数据则采用《中国统计年鉴》提供的全部从业人员年平均人数。通过对 C—D 函数的计量回归，在估算出资本份额和劳动份额后，由全要素生产率增长率的公式计算出技术进步的指数。

---

[1] 我们剔除了李钢（2009）划分的"中性"行业，将"资本密集型"和"偏资本密集型"归入资本密集型；将"劳动密集型"和"偏劳动密集型"归入劳动密集型。然而此划分中并没有将"金属制品业"包括在内，我们按照资本密集度计算各行业 2001~2008 年的平均值，根据所属区间将"金属制品业"划入劳动密集型产业。

[2] 现有文献对碳排放系数的采纳并不一致，如胡初枝等（2008）、许广月等（2010）是对多种研究机构的数据取均值，而更多的学者则直接采用国家发改委能源研究所提供的系数（朱国泉等，2006；朱勤，2009），其中煤炭、石油和天然气的碳排放系数分别为 0.748、0.583 和 0.444。我们运用上述两种方式计算了中国工业细分行业碳排放数据并进行实证，结果并没有发现二者有显著差异，因此在估计报告中统一采用国家发改委能源研究所的数据。限于篇幅，这里未给出碳排放量测算结果，如有需要，可向作者索取。

而其他变量的测度相对便利，这里不做测度介绍，具体在表1中可见所有变量的统计描述结果。

表1 主要变量统计描述

变量名称	观察值	均值	标准差	最小值	最大值
碳排放（吨/亿元）	288	6 683.65	9 478.86	222.53	59 210.58
能源消费（吨/亿元）	288	24 951.24	26 073.13	832.78	130 810.9
全要素生产率	288	0.17	0.14	-0.35	1.00
全员劳动生产率	288	0.16	0.14	-0.33	1.01
国有经济比重	288	0.43	0.29	0.01	0.99
贸易开放度	288	0.17	0.18	0.001	0.70
行业垄断程度（百万元）	288	11.17	21.86	0.21	132.90
资本密集程度（万元）	288	38.34	33.22	7.80	198.66

注：为了直观表述，本表均为原始数据，但是在实证过程中绝对数变量将采用对数形式，"全要素生产率"和"全员劳动生产率"则采用增长率形式。以1999年为不变价进行调整。

三、估计结果及稳健性检验

（一）全样本估计及检验

在对模型涉及的各变量做了解释，并获得了各变量的数据之后，我们可以对前面设定的两个模型加以估计。首先对模型1进行估计，估计结果见表2。表2列出了模型1分解后的6个具体模型。前3个模型是以碳排放强度为被解释变量，模型1是以全要素生产率为主要解释变量，并控制国有经济比重、贸易开放度、行业垄断程度、资本密集程度来估计它们对碳排放强度的影响；模型2是以全员劳动生产率为主要解释变量，并控制国有经济比重、贸易开放度、行业垄断程度、资本密集程度来估计它们对碳排放强度的影响。从两个模型的估计结果来看，无论是全要素生产率，还是全员劳动生产率，对碳排放强度的影响都具有1%的统计显著性，而且全要素生产率和全员劳动生产率对碳排放强度的影响都是负向的，这与我们的逻辑分析是相统一的。同时，从经济显著性来看，全要素生产率每提高1%，碳排放强度下降0.29%，全员劳动生产率每提高1%，碳排放强度下降0.28%，这反映出技术进步的碳减排效应是稳定的。而就几个控制变量来看，我们的选择也基本上是有效的，无论是模型1，还是模型2，国有经济比重、行业垄断程度、资本密集程度，也都在统计

附录2 工业技术进步的碳减排效应：基于 2001~2008 年中国工业行业数据的实证分析

上是显著的，并且它们对碳排放强度的影响也是符合我们的逻辑分析结果的。国有经济比重对于碳排放强度的影响是正向的，这表明以国有经济表示的市场化程度与碳排放强度成反比，即国有经济比重越高，市场化程度越低，碳排放强度越高；行业垄断程度对碳排放强度的影响也是正向的，这表明工业行业的垄断程度越高，碳排放强度也越高；资本密集程度对碳排放的影响是反向的，这意味着资本密集程度越高，碳排放强度越低。与此同时，这三个控制变量反映出来的经济显著性也是很高的。有些遗憾的是，我们选择的贸易开放度对碳排放强度的影响在统计上是不显著的，这意味着该变量对碳排放强度的影响无法得到经验上的支持。这种情况可能是由于我们统计的工业行业碳排放强度并没有把出口和非出口区分开来，因此贸易开放度与碳排放强度自然就没有关系了。模型 3 是采用 DIF-GMM 所作的估计，从结果看，模型 1 和模型 2 中潜在的内生性问题并未产生明显的偏差，而且该估计进一步证明解释变量中除贸易开放度外都对碳排放强度具有明显的影响。

后 3 个模型以能源消耗强度为被解释变量，如此安排主要是想检验碳排放强度受技术进步影响的稳定性。模型 4 的解释变量与模型 1 相同，而从估计的结果看，全要素生产率在对能源消耗强度影响方面表现出统计和经济的显著性，而且在影响的取向上也符合逻辑分析的结果。至于其他的几个控制变量，包括国有经济比重、行业垄断程度和资本密集程度也表现出对能源消耗强度的明显的统计和经济影响，甚至在贸易开放度这一在模型 1 中并不显著的变量。在模型 4 中也具有 10% 的统计显著性，这意味着贸易开放度对能源消耗强度具有一定影响，因为我国的能源进口依存度越来越高，贸易开放度越高，这意味着我们获得的进口能源越多，从而能源消耗强度会有一定的提高，结果引致贸易开放度的能源消耗强度效应。这一点与碳排放具有一定的区别，因此，贸易开放度在模型 1 和模型 4 中显示出不同的效应。模型 5 的解释变量与模型 2 相同，而且其估计的结果也与模型 2 有着相同的效果，全员劳动生产率也对能源消耗强度有着显著的影响，而且既是统计上显著，也是经济上显著，其影响的取向与模型 2 一致，其他的控制变量，包括国有经济比重、行业垄断程度和资本密集程度也具有对能源消耗强度的统计和经济的显著影响，其影响的取向也与模型 2 一致。模型 6 同样是 DIF-GMM 估计，其结果再一次证明各解释变量对能源消耗强度具有明显的影响，特别是贸易开放度对能源消耗强度的影响也在这一估计中表现出显著的特征。

表2　中国工业行业技术进步的碳减排和能源消耗效应的估计结果

	碳排放强度			能源消耗强度		
	模型1	模型2	模型3	模型4	模型5	模型6
技术进步						
全要素生产率	-0.289***		-0.204***	-0.422***		-0.349***
	(0.071)		(0.018)	(0.071)		(0.023)
全员劳动生产率		-0.279***			-0.393***	
		(0.074)			(0.075)	
控制变量						
国有经济比重	1.009***	1.019***	1.291***	0.724***	0.740***	0.921***
	(0.183)	(0.183)	(0.107)	(0.182)	(0.185)	(0.071)
贸易开放度	0.200	0.148	0.405	0.544*	0.477+	0.660**
	(0.287)	(0.291)	(0.422)	(0.286)	(0.293)	(0.297)
行业垄断程度	0.761***	0.758***	0.894***	0.378***	0.375***	0.351***
	(0.051)	(0.051)	(0.045)	(0.051)	(0.052)	(0.045)
资本密集程度	-0.516***	-0.522***	-0.320***	-0.583***	-0.591***	-0.354***
	(0.075)	(0.075)	(0.065)	(0.075)	(0.076)	(0.040)
常数项	8.885***	8.910***		11.033***	11.064***	
	(0.279)	(0.282)		(0.279)	(0.331)	
观察值	288	288	216	288	288	216
个体固定效应	YES	YES		YES	YES	
时间固定效应	YES	YES		YES	YES	
R-squared (within)	0.92	0.92		0.87	0.87	
AR (2)			1.14			-1.01
P value			0.254			0.313
Hansen test			26.76			27.01
P value			0.770			0.759

说明：(1) 表中的主要解释变量为全要素生产率增长率和全员劳动生产率增长率。(2) 模型1、模型2、模型4和模型5均采用双固定效应估计，其估计结果被省略；模型3和模型6均采用 DIF - GMM。(3) 括号内为标准差；+ 显著水平为15%；* 显著水平为10%；** 显著水平为5%；*** 显著水平为1%。(4) 模型3和模型6将滞后一期碳排放强度和能源消耗强度被纳入方程，结果在1%的统计水平上正向显著，但被省略。

附录2 工业技术进步的碳减排效应：基于2001~2008年中国工业行业数据的实证分析

（二）小样本估计及检验

表2是对36个工业细分行业的全样本估计及检验，为了进一步考察不同类型工业行业的技术进步的碳排放效应，我们将36个行业分为资本密集型和劳动密集型行业，并对二者分别进行小样本估计，最终得到表3的估计结果。之所以对工业行业做如此的处理，是因为这不仅可以更清楚地看出不同工业行业的资本密集程度反映的技术进步的碳排放效应，而且对于我们在碳减排约束下的资本密集程度的选择具有一定的指导意义。从表3显示的结果，我们可以看到在区分了资本密集型行业和劳动密集型行业后，技术进步和各控制变量的碳排放效应有些程度上的变化。模型1和模型2同样是为了检验技术进步的碳排放效应的稳定性而设定的两个模型，让我们欣慰的是，从得到的结果看，全要素生产率和全员劳动生产率的碳排放效应在资本密集行业中，不仅是稳定的，而且都具有统计和经济的显著性，其影响程度要较表2的估计大一些，控制变量国有经济比重有着与表2相同的显著性影响，只是在影响的程度上有所放大，行业垄断程度与表2相比变化不大，最明显的不同表现在贸易开放度上，这个在表2的模型1和模型2中没有通过检验的变量，在表3的模型1和模型2中具有了统计和经济上的显著性，而且呈现出与碳排放正向的相关性。出现这种情况的原因是，将工业行业区分为资本密集型和劳动密集型之后，随着贸易开放度的提高，资本密集型工业的碳排放随之增加，这意味着我国的资本密集型工业主要属于制造业，而且其技术含量并不高，因此才会出现随着贸易开放度的提高，这种制造业的出口随之提高，因此导致碳排放的增加。表3的模型3同样给出了一个动态面板数据的估计结果。其估计结果与表2基本相同，只是具有更强的经济显著性，贸易开放度也变得显著了。模型4和模型5是为了反映劳动密集型工业行业的技术进步影响碳排放的稳定性而设定的两个模型，其估计结果都具有统计和经济上的显著性，与表2的模型1和模型2有所不同的是，在经济显著性方面有所降低，特别是贸易开放度变量在表3的模型4和模型5中不仅具有统计和经济上的显著性，而且在影响碳排放方面呈现出负向的相关性，这显示出在劳动密集型工业和资本密集型工业之间贸易开放度的碳排放效应是反向的。出现这样的不同，主要是因为劳动密集型工业能源消耗较低，因此碳排放也相对较少，从而呈现出随贸易开放度的扩大，劳动密集型工业的发展，碳排放减少的趋势。此外，劳动密集型工业行业的技术进步

碳排放效应，在经济显著性方面不仅较表2的模型1和模型2有所降低，而且也较资本密集型工业有所降低，这反映出劳动密集型工业的碳排放效应较低。表3的模型6也给出了一个动态面板数据的估计结果，所显示的各变量的碳排放效应没有大的变化，略有不同的是在该估计中，国有经济比重对碳排放的影响变得不显著了。

表3 中国资本密集和劳动密集工业行业的技术进步碳减排效应估计结果

	资本密集型			劳动密集型		
	模型1	模型2	模型3	模型4	模型5	模型6
技术进步						
全要素生产率	-0.325***		-0.626**	-0.251*		-0.396***
	(0.101)		(0.290)	(0.134)		(0.130)
全员劳动生产率		-0.301**			-0.223+	
		(0.105)			(0.141)	
控制变量						
国有经济比重	1.339***	1.345***	1.424*	0.746**	0.770**	0.458
	(0.279)	(0.282)	(0.723)	(0.317)	(0.317)	(0.517)
贸易开放度	1.228**	1.241**	6.805**	-1.654**	-1.691**	-1.135*
	(0.559)	(0.566)	(2.465)	(0.530)	(0.537)	(0.595)
行业垄断程度	0.737***	0.738***	0.611**	0.619***	0.609***	0.709***
	(0.075)	(0.076)	(0.253)	(0.095)	(0.095)	(0.192)
常数项	6.532***	6.527***		8.317***	8.319***	
	(0.264)	(0.267)		(0.239)	(0.243)	
观察值	112	112	84	136	136	102
个体固定效应	YES	YES		YES	YES	
时间固定效应	YES	YES		YES	YES	
R-squared (within)	0.92	0.91		0.90	0.76	
AR (2)			1.49			1.51
P value			0.137			0.131
Hansen test			0.53			5.86
P value			1.000			0.754

说明：(1) 表中的主要解释变量为全要素生产率增长率和全员劳动生产率增长率。(2) 模型1、模型2、模型4和模型5均采用双固定效应估计，其估计结果被省略；模型3和模型6均采用DIF-GMM。(3) 括号内为标准差；+显著水平为15%；*显著水平为10%；**显著水平为5%；***显著水平为1%。(4) 模型3和模型6将滞后一期碳排放强度和能源消耗强度纳入方程，结果在1%的统计水平上正向显著，但被省略。

附录2 工业技术进步的碳减排效应：基于2001~2008年中国工业行业数据的实证分析

在表2和表3中的模型1、模型2、模型4、模型5都存在着明显的个体固定效应和时间固定效应，这表明我们研究的各工业行业碳减排或能源消耗不仅彼此存在着差异，而且也随着政策和环境的变化而发生改变。

四、结论及政策建议

中国工业行业的碳减排问题关系着我们向世界承诺的目标能否实现。而碳减排的主要出路在于加快工业行业的技术进步，以此问题为切入点，我们进行了实证考察。通过对实证结果的分析，我们得出如下结论：

第一，中国工业行业技术进步的碳减排效应比较明显。提高工业行业的技术进步有利于减少碳排放，同时也有利于降低能源消耗，而且从能源耗费的角度看，这种工业行业的技术进步降低能源耗费的效应还要大于减少碳排放的效应。所以，加快工业行业的技术进步不仅可以减少碳排放，而且还可以更大限度地降低能源耗费，这二者虽然相关，但显示出来的更重要的意义在于，工业行业的技术进步可以协调解决资源和环境问题。

第二，中国工业行业的国有经济比重和行业垄断程度都对碳排放具有明显的影响，而且在对碳排放和能源消耗的影响中呈现较强推动作用，即随着国有经济比重的提高和行业垄断程度的增加，碳排放和能源消耗都会发生较大程度的增长。

第三，中国工业行业的贸易开放度的能源消耗效应和碳排放效应较为特殊，对碳排放的影响并不明显，而对能源消耗的影响有所显著，这表明我国工业行业在能源消耗方面具有一定的对外依存度，而在碳排放方面并没有随工业产品出口而对外转移。

第四，中国工业行业划分为资本密集型和劳动密集型后呈现出的技术进步碳减排效应有所差别，资本密集型行业的技术进步碳减排效应要大于劳动密集型工业的技术进步碳减排效应。此外，这一划分引起了贸易开放度在资本密集型和劳动密集型行业对碳排放呈现出相反的影响，即资本密集型行业的贸易开放度对碳排放具有正向的影响，而劳动密集型行业的贸易开放度对碳排放具有负向的影响。

基于以上分析的结论，我们提出如下有助于实现我国碳减排目标的政策建议：

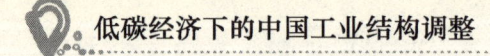

第一,加大对工业行业技术进步的支持和推动的力度,特别是加大对资本密集型工业行业技术进步的支持和推动力度。为此,要把对工业行业技术进步的政策支持与实现碳减排的目标结合起来,以碳减排的量来确定对该行业或企业的税收、金融、进出口优惠支持的程度。

第二,深化国有经济改革,特别是打破行业垄断,这是实现碳减排目标的必要选择。为此,在政策上要加大对工业行业的民营经济支持力度,同时加快能源等资源价格的市场化改革进程。与此相适应,要打破工业行业的垄断,并对资源型行业的垄断采取打破垄断和抑制行业利益相结合的政策措施。

第三,把握工业结构调整的方向,构建有利于碳减排目标的工业行业结构。这不仅需要从技术进步的角度考虑工业行业结构的调整,而且还要从工业行业贸易开放的角度优化工业行业的结构。具体来说,就是要重点支持资本密集型行业的技术进步,同时还要扶持劳动密集型行业的出口,这虽然与我们着力推动的外贸增长方式转变有所冲突,但相对于我们要完成的碳减排目标,还是具有现实意义的,即至少目前或未来的一段时间里,坚持对劳动密集型工业行业的支持是有利于碳减排的现实选择。